한강 역사 체험 백과

한강 따라 오천 년 이야기 정거장

한강 따라 오천 년 이야기 정거장

한강 역사 체험 백과

기획 김웅식 | **글** 김현수·이민교 | **그림** 오성봉
사진 안해룡·이장원·시몽포토에이전시

초판 1쇄 펴낸날 2010년 9월 27일 | **초판 3쇄 펴낸날** 2012년 10월 20일
펴낸이 변재용 | **출판콘텐츠사업본부장** 남윤정 | **편집책임** 김혜선
편집 양은하 | **디자인** SALT&PEPPER Communications
마케팅 김용재, 박영준 | **홍보** 이명제 | **영업관리** 김효순 | **제작** 석보현, 강명주
분해 (주)나모에디트 | **출력·인쇄** (주)삼조인쇄 | **제본** (주)선명제본
펴낸곳 (주)한솔교육 등록 제 10-647호 | **주소** 121-904 서울시 마포구 상암동 1653 한솔교육빌딩 20층
전화 02-3279-3897(편집), 02-3271-3406(영업) | **전송** 02-3279-3889
전자우편 isoobook@eduhansol.co.kr **북카페** cafe.naver.com/soobook **페이스북** www.facebook.com/isoobook
ISBN 978-89-535-7272-0 73910

© 2010 김웅식, 김현수, 이민교, 오성봉

※저작권법으로 보호받는 저작물이므로 저작권자의 서명 동의 없이
　다른 곳에 옮겨 싣거나 베껴 쓸 수 없으며 전산장치에 저장할 수 없습니다.
※값은 뒤표지에 있습니다.

 한솔수북의 모든 책은 아이의 눈, 엄마의 마음으로 만듭니다.

한강 따라
오천 년
이야기 정거장

한강 역사체험 백과

글 김현수 · 이민교 | 그림 오성봉

머리말

한강 이야기 길에서 만나는
오천 년 우리 역사 문화

　　강원도 태백산맥에서 샘솟아 서해로 흐르는 한강은 오늘날 '대한민국의 젖줄'이라고 일컫는 큰 강입니다. 인류의 4대 문명이 모두 강 언저리에서 나온 것처럼 우리 조상들도 아주 오랜 옛날부터 한강 둘레에 터를 잡고 농사를 지으며 살아왔습니다. 한강은 군사 면에서도 매우 중요한 곳이어서 삼국 시대 이전부터 이곳 땅을 차지하려고 여러 나라가 수없이 전쟁을 벌이기도 했습니다. 한강은 고구려에서는 '아리수', 백제에서는 '한수'라는 이름으로 오래전부터 역사에 이름을 나타냈지요.

　　한강은 본래 '한가람'에 뿌리를 둔 말입니다. 강의 옛말인 '가람'에 '크다, 넓다, 길다'라는 뜻의 '한'이 붙으면서 '크고 넓은 강'이란 뜻이 되었지요. 조선 시대에 들어와 오늘날의 서울에 새롭게 도읍을 정한 뒤부터 600년 넘는 시간 동안 한강은 우리나라의 심장 구실을 하고 있습니다. 이렇듯 오래된 역사만큼이나 한강 곳곳에는 수많은 이야기들이 숨어 있지요.

　　한반도 동쪽 끝 태백산맥에서부터 흘러온 한강이 서울에 들어서면서 가장 먼저 만나는 '이야기 정거장'은 강동구 암사동에 있는 선사 시대 주거지입니다. 이곳은 6천 년 전쯤 신석기 시대부터 한강 언저리에 사람이 살았다고 알려 주는 중요한 유적입니다.

　　오늘날 땅 이름을 보면 옛날 우리 조상들이 만든 유적지에 뿌리를 둔 이름이 참 많습니다. 옛날 나루터인 광나루, 노량진, 양화진 같은 이름은 지금도 땅 이름으로 쓰고 있지요. 얼음(서빙고)과 소금(염창), 곡식(광흥창)을 저장한 창고 이름도 서울의 땅 이름으로 남아 있습

니다. 또한 왕과 양반들이 한강 둘레의 빼어난 경치를 즐기려고 만든 압구정, 망원정, 용봉정 같은 정자 이름도 그대로 쓰고 있지요.

오래된 유적지뿐만 아니라 어린이대공원, 종합무역센터, 서울종합운동장, 올림픽공원, 63빌딩 같은 '요즘' 이야기 정거장도 있습니다. 더불어 사육신 묘나 국립서울현충원, 천주교 성지인 새남터, 절두산 성지와 같이 슬픈 사연이 서려 있는 이야기 정거장도 있지요.

서른 해 전쯤만 해도 많은 이들이 한강에서 빨래를 하고 물놀이를 하며, 겨울이면 썰매를 타고 놀았습니다. 오늘날 한강에서는 이런 모습을 보기 힘들지만, 세월이 흘러도 강물은 말없이 흐르고, 같은 자리엔 아직도 많은 사람들이 모여 이야기를 만들어 냅니다.

한강이 서울을 지나 서해에 이르기에 앞서 마지막으로 만나는 이야기 정거장은 김포 끝자락에 있는 애기봉입니다. 애기봉에 오르면 북녘 땅이 손에 잡힐 듯 가깝게 보입니다. 우리 역사의 첫머리인 선사 시대 유적지에서 출발한 한강 이야기 정거장은 뜻밖에도 우리 역사의 상처에서 끝을 맺지요.

이렇듯 우리 겨레의 삶과 함께한 한강 이야기 정거장 마흔 곳은 작게 줄여 놓은 우리 역사나 다름없습니다. 이 책에서는 그 속에 나오는 수많은 사람과 이야기들을 하나씩 살펴보면서 우리 겨레의 자랑스러운 역사와 문화를 함께 체험해 봅니다.

한강 이야기 길 나들이를 떠나기에 앞서

한강의 옛 이름은 무엇일까요?

아주 옛날에는 한강을 '대수(帶水)'라고 했어요. 한반도의 허리띠 같다고 해서 '띠 대(帶)'자를 썼지요. 광개토대왕비에는 '아리수(阿利水)'라고 나와 있어요. 『삼국사기』에는 '욱리하(郁利河)'라고 했다는 기록이 있지요. 그 뒤 중국과 교류하면서 중국식 이름인 '한수(漢水)'라고 일컬었어요. 지금 우리가 말하는 '한강'은 바로 '큰 강'이라는 뜻이에요.

한강이 왜 우리나라의 중심이죠?

인류의 4대 문명이 모두 '강'에서 나왔다는 것을 아세요? 강이 있는 곳은 땅이 기름지고 먹을거리가 많아 사람들이 모여 살기 좋은 터전이 되어 주지요. 우리 한강도 마찬가지예요. 예부터 한강을 차지하려고 나라끼리 수없이 싸웠어요. 마침내 한강을 손에 넣은 나라는 그 시대에 가장 큰 힘을 떨쳤어요. 600년 넘게 우리나라 수도인 서울이 정치, 경제, 사회, 문화의 중심지 구실을 해 온 것도 바로 한강 덕분이에요.

한강의 처음과 끝은 어디예요?

한강은 강원도, 충청북도, 경기도, 서울시에 걸쳐 흐르는 강이에요. 강원도 태백의 '검룡소'라는 곳이 한강이 처음 샘솟아 흘러나오는 곳입니다. 강원도 태백에서 솟아난 남한강과 강원도 금강산에서 솟아난 북한강이 경기도 양평 양수리(두물머리)에서 하나로 만나, 서울을 지나 김포시 월곶면 보구곶리에서 서해로 흘러 들어가요. 검룡소에서 보구곶리까지 길이는 514킬로미터예요.

한강의 다리는 모두 몇 개일까요?

지금 한강에 놓인 다리는 모두 스물여덟 개예요. 다리가 놓인 곳은 거의 다 조선 시대 나루터가 있던 곳입니다. 옛날에는 강을 건너려면 반드시 배를 타야 하던 까닭에 한강 여러 곳에 나루터를 만들어 놓았답니다.

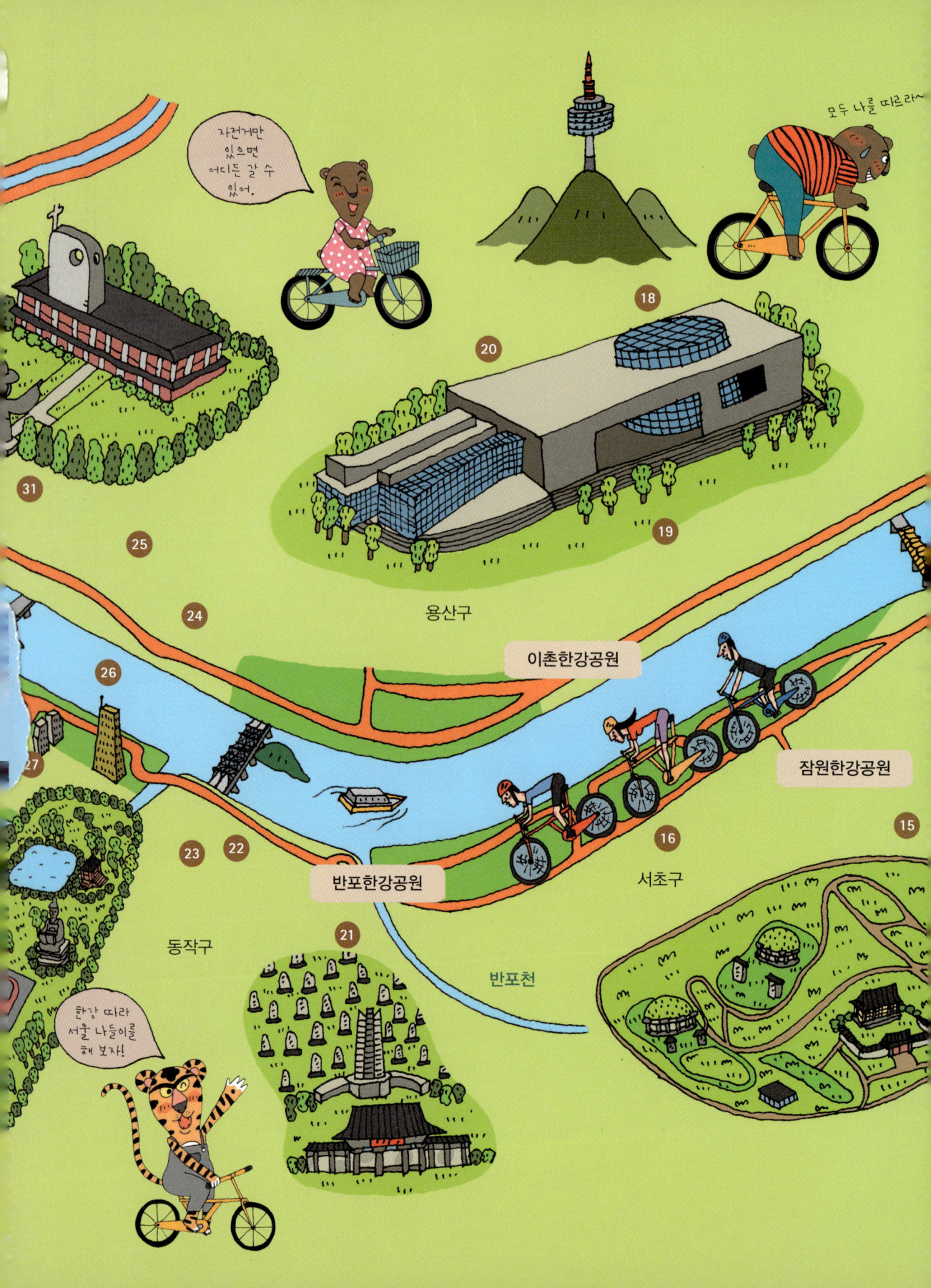

한강은 누구한테나 즐거운 놀이터입니다. 왜냐고요? 우리가 마음껏 뛰어놀고, 곳곳마다 체험을 즐길 수 있는 곳이 가득하니까요. 그뿐인가요? 한강을 따라 걷다 보면 곳곳에 숨은 옛이야기와 조상들의 발자취도 만날 수 있습니다. 아주 오래전, 누군가도 나랑 똑같이 이 길을 걸었다고 생각하면 기분이 이상하기도 해요.

아빠는 인류의 앞날을 내다보는 것만큼이나 우리 조상들이 남긴 역사와 문화를 기억하는 것이 중요하다고 늘 말씀하셨어요. 그래서 우리 식구들은 틈틈이 한강 자전거 길을 따라가며 한강 둘레의 역사와 문화가 깃든 곳들을 하나하나 둘러보기로 했어요. 그 가운데 재미있고 소중한 이야기를 간직한 마흔 곳을 정하고, 그곳을 '한강 이야기 정거장'이라 말하기로 했지요. 한강 이야기 정거장에는 과연 어떤 역사와 문화가 깃들어 있을까요?

이제부터 우리와 함께 한강 이야기 정거장을 하나하나 둘러보기로 해요. 모두 자전거에 올라탔지요?

한강 역사 체험 백과 활용하기

① 이야기 정거장 지도를 살펴보고 갈 곳을 정해요.
② 그곳에 얽힌 이야기를 읽어요.
③ 사진기 챙기고 수첩이랑 연필도 챙겨요.
④ 재미있게 둘러보고 책 내용을 떠올려 봐요.
⑤ 체험일기로 마무리하면 더 좋아요.

차례

머리말 한강 이야기 길에서 만나는 오천 년 우리 역사 문화 | 4
한강 이야기 길 나들이를 떠나기에 앞서 | 6
이 책에 나오는 한강 이야기 정거장 40 | 10

01 암사동 선사 주거지   20
우리나라에서 가장 큰 신석기 시대 유적지

⟨Jump! 역사 속으로⟩ 쌀밥은 언제부터 먹었을까요? | 29

02 풍납토성   30
한성 백제의 비밀을 간직한 모래성

⟨Jump! 역사 속으로⟩
풍납토성은 왜 다른 문화 유적처럼 꼼꼼하게 관리하지 않아요? | 39

03 올림픽공원   40
자연과 역사, 재미가 어우러진 신 나는 공원

04 몽촌토성   48
백제의 역사가 담긴 푸른 나들이 길

| 05 | **석촌호수** | 56 |

꿈과 모험의 세계와 이어지는 아름다운 호수 길

| 06 | **석촌동 백제 옛무덤** | 64 |

고구려와 백제의 문화가 섞인 공동묘지

| 07 | **서울종합운동장** | 72 |

88 서울올림픽 기쁨의 함성이 울려퍼지던 그곳

| 08 | **아차산성** | 80 |

온달 장군 이야기가 살아 숨 쉬는 고구려 유적지

| 09 | **광나루** | 90 |

맑고 깨끗한 물이 흐르는 동식물의 보금자리

〈Jump! 역사 속으로〉 이름만 남은 한강 나루터 | 98
〈Jump! 역사 속으로〉 한강에 놓인 다리는 몇 개일까요? | 100

| 10 | **어린이대공원** | 102 |

도심 속의 푸른 숲 나라

| 11 | **뚝섬유원지** | 110 |

다시 물 만난 푸른 오아시스

〈Jump! 역사 속으로〉
'살곶이벌'이라는 말은 어떻게 생겨났을까요? | 117

| 12 | **서울숲** | 118 |

사람과 자연이 어울리는 생명의 숲

⑬ **한국종합무역센터** 126
한자리에서 보고, 먹고, 즐기는 커다란 비즈니스 센터

⑭ **봉은사** 134
도심 속에 자리한 천 년 옛 절

⑮ **선정릉** 142
역사의 숨결이 살아 있는 초록빛 쉼터

〈Jump! 역사 속으로〉
연산군의 어머니 윤씨는 왜 사약을 받고 죽었을까요? | 149

⑯ **잠원동 잠실 뽕나무 터** 150
상전벽해의 현장

〈Jump! 역사 속으로〉
조선 시대에 왕비가 손수 뽕을 따고 누에도 쳤다고? | 155

⑰ **동호 독서당 터** 156
휴가를 받은 문신들이 글을 읽던 집

⑱ **이태원** 164
한국 속의 작은 지구촌

⑲ **국립중앙박물관** 172
아픈 역사의 자리에 피어난 오천 년 역사의 숨결

⑳ **전쟁기념관** 182
가슴 아픈 전쟁의 상처를 딛고 평화를 꿈꾸는 곳

㉑ 국립서울현충원   190
짧은 삶, 뜨거운 피를 조국에 바치다

㉒ 용양봉저정   198
수원 가는 길, 정조의 휴게소

〈Jump! 역사 속으로〉
한강에 처음 놓인 다리는 무엇일까요? | 207

㉓ 사육신 묘   208
충신은 두 임금을 섬기지 않는다

〈Jump! 역사 속으로〉
숙주나물이란 이름이 신숙주 때문에 생겼다고? | 217

㉔ 새남터 순교 성지   218
목숨을 바쳐 믿음을 지킨 천주교 신자들

㉕ 용산신학교(원효로성당)   226
우리나라의 첫 근대 신학교

26 **63빌딩** 234
서울이 한눈에 보이는 황금빛 마천루

27 **여의도공원** 242
버려진 모래밭의 놀라운 탈바꿈

〈Jump! 역사 속으로〉
여의도의 원래 이름이 '너의섬'이었다고? | 249

28 **국회의사당** 250
우리나라 민주주의의 전당

29 **밤섬** 258
철새들아 모여라! 자연이 되살린 기적의 섬으로

〈Jump! 역사 속으로〉
지금은 사라진 섬, 저자도 실종 사건 | 267

30 **선유도** 268
'물의 공원'으로 바뀐 신선들의 놀이터

31 **공민왕 사당** 276
꿈에 나타나 짓게 한 사당

32 **절두산 성지** 284
잠두봉이 절두산으로 일컬어진 까닭은?

33 **외인묘지** 292
우리나라 사람보다 더 우리나라를 사랑한 외국인들의 안식처

㉞ 망원정 300
아름다운 한강 경치를 내려다보며 아쉬움을 달래던 정자

〈Jump! 역사 속으로〉
이름만 남은 한강의 정자들 | 308

㉟ 월드컵공원과 난지지구 310
쓰레기 더미에서 피어난 새로운 희망

㊱ 염창 터 318
조선 시대의 소금 창고

㊲ 광주암 324
하룻밤 사이에 나타난 바위

〈Jump! 역사 속으로〉
공암나루에 전해 내려오는 금을 버린 형과 아우 이야기 | 332

㊳ 약사사 334
돌부처와 석탑이 있는 명당

㊴ 행주산성 342
승리의 구원 투수, 화약 무기와 행주치마

㊵ 애기봉 350
한강을 사이에 두고 이별의 아픔이 머무는 곳

〈Jump! 역사 속으로〉 '평화의 소'를 아세요? | 359

01

우리나라에서 가장 큰 신석기 시대 유적지

암사동 선사 주거지

호야: 아빠, 한강이 서울로 처음 들어오는 곳이 어디예요?

아빠: 이야! 이제 보니 우리 호야 감각이 보통이 아닌데?
그렇지 않아도 한강이 서울로 들어오는 곳을
처음 한강 체험 나들이 할 곳으로 생각했거든.

엄마: 맞아. 그래서 아빠 엄마가 어제 너 쿨쿨 잘 때 공부 좀 했지!

호야: 정말? 어딘데요?

아빠: 암사동 선사 주거지란다.
우리나라에서 가장 큰 신석기 시대 움집 터 유적이지.

호야: 우아! 신석기 시대라면 엄청 옛날이잖아요?
그런데 어떻게 집터가 남아 있어요?

엄마: 아주 오랫동안 땅속에 파묻혀 있다가 1925년 큰 홍수 때
세상에 모습을 드러냈단다. 신석기 시대 사람들이
어떻게 살았는지 가서 보기로 할까?

알아두기

주소 | 서울시 강동구 암사동 139-2번지
교통 | 지하철 8호선 암사역
보는 시간 | 오전 9시 30분~오후 6시
더 볼 곳 | 광나루 한강시민공원, 올림픽공원, 풍납토성, 몽촌토성, 석촌동 백제 옛무덤

사람들은 언제부터 한강 둘레에서 살았을까?

우리가 사는 한반도에는 벌써 70만 년 전부터 사람들이 살았다고 해요. 그때 사람들은 주로 동굴에서 지냈는데, 한 곳에 머무르기보다는 이곳저곳을 떠돌다가 배가 고프면 사냥을 해서 먹을 것을 얻었답니다. 그리고 자연에서 얻은 뗀석기*를 도구로 썼는데, 그때를 우리는 '구석기 시대'라고 하지요.

시간이 흘러 지구의 환경이 따뜻하게 바뀌자 사람들이 살아가는 모습 또한 달라졌어요. 얼음이 녹으면서 강물이 불어나자, 사람들은 더는 떠돌아다닐 필요 없이 먹을 것이 넉넉한 강 언저리에 집을 짓고 살았어요.

이때부터 사냥 대신 어디에서나 쉽게 자라는 조, 피, 기장 같은 곡식을 농사지어 먹었어요. 개나 돼지 같은 가축도 길렀지요. 그 이전까지 주로 써 온 뗀석기 대신 간석기*를 만들어 도구로 썼는데, 이 시기를 '신석기 시대'라고 합니다.

△ 암사동 선사 주거지에 있는 모형

뗀석기 | 큰 돌에서 작은 돌을 떼어 내거나 작게 깨뜨려 쓰던 돌연장을 말해요.
간석기 | 뗀석기를 날카롭게 갈아서 쓰던 돌연장이에요. 신석기 시대에 주로 만들어 썼어요.

▷ 전시관에 있는 모형

이곳 서울 암사동에는 6천 년 전쯤 신석기 시대 사람들이 살던 집터가 아직도 남아 있어요. 이 집터는 지금까지 우리나라에서 찾은 신석기 시대 집터 가운데 가장 크고 넓다고 해요. 지금은 한강에서 조금 떨어진 곳에 있지만, 옛날에는 한강 바로 옆 모래 언덕 위에 있었다고 해요. 어떻게 해서 지금까지 신석기 시대의 집터가 온전히 남아 있을까요? 그것은 오랜 세월에 걸쳐 강물에 휩쓸려 내려온 모래가 옛 집터 위에 한 겹 두 겹 층을 이루며 쌓였기 때문이에요.

그런데 1925년에 갑자기 닥친 큰 홍수로 한강 둘레의 모래가 확 쓸려 내려가면서, 모래 속에 파묻혀 있던 신석기 시대 유적지가 그제야 세상에 모습을 드러냈어요. 그저 흔

2전시관에 있는 모형

하디흔한 흙더미로만 보이던 한강 모래 속에서 수천 년 전 유물이 속속 모습을 드러내자 사람들은 놀라움을 감추지 못했지요. 세월이 흘러 발굴을 모두 마친 뒤에는 움집, 저장 구덩이 같은 신석기 시대 사람들의 삶을 엿볼 수 있는 전시관까지 만들어 놓았어요. 그 덕분에 우리는 이곳에서 편안하게 옛날 모습을 볼 수 있어요.

선사 시대 모습을 고스란히 되살려 놓은 전시관

암사동 선사 주거지 안에는 선사 시대 사람들이 어떻게 살고 무엇을 먹었는지 쉽게 알 수 있게 전시관을 만들어 놓았어요. 그 가운데 가장 먼저 눈에 띄는 움집으로 한번 들어

2전시관에 있는 모형

직접 들어가 볼 수 있는 체험 움집 안

가 볼까요? 움집의 지붕은 갈대와 짚을 엮어서 만들었어요. 그 옆에는 먹다 남은 생선과 사냥할 때 쓰는 돌도끼, 돌칼도 놓여 있어요. 움집 안에 들어가면 생각보다 꽤 아늑해요. 네댓 식구가 살기에 알맞은 크기지요. 집 가운데 놓여 있는 화덕*에서 불이 타오르고, 그 옆에는 토기 안에 담긴 도토리들이 보입니다. 신석기 시대 사람들은 아직 벼농사를 지을 줄 몰라서 조, 피, 기장 같은 작물이나 도토리 같은 열매로 배를 채웠다고 해요.

그런데 신석기 시대 사람들은 나무와 풀로 얼기설기 엮어 만든 움집 속에서 거센 비바람과 눈보라를 어떻게 견뎌 냈을까요? 비밀은 바로 움집 한가운데 있는 화덕에 숨어 있어요. 화덕은 겨울을 따뜻이 나게 해 주는 난방 기구이자, 날것을 익혀 먹을 수 있는 조

화덕 | 솥을 걸 수 있게 쇠붙이나 흙으로 아궁이처럼 만든 물건을 말해요.

아빠, 이것이 궁금해요!

지금처럼 성냥이나 라이터가 없던 시절에는 어떻게 불을 피웠나요?

구석기 시대까지만 해도 번개가 내리치거나 돌을 깨뜨릴 때 얻는 불씨가 고작이었어.

그러나 신석기 시대에 이르면 연한 나무판에 딱딱한 나무 막대를 세우고 손으로 비비거나, 나무 막대에 활을 끼워 앞뒤로 당기는 것을 되풀이하면서 생기는 마찰열로 불을 만들었단다.

이렇게 만든 불씨를 화덕에 넣어 안 꺼지게 잘 보관했는데, 힘들게 얻은 불씨인 만큼 얼마나 정성을 들여 보관했을지는 안 봐도 알 수 있겠지? 조선 시대까지만 해도 화덕의 불씨를 꺼뜨렸다고 며느리를 내쫓는 사람도 있었단다. 지금 들으면 말도 안 되는 얘기 같지만 진짜였대.

줄을 감은 다음 놓으면 줄이 풀리면서 세로막대가 빠르게 돌아 불을 피워요.

불씨가 생기는 곳

리 기구도 됩니다. 또 밤에는 움집 안을 환하게 밝혀 주는 조명 기구 구실도 하지요. 무서운 맹수들이 집 둘레를 얼씬거릴 때는 나뭇가지에 불을 붙여 쫓아내기도 했답니다.

그렇다면 음식은 어떻게 만들어 먹었을까요?

고기와 곡식은 오늘날의 도마와 부엌칼 구실을 하는 갈판*과 갈돌*로 쓱쓱 다듬어 화롯불에 구운 다음 온 식구가 둘러앉아 맛있게 먹었습니다. 남은 음식은 보통 흙으로 빚은 그릇 안에 넣어 두었는데, 신석기 시대에는

갈판 | 밑에 받쳐서 곡식이나 열매 따위를 가는 돌판을 말해요.
갈돌 | 갈판에 대고 열매 따위를 갈 때 연장으로 쓰던 납작한 돌을 가리켜요.

↳ 빗살무늬 토기

빗살무늬 토기를 많이 썼지요.

토기를 만들려면 먼저 흙을 가늘고 길게 빚어 바라는 높이만큼 둥글게 쌓아야 합니다. 그런 다음 안과 밖을 매끈하게 다듬고, 나뭇가지나 생선 가시로 바깥에 빗살무늬를 새겨 넣은 뒤 불에 굽지요. 그러면 밥솥도 되고 그릇도 되었습니다.

배도 채우고, 내일 먹을 것도 토기에 담아 놓고 나면 신석기 시대 사람들은 과연 무슨 일을 했을까요?

아마도 먹고 남은 동물의 가죽, 뼈와 이빨, 조개껍데기 따위로 몸치장을 하는 데 쓸 장신구를 만들거나 옷을 지어 입었을 거예요. 뼈를 깎아 만든 목걸이며, 조개껍데기에 크게 구멍을 뚫어 만든 조개 팔찌를 보면 그때 사람들의 모습이 눈에 선합니다.

2012년에 암사동 선사 주거지 옆에 체험 학습장을 만들 참이래. 동굴과 움집 마을을 만들어 선사 시대 모습을 되살린다니. 그때 다시 와서 원시인 놀이 하자!

이야기 정거장 돋보기

되살려 만든 움집

암사동 선사 주거지

전시관 | 1전시관은 1988년에 처음 문을 열었어요. 암사동 선사 주거지를 실제 발굴하는 모습과 함께 우리나라의 다른 신석기 유적들까지 한눈에 볼 수 있지요. 빗살무늬 토기와 같은 여러 가지 유물을 전시하고 있습니다. 2전시관은 1999년에 문을 열었어요. 암사동 선사 주거지 발굴 현장을 비롯한 서울, 경기 지역의 신석기 유적 그리고 신석기 이후 초기 청동기 문화 이야기로 짜여 있습니다.

복원 움집 | 발굴한 터에 2미터쯤 흙을 덮은 뒤 움집 아홉 개를 되살려 만들어 놓았어요. 집터 모양은 주로 원형 또는 말각방형(사각형의 모퉁이를 둥글게 한 모양)이에요.

체험 움집 | 움집 안에 들어가 그때 사람들이 어떻게 살았는지 느낄 수 있게 꾸며 놓았어요. 움집 안에는 생선과 고기가 들어 있는 화덕, 도토리가 담겨 있는 빗살무늬 토기 따위가 있고, 천장에는 화덕의 연기가 빠져나갈 수 있게 구멍이 나 있습니다.

2전시관에 있는 모형

강동선사문화잔치 • 1996년부터 해마다 10월 둘째 주 금요일, 토요일, 일요일 사흘 동안 암사동 선사 주거지에서 열리는 잔치입니다. 구석기와 신석기, 청동기 시대 유물을 전시하고, 부싯돌로 불 켜기, 도토리 음식 만들기, 빗살무늬 토기 만들기 같은 체험 행사를 마련하여 선사 시대에 살던 우리 조상들의 삶을 체험할 수 있게 꾸몄어요.

이곳도 가 보면 좋아요
일자산 허브천문공원, 길동 자연생태공원
지하철 5호선 강동역 또는 천호역에서 하남 쪽으로 가는 버스 이용.
❖ 단, 반드시 인터넷 예약을 해야 해요.

쌀밥은 언제부터 먹었을까요?

우리나라에서 벼농사를 처음 지은 때는 오늘날부터 1만 년 전쯤이라고 알고 있었어요. 그러니까 후기 구석기 시대쯤이지요. 그런데 1998년 충청북도 청원군 옥산면 소로리에서 찾아낸 볍씨를 검사해 보니, 1만 3천 년에서 1만 5천 년 전 사이쯤의 것으로 드러났습니다. 그동안은 중국 양쯔강에서 찾아낸 1만 1천 년 전 볍씨가 가장 오래됐다고 알고 있었는데, 이렇게 되면 우리 한반도에서 처음 지은 벼농사가 온 세계로 퍼져 나갔다고 할 수 있겠지요.

그럼 벼농사를 짓기 전에는 사람들이 주식으로 뭘 먹었을까 궁금하지요? 바로 조나 피, 기장 같은 벼과에 속하는 식물이었어요. 이런 식물들은 아무 땅에서나 씨만 뿌리면 잘 자라서 조선 시대까지도 흉년에 먹을 수 있는 구황작물*로 많이 재배했지요. 조나 기장은 지금도 사람들이 먹기는 하지만 피는 거의 안 먹어서, 벼농사 지을 때 논에 하나라도 있으면 뽑아 버립니다.

청원 소로리 유적에서 나온 볍씨

구황작물 | 흉년으로 농사를 망쳐 쌀이나 보리가 귀할 때 식량 대신 먹으려고 심던 농작물을 말해요. 조나 피, 기장뿐만 아니라 감자나 고구마, 메밀도 구황작물이었어요. 이런 것들은 가뭄이나 장마에도 큰 영향을 안 받고, 양분이 없는 흙에서도 빨리 잘 자라는 작물이지요.

02 한성 백제의 비밀을 간직한 모래성
풍납토성

아빠: 호야야, '체험 학습' 하면 뭐가 가장 먼저 떠올라?
호야: 박물관이요. 선생님이 그러시는데, 박물관이야말로 역사가 숨 쉬는 보물창고래요.
아빠: 보물창고 하니까 생각나는데, 우리나라 고대사가 그득히 담겨 있는 땅속 보물창고 구경 안 갈래?
호야: 에이, 그런 곳이 어디 있어요? 그럼 사람들이 다 훔쳐갔을 텐데.
아빠: 하하하! 네 말도 맞지만 아직도 그대로 땅속에 묻혀 있는 게 어마어마할 거야.
호야: 진짜요? 거기가 어딘데요?
아빠: 한성 백제의 숨결뿐만 아니라 우리나라 고대사를 다시 쓸 수도 있는 어마어마한 비밀이 숨겨져 있는 곳! 바로 풍납토성이란다.

알아두기

- **주소** | 서울시 송파구 풍납동 96번지
- **교통** | 지하철 5호선 천호역(풍납토성역)
- **보는 시간** | 24시간 이용
- **더 볼 곳** | 광나루 한강시민공원, 올림픽공원, 몽촌토성, 석촌동 백제 옛무덤, 암사동 선사 주거지

온조, 한성 백제 시대를 열다!

자, 지금부터 옛날 이야기 한번 해 볼까요?

주몽이 고구려를 세운 뒤, 북부여*에서 태어나 자란 큰아들 유리가 아버지 주몽을 찾아왔습니다. 그때 주몽과 소서노* 사이에는 비류와 온조 형제가 있었지만, 이 둘을 제치고 유리가 고구려 두 번째 왕이 되었습니다.

왕의 자리를 빼앗긴 비류와 온조 형제는 새로운 나라를 세우려고 남쪽으로 내려갔습니

다. 온조는 하북 위례성(오늘날 한강 북쪽)에, 비류는 미추홀(오늘날 인천)에 따로 터전을 잡았어요. 그런데 동생인 온조가 고른 땅은 기름진 평지였고, 형인 비류가 고른 땅은 바다를 낀 땅이었어요. 아니나 다를까, 비류의 백성들은 농사가 안 돼서 굶주렸습니다. 온조가 이끄는 위례성의 백성들은 기름진 땅 덕분에 풍요롭게 살았습니다.

마침내 온조는 비류의 굶주린 백성들까지 받아들여 기원전 5세기 즈음 한강 남쪽인 하남 위례성(오늘날 서울 송파구)으로 도읍을 옮긴 뒤 고대 국가의 틀을 갖추었는데, 이 나라가 바로 백제입니다.

그로부터 500년 동안 하남 위례성은 백제의 도읍으로 찬란한 문화의 꽃을 피웠어요. 그러다 475년 장수왕*이 이끄는 고구려군이 쳐들어와 백제는 한강 언저리 땅을 빼앗기고 웅진(오늘날 충남 공주)으로 도읍을 옮겼습니다. 그 뒤 하남 위례성은 1천5백 년도 넘게 길고 긴 잠을 자야 했습니다.

북부여 | 기원전 2세기쯤부터 494년까지 북만주에 있던 예맥족의 국가로 '부여'라고도 해요.
소서노 | 고구려 왕인 주몽의 둘째 부인이자 비류와 온조의 어머니예요.
장수왕 | 고구려 20대 왕으로 광개토대왕의 맏아들이에요.

아빠, 이것이 궁금해요!

비류와 온조는 왜 고구려의 왕이 되지 못했어요?

비류 이야기가 담겨 전해 내려오는 설화에는, 비류와 온조가 주몽의 아들이 아니라고 나온단다. 그러니까 비류와 온조의 어머니인 소서노가 주몽과 혼인하기에 앞서 북부여 왕 해부루의 자손인 우태와 먼저 혼인해서 낳은 자식들이라는 거지. 그래서 유리가 고구려의 왕이 되자 순순히 유리한테 왕위를 내주고 고구려를 떠났다고 해. 다만, 온조에 얽힌 설화에는 그런 내용이 없다는구나. 어찌 됐든 조선 시대까지도 큰아들한테 집안의 대를 잇게 하는 풍습이 있었으니, 큰아들인 유리한테 왕위를 내주었을 수도 있겠지?

백제는 한강 가까이에 도읍을 정한 한성 시대(백제 전기), 공주로 도읍을 옮긴 웅진 시대(백제 중기), 부여로 도읍을 옮긴 사비 시대(백제 말기)로 나뉘지. 그러니까 도읍을 세 번 옮긴 거야.

이집트 피라미드와 맞먹는다는 풍납토성은 어떻게 만들었을까?

1997년 어느 날, 한강이 내려다보이는 곳에 아파트를 짓는 공사가 한창일 때였어요.

"이게 뭐지? 무슨 유물 같은데……."

"그러게 말이야. 한둘이 아닌걸. 파면 팔수록 자꾸 나오잖아."

아파트를 지으려고 땅을 파 들어가자 수많은 유물들이 모습을 드러냈어요. 마침내 공사를 멈추고 7천6백 제곱미터가 넘는 땅을 파 내려갔지요. 그렇게 해서 풍납토성은 1천 5백 년 잠에서 깨어나 다시 우리 품 안으로 들어왔어요.

발굴 현장에서는 초기 백제 시대 토기를 비롯한 수많은 유물들이 쏟아져 나왔어요. 그러나 이처럼 중요한 유적지를 찾았는데도 그 자리에는 원래 계획대로 높다란 아파트가 들어서고 말았어요.

두 해 뒤인 1999년에는 그동안 초기 백제의 성으로만 알고 있던 풍납토성이 백제의 잃어버린 왕성인 하남 위례성이 아닐까 짐작하게 하는 중요한 사건이 일어났어요. 바로 풍납토성 성벽 발굴이었지요. 형편 없어 보이던 성벽을 잘라 보니 맨 아래쪽 폭이 자그마치 40미터, 높이도 9미터에 이르는 것으로 드러났어요.

풍납토성은 멀리서 보면 작은 언덕 같지만 가까이 다가서면 꽤 커다란 토

풍납토성과 아파트

작은 언덕같이 보이는 풍납토성

성*이라는 것을 알 수 있어요. 원래 남북으로 긴 달걀 모양에 둘레는 4킬로미터쯤이었으나, 1925년 한강 대홍수 때 서쪽 면이 쓸려가 버린 뒤 지금은 그 나머지 쪽만 남아 있어요. 높이는 보통 6~10미터쯤인데 밖에서 보면 더 높은 곳도 있어요. 폭이 가장 넓은 곳은 57미터이고, 동쪽 벽에는 출입문으로 보이는 흔적도 남아 있지요.

그렇다면 이 토성은 어떻게 만들었을까요? 학자들은 성벽의 단면을 잘라 조사해 보고 나서 놀라운 사실을 알아냈어요. 토성의 바깥쪽이 흙으로 싸여 있는데 그 안에는 돌이 거의 없었지요. 고운 모래로 조금씩 높이를 올리면서 하나하나 다져 쌓아 올린 것이에요. 여기에는 1.5톤 트럭으로 13만 대만큼의 흙이 들어갔다고 해요. 이만한 성을 짓자면 수십 만에서 수백 만이 넘는 사람들을 부려야 했을 텐데, 이런 큰 공사는 고대 이집트처럼 왕의 힘이 센 나라에서나 할 수 있었답니다. 따라서 풍납토성은 백제가 건국 초기부터 왕의 지배력이 매우 강한 나라였음을 알려 주는 증거인 셈이지요.

토성 | 흙으로 쌓은 성을 말해요.

사라진 한성 백제 왕성의 흔적들

지금까지 이곳에서는 200기가 넘는 유적이 나왔고, 초기 백제 시대 유물도 450상자나 나왔어요.

제사 때 쓰는 유물이 나온 것으로 보아 이곳이 왕성이었을 가능성이 더욱 높다고 해요. 그 까닭은 제사 도구가 하늘과 조상에 제사를 지내는 왕성에서 주로 쓰던 물건이기 때문이에요.

이 밖에도 이곳 풍납토성에서는 선사 시대와 삼국 시대의 유물이 골고루 나오기도 했어요. 이곳에 백제 시대 이전부터 많은 사람들이 자리 잡고 살았음을 알 수 있지요. 여러 유물 가운데서도 다리가 셋이고 자루가 달린 냄비인 청동 초두 두 점은 백제와 중국이 서로 문물을 주고받았다는 사실을 알려 주는 중요한 자료입니다.

풍납토성 유물 전시관에는 풍납토성에서 발굴한 100점이 넘는 유물을 전시하고 있어

청동 초두

△ 풍납토성 발굴 현장

요. 직구단경호*·삼족기*·고배*와 같은 백제 토기와 수막새*·암키와*·수키와* 같은 기와류, 중국제 자기류 같은 것들이 있습니다.

풍납토성은 오랜 세월이 지나는 동안 겉쪽이 잔디와 풀로 뒤덮여 버리고 말았어요. 사적*으로 지정되기는 했지만 안타깝게도 벌써 토성 안에 수많은 건물들이 들어차서 더는 발굴하기가 어렵다고 해요. 그래도 나라에서 풍납토성을 쭉 복원해 나갈 참이라고 하니, 언젠가 이 토성 안에 숨은 옛 백제의 비밀이 속속 밝혀질 날이 오기를 기대해 봅니다.

직구단경호 | 목이 짧고 곧은 항아리예요.
삼족기 | 다리가 셋 달린 항아리예요. 삼국 시대에 널리 만들어진 그릇 모양으로, 몸에 견주어 다리가 짧은 것이 특징이에요.
고배 | 삼국 시대에 널리 쓴 제사용 그릇으로 '굽다리접시'라고도 해요.
수막새 | 나무로 지은 집 지붕의 기왓골 끝에 쓰던 기와로, 보통 기와보다 남아 있는 수량이 적어요.
암키와 | 나무로 지은 집의 지붕을 덮는 직사각형 기와로, '평기와' 또는 '바닥기와'라고도 해요.
수키와 | 암키와와 암키와 사이에 덮는 반원통 모양 기와예요.
사적(史蹟) | 역사에서 중요한 사건이나 기념물의 자취 또는 나라가 법으로 지정한 문화재를 말해요.

 이야기 정거장 **돋보기**

풍납토성

원래 이름은 '광주 풍납리 토성'이에요. 예전에는 이곳이 경기도 광주시 풍납리였거든요. 원래는 둘레 3,740미터에 이르는 커다란 평지 토성이었으나 지금은 2,679미터쯤만 남아 있어요. 2000년 4월 국립문화재연구소에서 방사성 탄소 연대 측정을 해 기원전 2세기에서 기원후 3세기 사이에 지은 것으로 밝혀 냈습니다.

이곳에서는 풍납리식 민무늬 토기와 신라식 토기, 그물추, 물레, 가락바퀴, 기와 같은 선사 시대부터 삼국 시대에 이르는 여러 가지 유물들이 나왔어요. 이것으로 백제 시대 이전부터 사람들이 많이 살던 곳임을 알 수 있지요. 가까이 있는 몽촌토성, 석촌동 백제 옛무덤과 함께 초기 백제의 모습을 살필 수 있는 가치 있는 유적입니다. 성의 크기와 만든 시기로 미루어 볼 때, 풍납토성을 세운 백제는 그때 벌써 튼튼한 나라의 틀을 갖춘 것으로 보입니다.

풍납토성 해자* 발굴 현장

해자 | 성을 지키려고 둘레에 파 놓은 못을 말해요. 풍납토성의 해자는 가장 큰 폭이 60미터나 되는 것으로 보아 이 토성이 아주 큰 성이었음을 알 수 있어요.

을축년 대홍수 기념비

을축년 대홍수는 1925년에 네 차례 일어난 홍수를 말합니다. 이 홍수로 서울 곳곳이 물에 잠겼는데, 그 가운데서도 한강 언저리의 피해가 심했어요.

이 홍수로 전국에서 647명이 죽고, 집 4만 6천 호가 물에 잠겼다고 해요. 홍수로 생긴 피해액만 1억 300만 원에 가까웠다고 하는데, 이는 그때 조선총독부 한 해 살림살이에 쓸 돈의 58퍼센트에 이르는 어마어마한 돈이었어요.

엄청난 인명과 재산 피해를 남기기도 했지만, 흙이 쓸려 나가면서 오늘날 송파구, 강동구 쪽에서 풍납토성과 암사동 선사 주거지가 드러나 여러 유물과 유적을 찾아내기도 했습니다.

홍수의 무서움을 뼈저리게 겪은 주민들은 다시는 이런 재해가 안 일어나게 조심하자는 뜻에서 이듬해에 을축년 대홍수 기념비를 세웠어요.

풍납토성은 왜 다른 문화 유적처럼 꼼꼼하게 관리하지 않아요?

풍납토성을 찾으면 생각보다 볼품 없는 겉모습에 실망할 수도 있어요. 길쭉한 성벽이 아파트 촌과 상가들을 크게 둘러 안은 모습에다. 그마저도 곳곳에 길이 끊겨 있으니까요. 경계·표시가 없으면 풍납토성이 있다는 것조차 모르는 사람들한테는 그저 흔한 잔디밭으로만 보일 거예요. 풍납토성과 아파트, 정말 어색한 사이지요?

풍납토성은 우리나라 고대사 연구에 중요한 실마리를 던져 주는 소중한 유적이에요. 그런데도 아직까지 나라 땅으로 보호하지 못해, 토성을 살피려면 골목길과 도로를 '스스로 알아서' 찾아다녀야 합니다. 이것이 오늘날 풍납토성의 슬픈 현실이에요. 철책을 둘러 놓아 더 크게 망가지는 것을 막고는 있지만, 하루빨리 토성 안에 들어선 건물들을 정리해야 제대로 풍납토성을 되살릴 수 있을 거예요.

다행히 서울시와 정부에서 풍납토성 안의 땅을 조금씩 사들여 복원할 계획을 세우고 있다니, 풍납토성이 역사 현장으로 제대로 대접받는 그날을 기다려 보아요.

풍납토성이 『삼국사기』에 나오는 백제의 첫 왕성인 '하남 위례성'일 가능성이 아주 높아요.

03

자연과 역사, 재미가 어우러진 신 나는 공원

올림픽공원

아빠: 자, 오늘은 올림픽공원에 가기로 했지?
호야: 에이, 다른 데 가면 안 돼요? 지난번 체험 학습도 올림픽공원으로 갔단 말이에요.
엄마: 아참! 그렇지? 그런데 체험 학습 한 번 했다고 올림픽공원을 제대로 봤을까 몰라.
아빠: 그럼. 올림픽공원은 어마어마하게 큰 공원이란다. 공원 안에 올림픽 경기장만 여섯 개, 또 백제 시대 유적인 몽촌토성도 있지. 넓은 잔디밭과 호수, 콘서트장과 미술관, 역사 유적과 스포츠 센터가 한데 어울린 보기 드문 곳이야.
호야: 공원 안에 성도 있다고요? 우아, 어서 빨리 가 봐요, 우리!

알아두기

주소 | 서울시 송파구 올림픽로 426
교통 | 지하철 5호선 올림픽공원역, 8호선 몽촌토성역
보는 시간 | 오전 6시~밤 12시
더 볼 곳 | 풍납토성, 몽촌토성, 석촌동 백제 옛무덤

역사와 자연이 함께하는 시민들의 쉼터

　올림픽공원은 백제 초기 유적인 몽촌토성과 올림픽 경기장 여섯 개를 중심으로 이루어진 142만 제곱킬로미터에 이르는 큰 공원입니다. 1988년 서울올림픽을 치를 때 처음 만들었지요. 공원 곳곳에는 올림픽을 기념하는 여러 가지 조형물들이 세워져 있어요. 달리기 길, 건강 지압로와 같은 운동 시설은 물론 조각공원, 미술관, 생태공원까지도 자리하고 있지요.

　올림픽공원을 대표하는 상징물은 하늘로 활짝 펼친 날개를 닮은 '평화의 문'입니다. 평

화의 문 앞 광장은 주말이면 인라인 스케이트와 자전거를 즐기는 사람들로 가득하지요. 평화의 문 광장에서 오른쪽으로 돌아서면 소마미술관이 보이고, 그 앞쪽으로는 들꽃 밭이 있습니다. 애기똥풀, 개불알풀, 금낭화, 기린초처럼 독특한 이름을 자랑하는 우리나라의 들꽃을 볼 수 있어요.

올림픽공원은 다른 어떤 공원보다도 도시와 자연이 잘 어우러져 있습니다. 몽촌토성의 드넓은 잔디밭과 들꽃 밭 그리고 맑은 성내천* 덕분에 자연의 귀한 손님들이 다시 모습을 드러내고 있지요. 흰뺨검둥오리, 후투티, 왜가리, 쇠백로, 중대백로, 해오라기, 검은댕기해오라기, 꾀꼬리, 뻐꾸기, 소쩍새, 꿩, 청설모, 다람쥐, 개구리, 밀잠자리, 나비 들이 무리를 이루어 살고 있어요. 서울에선 좀처럼 눈에 안 띄는 딱따구리나 너구리도 보이고, 여름 밤에는 정다운 맹꽁이 울음소리도 들을 수 있답니다.

성내천 | 서울시 송파구 마천동과 오금동, 풍납동을 지나 한강으로 흐르는 냇물이에요.
단청 | 옛날식 집의 벽, 기둥, 천장에 여러가지 빛깔로 그림이나 무늬를 그린 것을 말해요.
사신도 | 고구려 장군총 벽화에 나오는 그림으로, 하늘의 동서남북을 지킨다는 청룡·주작·백호·현무를 그린 것을 말해요.

아빠, 이것이 궁금해요!

평화의 문과 평화의 성화는 무엇을 뜻해요?

평화의 문은 8층 높이의 커다란 건축물이란다. 한옥의 처마와 궁궐의 단청*을 떠올리게 하는 디자인이지. 날개 아래쪽에는 서양화가 백금남 교수가 단청을 바탕으로 해서 청룡·주작·백호·현무의 사신도*를 그렸고, 평화의 문 양옆으로는 조각가 이승택 씨가 전통 탈 모양을 작품으로 만든 '열주탈'이 서른 개씩 늘어서 있단다. 이 형상들은 우리 할아버지와 할머니의 모습. 바로 한국 사람의 자화상을 표현한 거라고 해.

평화의 성화는 강화도 마니산 참성단에서 받아온 불이야. 이 성화는 1988년 잠실 올림픽 주경기장을 밝혔고, 그 평화 정신을 이곳까지 옮겨 와 꺼지지 않는 불로 전시하고 있단다.

평화의 성화

건강과 볼거리, 재밌거리가 다 모여서 신 나는 공원

올림픽공원 정문 오른편에는 곧게 뻗은 은행나무 길이 있는데, 백제의 옛 성터를 따라 만들었다 해서 '위례성길'이라고 합니다. 가을이 오면 노랗게 물든 은행나무 잎들로 가득해 몇 걸음만 걸어도 영화 속 배우가 된 듯한 느낌이 듭니다.

겨울이 오면 올림픽공원은 또 한 번 탈바꿈을 합니다. 평화의 광장에 온 식구가 즐길 수 있는 아이스링크가 들어서고 커다란 크리스마스나무도 불을 밝힙니다. 크리스마스나무 점등식* 때는 얼음 조각전 같은 볼거리가 함께 펼쳐지기도 하지요.

은행나무 낙엽길

올림픽공원까지 와서 서울올림픽기념관을 그냥 지나치면 섭섭하겠죠? 1988년 서울 올림픽을 기념해 1990년에 세운 기념관으로, 서울올림픽의 감동과 영광의 순간들을 한 눈에 볼 수 있습니다. 1층에 있는, 대한민국을 상징하는 용 조형물을 시작으로 올림픽의 역사, 영웅들의 사진, 기념품 같은 것을 전시하고 있어요. 스스로 체력을 측정하고 여러 가지 운동을 실제 해 볼 수 있는 체험관도 따로 마련해 놓았습니다.

가끔 올림픽공원 안을 걷다 보면 우레와 같은 함성이 울려퍼질 때가 있어요. 올림픽이 다시 열린 것도 아닐 텐데 무슨 소리일까요? 바로 체조 경기장, 펜싱 경기장에서 나는

점등식 | 등에 불을 켜는 의식을 말해요.

소리예요. 해마다 나라 안팎의 이름난 가수들이 이곳에서 콘서트를 엽니다. 체육관 안에 1만 5천 명이나 들어갈 수 있어서 운동 경기나 콘서트, 박람회 같은 행사가 한 해 내내 끊이지 않는답니다.

공원 안에 정말 없는 게 없죠? 잔디밭과 호수, 콘서트장과 미술관, 역사 유적과 스포츠 센터가 이렇듯 한곳에 어우러진 공원은 다른 곳에선 쉽게 찾아볼 수 없어요. 철마다 빛깔을 달리하는 올림픽공원을 여러분도 한번 찾아가 보고 싶지 않으세요?

🔍 이야기 정거장 돋보기

조각공원 안에 있는 조각 작품

공원 안에 있는 450년 된 느티나무. 보호수로 지정되어 있어요.

올림픽공원 • 올림픽공원은 백제 초기 유적인 몽촌토성과 올림픽 경기장 여섯 개를 중심으로 이루어진 142만 제곱킬로미터나 되는 드넓은 공원이에요. 공원에는 백제 문화의 유물과 유적들을 한눈에 볼 수 있는 몽촌 역사관과 몽촌토성이 있지요. 볼거리가 많아 이런저런 촬영지로도 인기가 높답니다.
공원 시설은 '건강, 볼거리, 재미'라는 세 가지 주제로 나누어 있는데, 건강 공원에는 산책 길과 스포츠 센터가 있고, 볼거리 공원에는 미술관과 역사관이 있어요. 재미 공원에는 음악 분수, 관광 열차 같은 시설이 있지요. 그 밖에 올림픽 회관과 수영·체조·펜싱·역도·경륜·테니스 경기장이 있습니다.

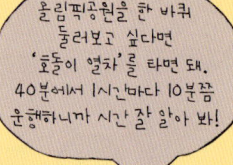

올림픽공원을 한 바퀴 둘러보고 싶다면 '호돌이 열차'를 타면 돼. 40분에서 1시간마다 10분쯤 운행하니까 시간 잘 알아 봐!

조각공원 • 전시 작품들은 주로 국제 야외 조각 심포지엄과 국제 야외 조각 대전에 출품한 것들이에요. 조각품들은 주로 돌이나 청동 주물, 합성수지로 만들어 비바람에도 잘 견디지요. 바깥 전시가 어려운 작품은 조형관에 따로 모아 놓았어요. 2001년 4월부터는 몽촌토성 밖에 있는 몽촌 해자에서 백남준의 레이저 작품인 '워터 스크린'을 금요일마다 상영하고 있습니다.

뮤지컬 공연이나 콘서트가 열리는 체육관

음악 분수

> 음악 분수는 오전 10시부터 평일은 한 시간마다, 주말과 휴일은 30분마다 10분 동안 나와.

우아!

음악 분수 • 음악에 맞춰 30미터까지 물을 뿜어 올리는 음악 분수는 올림픽공원에서 빼놓을 수 없는 볼거리랍니다. 클래식, 팝송, 동요와 같은 여러 가지 음악에 맞추어 1만 4천 가지 모양의 분수가 아름다운 모습을 뽐냅니다.

서울올림픽기념관 • 1988년 서울올림픽의 감동을 다시 한번 느낄 수 있는 곳이에요. 그때 올림픽의 결과와 여러 가지 올림픽 기념품도 볼 수 있어요. 서울올림픽을 안 겪은 어린이와 청소년들이 새로운 문화 체험을 할 수 있는 곳이지요.

소마미술관 • 서울올림픽을 기념하려고 세운 미술관이에요. 넓은 조각공원과 다양한 전시실, 미술 교육 스튜디오, 여러 행사가 열리는 다목적실을 갖추고 있어요.

소마미술관

04 몽촌토성

백제의 역사가 담긴 푸른 나들이 길

알아두기

주소 | 서울시 송파구 오륜동 88-3번지 올림픽공원 안
교통 | 지하철 5호선 올림픽공원역, 8호선 몽촌토성역
보는 시간 | 오전 6시~밤 12시
더 볼 곳 | 올림픽공원, 풍납토성, 석촌동 백제 옛무덤

"몽촌토성은 백제 초기에 만든 성이야. 원래 땅 모양을 그대로 살려 진흙을 쌓아 만든 성벽이지. 고구려의 침공에 대비해 목책과 해자로 성을 빙 둘러 막아 놓았단다. 성 안쪽에서 여러 가지 토기와 유물들이 나와 한성 백제 시대를 연구하는 데 귀중한 자료가 되었지. 지금은 시민들의 산책 길이자 어린이들의 체험 학습장으로 사랑받고 있단다."

몽촌토성이 올림픽공원 안에 있다고?

△ 흙으로 다져 만든 인공 언덕

옛날 사람들은 적의 침략을 막으려고 중요한 곳마다 성을 쌓았어요. 지금도 우리나라 곳곳엔 그런 흔적들이 아주 많이 남아 있지요. 그 가운데서도 몽촌토성은 가까이 있는 풍납토성과 더불어 한성 백제 시대를 대표하는 흙성이에요. 몽촌토성은 백제가 한강 언저리에 도읍을 정한 뒤 북쪽에 있는 고구려의 침입에 대비해 쌓은 성인데, 오늘날까지 이 성의 자취가 올림픽공원 안에 남아 있습니다.

그런데 왜 이름이 '몽촌토성'일까요?

몽촌토성 둘레 마을은 원래 '큰 마을'이라는 뜻에서 큰말·곰말·꿈말이라고 했는데, 이것이 나중에 한자말인 '몽촌'으로 바뀌었다고 해요.

지금 남아 있는 토성의 길이는 2천7백 미터쯤이에요. 작은 언덕 여러 개가 모여 하나를 이루고 있지요. 이 작은 언덕들은 원래 있던 것이 아니라 사람들이 일부러 흙을 다져 쌓은 언덕입니다.

몽촌토성 가까이엔 풍납토성과 석촌동 백제 옛무덤을 비롯한 백제 초기의 유적들이 모여 있습니다. 몽촌토성은 이들과 함께 백제 초기의 군사와 문화의 성격을 살필 수 있는 귀한 유적으로 그 가치를 인정받고 있습니다.

몽촌토성은 그림처럼 아름다운 나들이 길로도 널리 알려져 있어요. '호반의 길' '젊음의 길' '연인의 길' '토성의 길' '추억의 길'과 같이 다섯 주제로 된 푸른 나들이 길이 저마다 다른 즐거움을 느끼게 합니다.

몽촌토성 안에 있는 나들이 길

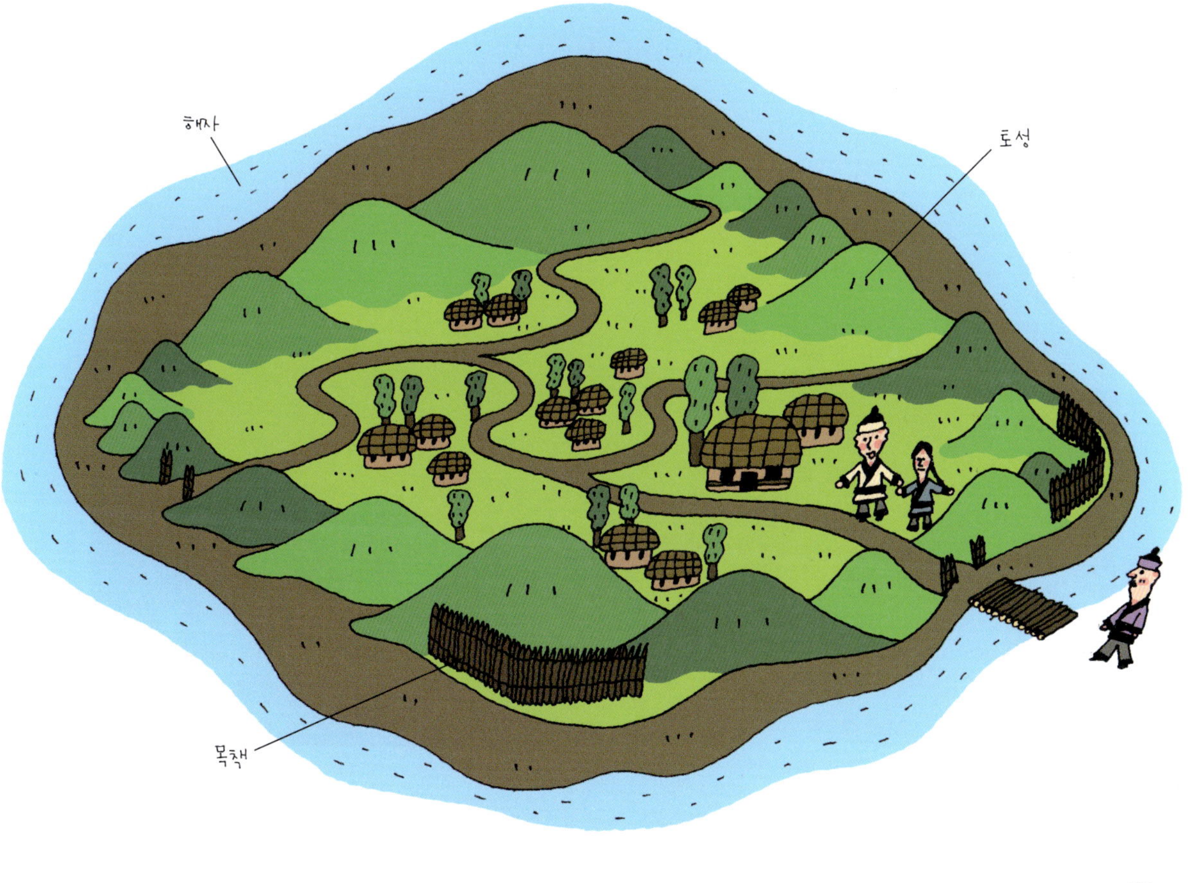

해자 · 토성 · 목책

이제는 나들이 길로 바뀐 고구려의 전쟁터

몽촌토성 둘레 호숫가에는 목책이 있습니다. 목책이란 적군이 성벽을 타고 올라오지 못하게 나무를 가로, 세로로 엮어 만든 장애물이에요. 지금 있는 목책은 원래 목책 기둥이 있던 자리에 새롭게 복원해 놓은 것이에요. 원래 목책은 사람 키보다 훨씬 높게 만들었다고 합니다.

좀 더 북쪽으로 올라가면 호수와 이어진 개천이 나오는데, 이곳이 바로 한강의 지류*인 성내천입니다. 성 밖에 고랑을 파거나 냇물을 이용해 성의 안과 밖을 물로 갈라놓은 것을 '해자'라고 하는데, 성내천을 끌어들인 몽촌토성 해자는 목책과 함께 적이 함부로 성 안

지류 | 강의 본디 줄기로 흘러들거나 본디 줄기에서 갈라져 나온 가지 물줄기라는 뜻이에요.

몽촌토성 둘레에 쳐 놓은 목책

으로 못 쳐들어오게 하는 방어막 구실을 해 주었어요. 성 안과 밖을 잇는 통로의 자취도 여러 군데서 나왔는데 옛날 성문 자리였을 것으로 짐작하고 있답니다.

성에서 내려오는 길에는 나이가 벌써 500살을 훌쩍 넘겼다고 하는 커다란 은행나무 한 그루가 눈에 들어옵니다. 어엿하게 옛 백제의 힘을 보여 주는 토성과 더불어 오랜 세월 한 곳을 지키고 있는 모습이 늠름해 보이기까지 합니다.

오늘날 몽촌토성은 서울 시민들의 나들이 길이자 어린이 체험 학습장으로 더 이름이 높습니다. 하지만 2천 년 전쯤에는 백제와 고구려가 한강을 서로 차지하려고 전쟁을 벌이던 곳이지요. 한성을 끝내 고구려에게 빼앗긴 백제는 남쪽으로 후퇴한 끝에 오늘날의 공주인 웅진으로 도읍을 옮겼습니다. 오늘날 서울 송파구는 백제가 웅진으로 떠나기 전까지 500년 가까이 백제 문화의 중심지였다는 얘기예요.

백제는 한강 언저리에 '십제'라는 작은 나라를 세우고 나중에 '백제'로 나라 이름을 고쳤지. 그 뒤 남으로는 마한 지역까지, 북으로는 고구려의 평양까지 땅을 넓히기도 했어. 일본에도 아주 많은 영향을 끼쳤어.

아빠, 이것이 궁금해요!

백제가 일본에 많은 영향을 끼쳤다는 게 정말인가요?

일본의 역사 시대를 열어 준 것은 백제라고 할 수 있어. 역사 시대란 말 그대로 '문자로 쓴 기록이나 책이 있는 시대'란다. 너도 잘 알 거야. 285년에 일본에 『논어』와 『천자문』을 전해 준 사람이 백제의 왕인 박사잖아. 근초고왕 때는 아직기가 일본에 사신으로 가서 태자한테 한자를 가르쳤고, 많은 기술자들이 일본으로 건너가 도기 만드는 법과 직조 기술, 그림 그리는 방법 따위를 가르쳤어. 무령왕은 오경박사 단양이와 고안무를 일본으로 보내 유학(儒學)을 가르치게 했어. 552년에 성왕은 승려인 노리사치계를 보내 처음으로 일본에 불교 경전과 금동석가여래상을 주었단다. 일본으로 불교가 건너간 게 바로 이 즈음이지. 일본이 처음 지은 아스카사라는 절도 588년 백제에서 건너간 승려 여섯과 기술자들과 함께 만들었단다. 일본에 있는 호류사의 목조 관음보살입상과 교토 코류사에 있는 목조 반가사유상도 백제의 영향을 받았다고 해. 이렇게 백제가 전해 준 문화를 바탕으로 일본의 고대 국가들이 역사 시대를 맞이했지.

올림픽공원을 만들 때 몽촌토성 곳곳에서 많은 유적들이 쏟아져 나왔어요. 몽촌토성뿐만 아니라 한강 언저리에서 발굴한 백제 유적과 유물 모형을 한 곳에 모아 전시하려고 만든 곳이 몽촌역사관입니다. 암사동 선사 주거지·석촌동 백제 옛무덤·아차산성에서 나온 토기들 그리고 가락바퀴나 그물추* 같은 옛 사람들의 삶을 엿볼 수 있는 유물들을 전시하고 있어요.

역사관 옆에 있는 전시관은 백제 사람들이 살던 옛 집터 위에 세운 것이라고 해요. 네 군데에 이르는 백제 시대 주거지와 도구들을 처음 찾아냈을 때 모습 그대로 전시하고 있답니다.

그물추 | 그물이 물속에 쉽게 가라앉을 수 있게 그물 끝에 매다는 돌이나 쇠붙이를 말해요.

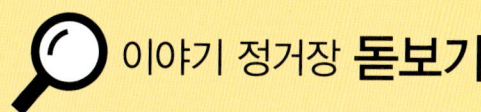 이야기 정거장 **돋보기**

몽촌토성 • 경주의 '월성'이나 대구의 '달성'처럼 삼국 시대 초기 양식으로 지었어요. 남북 730미터, 동서 540미터로 마름모꼴을 하고 있지요. 한성 백제 시대의 다양한 토기와 무기, 장신구, 골제찰갑(뼈로 만든 옷), 중국 토기, 말 족쇄(말이 못 움직이게 묶어 놓는 기구), 고분, 연못 터, 옹관묘(시신을 항아리에 넣어 묻은 묘)와 같은 유물들이 이곳에서 나왔어요. 집터, 시장의 흔적, 공공 기관 터도 찾아 냈지요. 1982년에 사적 297호로 지정되었습니다.

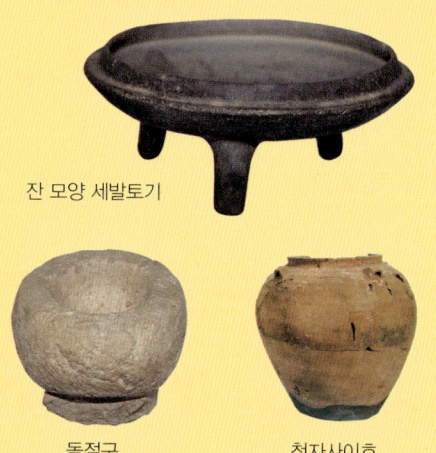

잔 모양 세발토기

돌절구   청자사이호

몽촌토성에서 발굴된 집터

몽촌역사관 • 한강을 중심으로 살아 온 옛 사람들의 역사와 문화를 대표하는 유적·유물을 모아 놓았어요. 전시실에는 명일동에서 발굴한 선사 시대 주거지와 방이동 고분, 석촌동 고분, 가락동 고분, 몽촌토성 같은 모형 여덟 개를 전시합니다. 몽촌토성과 석촌동 고분, 구의동에서 발굴한 진품 유물 95점과 모조 유물 149점도 전시하고 있어요. 한성 백제 시대의 몽촌토성과 풍납토성은 물론, 백제와 벌인 싸움에서 이겨 한동안 한강을 다스린 고구려와 신라의 모습도 알 수 있게 꾸며 놓았어요. 3월에서 10월은 오전 10시부터 오후 5시, 11월에서 2월은 오후 4시까지 볼 수 있어요. 보는 삯은 없지만, 단체로 가려면 미리 연락해야 해요.

몽촌역사관 입구

전시된 유물들   선사 시대 주거지 모형

55

05 꿈과 모험의 세계와 이어지는 아름다운 호수 길
석촌호수

아빠: 자, 오늘은 롯데월드……
호야: 와! 아빠, 오늘 롯데월드 가는 거예요?
아빠: 아니, 아니. 롯데월드가 아니고,
 롯데월드 바로 옆에 있는 호수를 갈 거라고.
 너, 한국말은 끝까지 들어 보라는 말도 못 들었냐?
호야: 에이, 난 또.
아빠: 자, 오늘은 서울에서 하나뿐인 인공 호수
 석촌호수로 가 보자. 아, 물론 롯데월드가 바로 옆에
 있으니…… 나중은 모르는 일이고.

알아두기

주소 | 서울시 송파구 잠실동 47번지
교통 | 지하철 2호선, 8호선 잠실역
더 볼 곳 | 롯데월드, 석촌동 백제 옛무덤, 몽촌토성, 올림픽공원

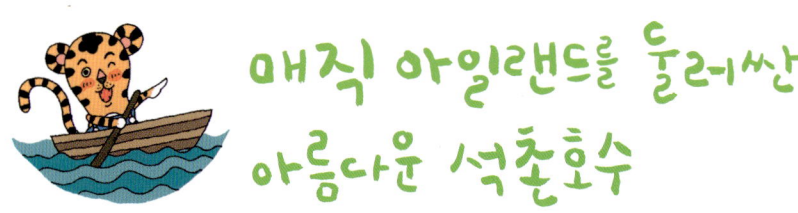
매직 아일랜드를 둘러싼 아름다운 석촌호수

"꿈속에 보았던 신비한 세계, 모두가 오고 싶던 곳.
모험과 환상이 가득한 이곳, 여기는 롯데월드!"

석촌호수가 어디인지 모르는 사람도 롯데월드는 들어 보았을 거예요. 석촌호수는 롯데월드의 인공 섬 '매직 아일랜드*'를 감싸고 있는 호수입니다. 아하, 이제 알겠다고요? 낮에는 호수 둘레 산책 길의 벚나무들이 아름다움을 뽐내고, 어두워질 무렵이면 매직 아일랜드의 불빛으로 번쩍이는 곳입니다.

"와, 물에 빠질 것 같아!"
"야호, 내가 물 위를 날고 있어!"
자이로드롭, 자이로스윙, 아틀란티스 같은 하늘을 나는 놀이기

▷ 석촌호수와 매직 아일랜드

매직 아일랜드
롯데월드는 유리 돔으로 덮인 실내 놀이 공간 어드벤처와 석촌호수 위에 세운 바깥 놀이 공간 매직 아일랜드로 나뉘어 있어요. 매직 아일랜드는 중세 유럽에 있던 성처럼 꾸민 곳이에요.

구를 타고 아래를 내려다보면 석촌호수의 반짝이는 물결 속으로 곤두박질치는 듯한 느낌이 들기도 합니다. 매직 아일랜드에 있는 마법의 성과 중세 유럽 마을에서는 날마다 재미있는 볼거리로 가득하지요.

이렇게 아름다운 호수와 신 나는 놀이 공간으로 가득한 곳, 많은 사람들의 발길이 끊이지 않는 이곳의 옛날 모습은 어땠을까요?

1960년대까지만 해도 오늘날의 강남과 잠실은 논밭이 거의 다인 조용한 시골 마을이었어요. 그러던 강남이 바뀐 것은 1970년대 초반 무렵입니다. 한강 상류에서 쓸려 내려온 모래가 쌓여 만들어진 섬이던 잠실은 홍수 피해가 매우 잦았지요. "모기가 하품만 해도 물이 넘친다."고 할 만큼 비가 조금만 와도 물에 잘 잠겼어요. 여름이 되면 옛날 잠실 섬 사람들은 오늘날 광진구 자양동이나 강남구 삼성동에 있는 봉은사로 대피를 하기도 했습니다.

△석촌호수의 나들이 길 숲

남쪽 물길을 막아서 섬을 육지로 만드는 대공사를 했는데, 그때 남은 물길이 바로 석촌호수야. 그 공사로 생겨난 땅이 잠실동과 신천동이지.

그런데 강남을 개발하면서 송파강을 흙으로 덮자 잠실 섬은 육지로 바뀌었고, 한강 물길이 가로막히면서 인공 호수인 석촌호수가 생겨났습니다. 옛 잠실 섬은 이제 커다란 아파트 단지가 되었고, 고작 1천 명 남짓이던 인구는 몇 백 배도 넘게 늘어났지요.

처음 석촌호수가 생길 무렵엔 이곳 둘레에 아무것도 없는 허허벌판이었어요. 1981년에 석촌호수 곳곳을 꾸며 '호수공원'이란 이름으로 문을 열었지만, 더러운 호수 물에서 나쁜 냄새가 나서 사람들 발길이 거의 없었지요. 그러다가 호수 둘레를 확 손질하고 물을 맑게 해서 지금은 아름다운 꽃나무 길로 사랑받는 공원이 되었습니다.

호수를 한 바퀴 돌 수 있도록 2.5킬로미터나 되는 나들이 길을 만들었는데, 이곳에다 왕벚꽃나무를 1천 그루 넘게 심어 봄이면 아름다운 벚꽃 길로 바뀝니다.

볼거리, 즐길 거리 가득한 도심 속 하나뿐인 호수공원

석촌호수는 동호와 서호 두 개로 나뉘어 있습니다. 송파대로가 생기면서 호수 하나가 둘로 나뉜 것이지요. 땅콩처럼 생긴 석촌호수의 중간 부분이 서호에서 동호로 넘어가는 곳입니다.

롯데월드 매직 아일랜드와 서울놀이마당이 있는 호수가 서호입니다. 서호에서는 긴 의자에 앉아 호수 한가운데 있는 놀이기구가 돌아가는 모습을 볼 수 있어요. 호수에서 뱃놀이를 즐길 수 있는 선착장도 있지요. 이처럼 서호가 놀 거리와 즐길 거리가 많아 분위기가 밝은 데 견주어, 동호는 조용히 산책을 하고 싶은 사람들한테 좋아요.

동호의 서쪽에는 조선 시대에 꽤 큰 나루터이던 송파나루터를 되살려 놓았어요. 호수 안에는 뗏목 조형물이 있고, '송파의 호수 속 정자'라는 뜻인 '송호정'과 송파구의 상징인 소나무로 가꾼 '장송마당'도 가까이 있어요.

↳ 송호정

아빠, 이것이 궁금해요!

송파나루터는 어떤 곳이었어요?

석촌호수 자리는 본래 송파나루가 있던 한강의 본 줄기였단다. 서울과 경기도 광주를 잇는 송파나루는 땔나무와 담배를 서울로 실어 나르는 통로 구실을 했지. 전국의 상품들이 모이던 시끌벅적한 시장이면서 서울로 오가는 뱃길 중심지였어. 조선 시대에는 상업과 공업이 발달하면서 송파장과 더불어 더욱 중요한 구실을 했어. 아, 또 한 가지! 인조가 청나라 태종한테 무릎을 꿇고 항복을 해서 병자호란을 끝낸 치욕의 장소가 송파나루 바로 가까이 있는 삼전도란다. 이제 송파나루는 터만 남았지만, 역사가 물려 준 숙제와 교훈을 우리는 잊지 말아야 해.

한자로 '소나무 송(松)'에 '언덕 파(坡)'인 송파는 소나무 언덕이라는 뜻으로 예부터 소나무가 많았다고 해요.

석촌호수공원은 벚꽃뿐만 아니라 개나리, 조팝나무, 철쭉 같은 갖가지 꽃들이 호수 둘레에 가득하고, 호수 안에는 잉어들이 떼 지어 살고 있습니다. 바닥에 깔려 있는 깨끗하고 말랑말랑한 탄성 매트는 걷기에 좋고, 넘어져도 아프지 않지요.

공원 안에서는 인라인 스케이트나 자전거 통행을 못하게 하고 있어서 안전하고 여유롭게 걷기에도 아주 좋아요. 꽃길을 걸으며 상쾌하고 달콤한 꽃 냄새를 맡다 보면 화난 얼굴, 짜증나는 얼굴도 모두 웃는 얼굴이 되지요.

△ 삼전도의 치욕을 돌을새김하여 넣은 그림

이야기 정거장 돋보기

석촌호수의 유람선

송파나루터 비

석촌호수 • 송파구 잠실동에 있는 호수로, 둘레에 석촌호수공원이 있어요. 석촌호수는 옛날 송파나루터가 있던 곳으로, 동호에 송파나루터라는 표석이 세워져 있습니다. 송파나루는 조선 시대 서울과 지방을 이어주던 중요한 뱃길이었어요. 지방에서는 이곳을 거쳐 땔나무와 담배 같은 물품을 서울로 가져 날랐지요.

삼전도비 • 옛 송파나루 옆에는 삼전도라는 나루가 있었습니다. 이 삼전도는 병자호란 때 인조가 청나라 태종에게 항복한 곳으로 이름났지요.

병자호란은 청나라가 조선에게 신하의 예를 갖출 것을 요구했지만 조선이 이를 거절해서 벌어진 싸움입니다. 청나라는 10만 군사를 이끌고 조선을 침략했어요. 조선은 청나라에 맞서 남한산성에서 마지막까지 열심히 싸웠지만, 끝내 성문을 열고 항복을 하고 말았습니다. 조선의 인조 임금은 송파나루 가까이에 있던 삼전도 나루에서 청나라 왕에게 세 번 절하고 아홉 번 머리를 조아리는 삼배구고두 의식을 치렀습니다. 청나라 왕은 조선의 항복을 받은 이 사건을 기념하려고 그 자리에 비석을 세웠는데, 이것이 바로 삼전도비입니다. 가슴 아픈 역사라 하더라도 되돌아보며 역사의 교훈으로 삼아야 한다는 것을 말해 주는 곳이지요.

석촌동 집들 사이에 있는 삼전도비는 곧 원래 있던 자리와 가장 가까운 석촌호수의 서호로 옮길 참이랍니다.

삼전도비

63

06 고구려와 백제의 문화가 섞인 공동묘지
석촌동 백제 옛무덤

아빠: 사람이 죽으면 무덤을 만들지? 옛날에는 신분이 높을수록 무덤을 크고 높게 만들었단다. 그래서 어느 나라, 어느 시대든 왕들의 무덤이 가장 크고 웅장하지. 피라미드나 진시황릉처럼 말이야. 한강 둘레에도 백제 시대에 만든 아주 오래된 무덤이 있단다.

호야: 으악! 그래서 지금 그 무덤으로 간다는 말씀이에요? 혹시 귀신이라도?

엄마: 호호, 하여튼 누가 새가슴 아니랄까 봐. 혹시 있더라도 한밤중에나 돌아다닐 테니 걱정 마셔.

아빠: 옛날 무덤이야말로 타임캡슐과도 같은 거야. 자, 이제부터 용감하게 백제 시대의 공동묘지 속으로 들어가 볼까?

알아두기

주소 | 서울시 송파구 석촌동 61-6번지
교통 | 지하철 8호선 석촌역 6, 7번 출구
보는 시간 | 오전 5시~밤 12시
더 볼 곳 | 올림픽공원, 석촌호수, 몽촌토성

돌무덤의 진짜 주인은 누구일까?

사람이 죽으면 대개 땅에 묻거나 불로 태워요. 죽은 사람을 기리는 뜻으로 기념물을 만들기도 합니다. 무덤은 바로 그런 기념물의 대표라고 할 수 있지요. 사람들은 죽은 사람의 무덤 앞에서 고개를 숙이고 아주 공손하게 예의를 갖춥니다.

그럼 무덤 모양은 옛날이나 오늘날이나 똑같을까요?

무덤 모양 또한 시대와 문화에 따라 많이 다릅니다. 요즘이야 작은 무덤을 만들거나 화장*을 하고, 때론 수목장*을 하기도 하지만, 왕이 다스리던 옛날에는 이집트의 피라미드나 중국의 진시황릉*처럼 죽어서도 자신의 힘을 나타내려고 어마어마하게 크게 지은 무덤이 많았습니다. 우리나라에도 아주 커다란 왕의 무덤이 있지요. 어떤 왕의 무덤은 산처럼 큰 것도 있어요.

자, 이제 석촌동에 있는 무덤 유적지를 찾아가 볼까요?

화장 | 죽은 사람을 불에 태워서 남은 뼈를 모아 장사 지내는 거예요.
수목장 | 화장한 뒤 뼛가루를 나무뿌리에 묻는 장례 방식을 말해요.
진시황릉 | 중국을 처음으로 통일한 진나라 시황제의 무덤으로, 오늘날 중국 산시성에 있어요. 어마어마한 크기와 함께 진흙으로 빚은 군사들의 모형이 무덤에서 함께 나왔어요. 1987년 유네스코 세계 문화유산이 되었습니다.

송파구 석촌동 북쪽의 야트막한 구릉 위에는 백제 시대 무덤들이 모여 있습니다. 문화재로 지정되어 있는데, 정식 이름은 '석촌동 백제 초기 적석총'입니다. 돌을 쌓은 무덤이라고 해서 '적석총(積石塚)'이라고 해요. 이런 돌무덤들이 많아서인지 석촌동(石村洞)은 옛날부터 한자 그대로 '돌마을'이라 했습니다. 백제 초기 무덤은 돌무지 무덤, 독덧널 무덤, 돌방 같은 여러 가지 형태가 있는데, 크게는 돌을 계단처럼 쌓아 만든 적석총(돌무지 무덤)과 흙으로 덮은 봉토분(흙무덤)으로 나눕니다.

오래된 무덤 이야기는 지루하다고요? 더구나 '적석총'이니 '봉토분'이니 하는 말도 너무 어렵지요. 하지만 자신이 영화 속 배우처럼 옛 무덤을 살펴보는 똑똑한 고고학자나 용감한 탐험가가 되었다고 상상해 보세요. 여기에 묻혀 있는 사람은 누구일까? 누가 이런 걸 만들었을까? 곰곰이 생각해 보면 옛 무덤은 흥미진진한 이야깃거리로 가득해요. 옛날 무덤은 그 시대의 삶과 문화를 알 수 있는 아주 중요한 실마리예요.

△ 5호분 — 봉토분(흙무덤) 형태

그 많던 무덤은 다 어디로 갔을까?

 백제를 세운 온조가 고구려를 세운 주몽의 아들이어서인지 백제는 건국 초기 고구려의 영향을 많이 받았습니다. 그러다 시간이 갈수록 백제에서만 볼 수 있는 문화로 발전했지요. 무덤을 만드는 일도 마찬가지였어요. 초기에는 고구려의 영향으로 고구려 무덤 형식인 적석총을 주로 만들었는데, 나중엔 봉토분을 만들었습니다.

 일제 강점기에 조사한 자료를 보면, 석촌동 백제 고분*에는 원래 돌무지 무덤 23기*, 흙무덤 66기가 있었다고 해요. 하지만 이 지역이 개발되면서 무덤들이 많이 사라지고 지금은 여덟 기만 남아 있어요.

 여덟 기 무덤 가운데 가장 큰 것은 3호분입니다. 3호분은 맨 밑에 크고 긴 돌을 두른 다음, 위에 돌을 쌓아 만들었어요. 지금은 3단까지만 복원되어 맨 위는 돌무더기 상태로 남아 있지요. 그래서 높이는 생각보다 낮지만, 넓이는 옛날 고구려 땅이었던 만주의 장군총*과 버금갈 만큼 큽니다. 무덤의 크기로 보아 왕의 무덤이 확실하지만, 오래 전에 무덤이 도굴* 당해서 무덤의 주인이 누구인지 확실히 알 수는 없어요. 왕의 권위가 가장 강력하던 13대 근초고왕*의 무덤이 아닐까 짐작만 할 뿐이랍니다. 과연 이 무덤의 진짜 주인은 누구일까요?

3호분 돌무지 무덤은 길이가 남북으로 43미터, 동서로 55미터, 높이가 4.5미터나 된다고 해.

고분(古墳) | 옛날 무덤을 말해요.
기(基) | 비석, 탑, 무덤, 큰 기계 따위를 세는 단위예요.
장군총 | 고구려 광개토대왕의 아들인 장수왕의 무덤으로 짐작하는 곳이에요. 이 무덤은 돌을 다듬어 피라미드 꼴로 쌓았어요. 오늘날 중국 지린성 지안현에 있답니다.
도굴 | 허락 없이 불법으로 무덤을 파헤치는 것을 말해요.
근초고왕 | 4세기에 정치·경제·문화 모든 면에서 백제의 전성기를 이룩한 왕이에요.

3호분 – 적석총(돌무지 무덤) 형태

3호분 남쪽에 있는 4호분 또한 길이가 30미터 됩니다. 겉모습은 작은 돌을 계단처럼 쌓아 덮은 적석총이지만, 쌓는 방식을 고구려의 영향에서 벗어나 백제만의 방식으로 바꾼 무덤이지요. 4호분은 다른 고분에 견주어 복원을 잘해 놓았어요. 이 고분에서는 금으로 만든 세환식 귀고리도 한 점 나왔습니다.

2호분 또한 고구려의 적석총 형식에서 벗어나, 안에 흙으로 구덩이를 만들고 나무 관을 넣어 두는 방식으로 만든 토광묘입니다.

5호분은 돌이 아니라 흙을 쌓아 올려 만든 무덤입니다. 3, 4호분보다 크기가 작지요. 안에는 시신을 넣는 구덩이 여러 개와 큰 항아리가 있습니다. 항아리에 시신을 넣는 무덤은 전라남도 영산강 언저리 나주 쪽에서 많이 나온 것이에요. 이것은 무덤 주인이 왕이 아니라 원래 이곳에 살던 귀족임을 알려 주는 증거입니다. 왜냐고요? 토착 귀족들은 백제 왕실이 고구려에서 내려오기 전부터 살았기 때문에, 고구려가 아닌 본래 자기들이 만들던 무덤 방식을 써서 자기 힘이 세다는 것을 나타내려 한 것이지요.

아픈 역사를 뒤로하고
문화유산으로 되살아난 옛무덤들

석촌동 백제 옛무덤은 매우 아픈 역사를 품고 있습니다. 일제 강점기 때는 보물에 눈이 어두운 사람들이 고분을 제집 드나들듯 하면서 도굴을 했어요. 아무것도 모르는 백성들은 자기 집 담벼락으로 쓰려고 이곳 돌을 마구 가져가기도 했지요. 나중에는 도시를 개발한다고 마구 파헤쳤어요.

1974년 석촌동 백제 옛무덤을 처음 발굴했을 땐 제 모습을 지키고 있는 무덤이 겨우 3기(3~5호 고분)뿐이었다고 해요. 89기나 되었던 무덤들이 잘 보존되었다면 지금쯤 세계에 자랑할 만한 관광 자원이 되었을지도 모르지요. 그나마 다행인 것은 이제라도 이 석촌동 백제 옛무덤이 주민들과 함께 숨 쉬는 문화유산으로 다시 태어났다는 거예요.

석촌동 백제 옛무덤은 중국 지안현 장군총과 비슷한 꼴이에요. 이 무덤으로 초기 백제와 고구려의 관계를 짐작해 볼 수 있지요. 그동안 이곳은 높은 담장과 불편한 출입문 때문에 사람들이 가까이 다가갈 수도 없는 곳이었어요. 물론 관리도 제대로 안 했고요. 그러나 1980년대 후반과 1990년대에 주택가에 있던 정문을 큰길가로 옮기고, 드나드는 길 다섯 곳을 새로 내는 공사를 마쳤습니다. 백제 옛무덤의 담장을 낮춰 멀리서도 고분을 바라볼 수 있게 했고, 풀과 나무가 우거진 광장을 만들고 가로등과 의자·화장실 같은 편의 시설을 설치해서 주민들이 좀 더 편안한 마음으로 소중한 우리 문화를 느낄 수 있게 했지요.

이야기 정거장 돋보기

석촌동 백제 초기 적석총 발굴 모습

하늘에서 내려다본 석촌동 백제 옛무덤의 모습

석촌동 백제 초기 적석총(사적 243호)
백제가 한강 하류에 도읍을 정하고, 475년에 웅진으로 천도하기 전까지 만들어진 무덤들입니다. 1975년에 찾아낸 고분 5기와 1976년 잠실지구 유적 발굴 조사에서 확인된 고분 3기가 있지요. 이 가운데 사적 243호로 지정된 것은 3호와 4호 적석총이에요. 발견된 유적과 유물로 보아 이곳은 선사 시대부터 삼국, 고려, 조선 시대에 이르기까지 공동묘지였을 것 같습니다. 선사 시대 집 자리로 보이는 아궁이와 돌화살촉·돌칼, 백제 시대의 토기 따위는 이곳이 선사 시대부터 삼국 시대까지 문화가 이어져 온 곳임을 알려 주는 유물입니다.

한성백제문화제 · 서울시 송파구에서 여는 한성 백제 시대 문화를 재현하는 행사예요. 1994년부터 가을마다 서울 올림픽공원 평화의 광장, 위례성길, 석촌동 백제 초기 적석총 둘레에서 엽니다. 행사에서는 온조왕 입성 행렬, 고이왕 백제 완성 행렬, 근초고왕 열병식 같은 백제 사람들의 문화와 기상을 재현합니다. 또한 조선 시대 대표 장터 가운데 하나로 이 지역 문물 교역의 중심지였던 송파장의 생생함을 그대로 보여 주는 송파나루 장터도 열고, 전통 민속 예술 공연과 여러 가지 체험 행사도 합니다.

한성백제문화제 행사 모습

07

88 서울올림픽 기쁨의 함성이 울려퍼지던 그곳

서울종합운동장

아빠: 호야야, 올림픽이 몇 년에 한 번씩 열리는지 알아?
호야: 그럼요, 4년마다 한 번씩 열리잖아요? 우리나라에서도 1988년에 서울에서 올림픽이 열렸고요.
아빠: 하하하, 우리 호야 공부 좀 더 해야겠는걸.
호야: 왜요? 틀렸어요?
아빠: 물론 틀렸다고는 할 수 없지. 그런데 겨울에 열리는 올림픽과 여름에 열리는 올림픽을 더하면 2년마다 한 번씩 열린다고 해야겠지?
호야: 아, 맞다!
엄마: 어째 사회 시험 성적이 신통치 않다 했지.
아빠: 시험 성적이야 지금부터 열심히 공부하면 잘 나오겠지. 어쨌든 서울올림픽을 잘 치르고 나서 우리나라는 세계 곳곳에 '대한민국'이란 이름을 널리 알렸단다. 그럼 오늘은 서울올림픽이 열린 잠실 서울종합운동장으로 가 볼까?

알아두기

주소 | 서울시 송파구 올림픽로 29 (잠실동 10번지)
교통 | 지하철 2호선 종합운동장역
보는 시간 | 오전 9시~오후 6시
더 볼 곳 | 몽촌토성, 석촌호수, 석촌동 백제 옛무덤, 롯데월드, 올림픽공원

온 세계 사람들이
손에 손을 잡고 평화를 노래하다

　서울종합운동장은 1986년 서울아시안게임과 1988년 서울올림픽을 치른 곳으로, 우리나라를 대표하는 체육 시설입니다. 송파구 잠실에 자리하고 있어서 잠실종합운동장이라고도 하지요.

　"24회 올림픽 개최지가 일본의 나고야를 제치고 대한민국 서울로 결정되었습니다."

　1981년 9월, 1988년 올림픽대회가 서울에서 열리기로 확정되는 순간, 그야말로 대한민국 곳곳이 몽땅 들썩거렸습니다.

88 서울올림픽 개막식

벌써 오래전 일이 되어 텔레비전이나 책으로 그때 이야기를 들어본 친구들도 있겠지만, 그때만 해도 우리나라에서 올림픽을 치른다는 것은 정말로 대단한 사건이었습니다.

올림픽은 예나 지금이나 선진국에서만 열리는 지구촌 가장 큰 잔치입니다. 6·25전쟁으로 쑥대밭이 된 낡은 사진 속의 대한민국만 기억하던 다른 나라 사람들은 국민 소득도 낮은 우리나라가 과연 올림픽을 잘 치를 수 있을까 고개를 갸웃했을 거예요. 그러나 이러한 걱정과는 달리 우리는 올림픽을 마지막까지 멋지게 치러 냈고, 올림픽 경기 성적도 4위에 오르는 기적을 이루었습니다. 이를 바탕으로 대한민국은 한 걸음 더 세계로 나아갈 수 있었지요.

아빠, 이것이 궁금해요!

올림픽 대회는 언제부터 열었어요?

올림픽 대회는 기원전 776년쯤 고대 그리스에서 처음 열었단다. 원래는 제우스 신에게 바치는 제전 경기였다는구나. 여자들은 참여할 수 없었어. 혼인한 여자들은 구경하는 것도 안 되었대. 그러다가 393년 293회로 끝을 맺었는데, 1500년쯤 지난 1896년 프랑스 사람인 쿠베르탱 덕분에 그리스에서 다시 열 수 있었지. 그래서 근대 올림픽이라고도 말하지. 쿠베르탱은 올림픽의 참뜻을 다음과 같이 말했단다. "올림픽 대회의 참뜻은 승리하는 데 있는 것이 아니라 참가하는 데 있으며, 사람에게 중요한 것은 성공보다 노력하는 것이다."

이렇듯 올림픽은 성별, 이념, 종교, 민족과 같은 사람과 사람 사이, 나라와 나라 사이의 장벽을 허물어 평화의 정신을 나누는 대회란다. 또한 경기에서 승리하는 것도 중요하지만 사람의 한계를 극복하는 노력과 땀을 더욱 소중하게 여긴단다.

1천 년 전 신라의 범종*인 에밀레종* 소리로 열어 화려한 폭죽으로 막을 내린 서울올림픽은 대한민국이라는 작은 나라를 온 세계에 알린 아름다운 날들이었어요. '손에 손잡고'라는 서울올림픽 주제가는 지금까지도 많은 이들의 마음속에 가슴 벅찬 노래로 생생하게 남아 있지요. 동독과 서독이 냉전 시대를 끝내고 하나가 되는 순간, 통일 독일의 초청으로 이 노래가 독일 통일의 상징인 베를린 장벽에서 울려 퍼지기도 했습니다.

서울올림픽은 그때 공산주의 국가였던 소련과 거의 모든 동유럽 국가, 중국, 베트남까지 참여해서 더욱 뜻 깊은 대회였습니다. 참가한 모든 나라의 국기들이 아직까지도 올림픽공원에 휘날리고 있습니다.

범종 | 절에서 쓰는 종을 말해요. 인경이라고도 하는데, 절에서 사람을 모이게 하거나 시간을 알려 주는 종으로 씁니다.
에밀레종 | 정식 이름은 성덕대왕 신종으로, 신라 시대에 만들었어요. 우리나라에서 가장 큰 종입니다.

시민들이 즐길 수 있는 체육 시설로 거듭난 서울종합운동장

올림픽이 끝난 뒤 서울종합운동장은 여러 가지 운동 행사와 시민들이 즐길 수 있는 체육 시설로 쓰고 있습니다. 주말이면 운동 경기 관람과 인라인 스케이트와 같은 다양한 운동을 즐기는 사람들로 활기가 넘칩니다.

서울종합운동장 안에는 올림픽 주경기장을 비롯해 보조 경기장과 수영장, 체육관, 야

△ 88 서울올림픽 마스코트 호돌이

올림픽 주경기장

구장, 올림픽 전시관이 있습니다. 바로 가까이엔 잠실 한강시민공원과 탄천*이 있고, 조금 더 내려가면 올림픽공원이 있지요.

올림픽 주경기장은 상암동 서울월드컵경기장을 짓기 전까지 월드컵 축구 예선전을 연 곳이었어요. 그만큼 우리 국민들의 뜨거운 열정이 구석구석 녹아 있는 곳입니다. 이제는 서울 국제 마라톤을 비롯해 육상 경기와 축구 대회, 콘서트 같은 행사를 열고 있습니다. 농악대의 상모를 쓴 88 서울올림픽 마스코트 '호돌이'도 경기장 앞에 서 있습니다. 귀여운 아기 호랑이인 호돌이는 '호순이'라는 이름의 여자 친구가 있지요.

수영장은 세계 첫 철갑선*인 거북선의 모습을 본떠 만든 것입니다. 다이빙, 수구, 수중 발레와 같은 경기를 치르고 있으며, 경기가 없을 때는 주부와 어린이가 배우는 수영 교실을 열기도 합니다.

탄천 | 경기도 용인시와 성남시에서 서울의 강남구와 송파구를 지나 한강으로 들어가는 한강의 지류예요.
철갑선 | 철판으로 거죽을 싸서 만든, 전쟁에 필요한 장비를 갖춘 배를 말해요. 우리나라 거북선이 세계 첫 철갑선이랍니다.

▷ 실내 수영장

야구장은 3만이 넘게 들어갈 수 있는 우리나라에서 가장 큰 야구 전용 구장입니다. 겉모습은 한국 고유 악기의 하나인 장구를 본떠 지었어요. 1988년에 서울올림픽 공식 야구 경기장이 되었고, 지금은 프로야구 두산 베어스와 엘지 트윈스 두 구단이 홈구장으로 써서 프로야구 철에는 거의 날마다 경기가 열립니다. 떠나갈 듯한 함성과 번쩍이는 조명이 밤에도 이곳 잠실을 환히 밝히고 있지요.

종목별 국가대표 유니폼, 일기장, 양궁 화살, 운동화, 권투 장갑과 같이 올림픽에서 금메달을 딴 선수들이 기증한 물품들을 전시하고 있는 올림픽 전시관에서는 올림픽의 기원에서부터 역대 올림픽 개최지와 마스코트와 같은 올림픽의 모든 것을 볼 수 있습니다. 올림픽 자료를 보존해서 올림픽이 남긴 뜻과 정신을 훗날까지 잘 전해 주려고 만든 곳이지요.

이야기 정거장 돋보기

서울종합운동장 • 올림픽 주경기장을 비롯해 야구장과 수영장 같은 여러 실내 체육관과 보조 경기장이 자리하고 있습니다. 서울시 송파구 잠실동에 있어서 잠실종합운동장이라고도 해요.

이 가운데 86 서울아시안게임과 88 서울올림픽 개·폐회식과 육상, 축구 경기가 열린 올림픽 주경기장은 7만 명 가까운 관중이 들어갈 수 있는 커다란 종합 경기장이에요. 많게

올림픽 주경기장

는 10만 명까지 들어갈 수 있다고 해요. 서울 지하철 2호선 종합운동장역과 바로 이어져 있어서 사람들이 편리하게 오갈 수 있지요. 요즘에는 스포츠뿐만 아니라 음악 콘서트를 비롯해 여러 가지 행사를 열기도 합니다. 1977년부터 주경기장과 실내 수영장을 지어 1980년 12월에 공사를 마쳤어요.

올림픽 스타 거리 • 서울종합운동장 주경기장 옆에는 '올림픽 스타 거리'라는 곳이 있어요. 1936년 베를린올림픽 마라톤에서 우승한 손기정 선수의 기념 동상과 사진을 시작으로 역대 올림픽에서 메달을 딴 '스타'들의 사진과 기록을 담은 기념 조형물이 있어요.

손기정 선수의 동상과 사진

바르셀로나올림픽에서 금메달을 딴 여자 핸드볼

08 온달 장군 이야기가 살아 숨 쉬는 고구려 유적지

아차산성

엄마: 호야야, 우리나라 옛날 이야기 가운데 '공주' 하면 누가 가장 먼저 떠올라?

호야: 흠, 엄마가 이런 걸 물을 때는 뭔가 까닭이 있다는 얘긴데……. 아, 울보 평강 공주요!

엄마: 왜?

호야: 하하, 어제 책상 위에 엄마가 아차산성 신문 기사를 오려 놓은 걸 봤어요. 바보 온달과 평강 공주 이야기에 나오는 산이잖아요.

엄마: 어쭈, 눈치가 백 단이네! 그런데 아차산성에는 온달과 평강 공주 말고도 많은 이야기가 전해 내려온단다. 가서 들어 보기로 할까?

알아두기

주소 | 서울시 광진구 구의동~광장동 아차산 중턱
교통 | 지하철 5호선 아차산역
더 볼 곳 | 광나루 한강시민공원, 어린이대공원

백제, 고구려, 신라의 치열한 싸움터

　강원도 태백산맥에서 샘솟은 한강이 서울로 들어오는 길목인 광나루 서쪽에 우뚝 솟아 있는 산이 아차산입니다. 높이가 287미터밖에 안 되는 야트막한 산이지만 한강과 가까이 있어 군사 목적으로는 아주 중요한 곳이었지요. 백제, 고구려, 신라는 서로 이곳을 차지하려고 치열하게 싸움을 벌였어요.
　아차산은 한강 언저리에서 고구려 유적이 남아 있는 단 하나뿐인 곳이기도 해요. 1천5

아차산 5보루. 보루는 군사들이 머물던 요새를 말해요.

아차산 고구려정

백 점이 넘는 고구려 유물이 한꺼번에 쏟아져 나와 남한에서 고구려 유적이 가장 많이 발견된 곳이기도 합니다.

삼국 시대 서울과 한강 하류는 처음에는 온조가 세운 백제 땅이었어요. 하지만 475년 백제의 스물한 번째 임금인 개로왕이 고구려 장수왕한테 목숨을 잃고 웅진으로 수도를 옮기면서부터 고구려 땅이 되었습니다. 그 뒤 고구려 장수왕이 열두 해 동안 지배하고, 신라의 진흥왕에게 그 자리를 넘겨주었지요. 그래서 삼국 통일의 영광은 한강을 마지막으로 차지한 신라의 몫이 되었습니다.

아빠, 이것이 궁금해요!

근데 산 이름이 왜 아차산이에요?

아차산이란 이름에는 다음과 같은 두 가지 이야기가 전해 내려온단다.

조선 시대 어느 왕 때, 이름난 점쟁이가 자기 목숨을 걸고 왕 앞에서 점을 봤다가 틀려서 이 산에서 목숨을 잃었어. 그런데 나중에 그 점괘가 맞은 걸 알고 난 왕이 사형 집행을 멈추라고 사람을 보냈는데, 그 사람이 "멈추시오!" 하고 손을 흔들며 오는 것을 사형 집행인은 빨리 죽이라는 소리인 줄 알고 점쟁이를 죽이고 말았지. 살 수도 있었는데 사형 집행인의 '아차' 하는 실수 때문에 점쟁이가 죽은 뒤로 아차산이라고 했다는구나.

또 다른 이야기 속에서 보면, 아차산은 백제 초기에 아단성이라고 일컬었대. 조선을 세운 태조 이성계가 왕이 된 뒤에 새로 지은 이름이 '단'이었는데, 이 '단' 자를 '차'로 고쳐 아차성이 되었다고 전하기도 해. 왕의 이름으로 쓰인 한자는 아무 곳에도 사용하지 못하게 했기 때문이지. 정확히 어떤 얘기가 맞는지는 아무도 모른단다.

바보 온달과 평강 공주의 슬픈 사랑 이야기

아차산에는 백제 시대에 쌓은 아차산성이 있어요. 산꼭대기를 가운데 두고 동그랗게 쌓아서 만들었는데, 성벽 높이는 밖에서 보면 10미터, 안에서는 1~2미터쯤입니다. 오랜 세월이 흘러 이제는 성벽이라기보다는 돌무더기처럼 보이지만, 고구려의 침략을 막으려고 꼼꼼히 쌓은 백제의 요새이던 것만은 틀림없지요.

이곳 아차산에는 고구려의 온달 장군이 전쟁을 치르다 죽었다는 전설이 내려옵니다.

온달은 고구려 평원왕 때 평양성에 살던 사람이었어요. 얼굴도 못생기고 집안도 가난했지만 앞 못 보는 어머니를 극진히 모시는 효자였지요. 온달은 길을 돌아다니며 구걸을 했는데, 사람들은 온달의 겉모습만 보고 '바보 온달'이라고 놀렸답니다. 그래도 온달은 화내지 않고 누구한테나 웃는 얼굴로 대했습니다.

그때 평원왕한테는 평강이라는 공주가 하나 있었는데, 어려서부터 걸핏하면 울었어요. 그래서 왕은 공주가 울 때마다 이렇게 말했지요.

"울보 공주야, 너는 만날 울기만 하니 나중에 바보 온달한테 시집보내야겠다."

그 울보 공주가 자라서 열여섯 살이 되자, 왕은 공주를 지체 높은 귀족 가문 아들한테 시집보내려 했어요. 그러자 공주는 이렇게 말했습니다.

↳ 아차산 생태공원 어귀에 있는 온달 장군과 평강 공주 동상

"아버지는 저를 바보 온달한테 시집 보낸다고 하지 않으셨어요? 임금께서 하신 말씀을 어찌 바꾸려 하세요? 저는 꼭 온달한테 시집가겠어요."

왕은 크게 노해 공주를 궁궐에서 내쫓았어요. 대궐에서 쫓겨난 공주는 사람들한테 물어물어 바보 온달 집을 찾아갔어요. 작은 오두막집에 눈 먼 할머니가 혼자 있는 것을 본 공주는 가까이 가서 절을 하고는 온달이 있는 곳을 물었어요.

"내 아들은 아가씨와 같은 귀인이 가까이 할 사람이 못 됩니다. 아가씨 몸에서는 좋은 냄새가 나고 손은 풀솜처럼 부드러운 걸 보니 틀림없이 고귀한 분인데 어쩌다 여기까지 오셨소?"

온달 어머니와 온달은 처음에 공주를 안 받아들였지만, 공주는 끈질기게 매달려 마침내 온달과 혼인했어요. 공주는 온달한테 손수 글공부를 가르쳤어요. 그리고 몸에 지니던 금팔찌를 팔아서 병든 말을 싸게 산 뒤 정성껏 키워서는 그 말로 온달이 무술을 익히게 했습니다.

그때 고구려에는 해마다 삼짇날(음력 3월 3일)이면 사냥 대회를 열어 우승한 사람한테 큰 상을 내리는 풍습이 있었어요. 평강 공주 덕분에 열심히 무술을 닦은 온달은 대회에 나가 뛰어난 솜씨와 재주를 발휘했답니다. 왕은 그가 누구인지 궁금했어요.

"저 사람의 이름이 무엇인지 알아보아라."

"온달이라 하옵니다."

"뭐, 뭣이? 그 바보 온달 말이냐?"

온달은 중국 후주와 벌인 전쟁에서도 큰 공을 세워, 비로소 왕의 사위로 인정받고 높은 벼슬에까지 올랐습니다.

얼마 뒤 온달은 임금한테 신라에 빼앗긴 땅을 되찾겠으니 군사를 달라고 청했습니다. 그리고 신라군과 싸우다 그만 목숨을 잃고 말았습니다. 그런데 공주와 헤어지는 것이 싫었던지 온달의 관이 이곳 아차산에서 꿈쩍도 안 했어요.

"살고 죽는 것은 벌써 정해졌으니 이제 그만 돌아가소서."

공주가 관을 쓰다듬으며 이렇게 말하자 그제야 관이 움직였다고 합니다.

지금 이곳에는 온달 장군의 전설을 증명이라도 하듯 '온달샘'이라고 하는 약수터와 주먹을 꼭 쥔 듯한 모양의 '온달바위'를 볼 수 있습니다.

△ 아차산 등산로를 걷는 학생들

아차산 기슭에 자리한 아차산 생태공원 어귀에는 온달 장군과 평강 공주의 동상도 서 있습니다. 아차산 생태공원은 자생 식물원, 나비 정원, 생태 자료실, 습지원을 갖추고 있는 자연 학습 공간이기도 합니다. 시골에서나 보던 황톳길은 맨발로 걷기에 그만이지요.

아차산 해맞이 전망대에 오르면 덕소와 구리, 서울을 지나 구불구불 흘러가는 한강의 모습이 한눈에 들어옵니다. 구름 한 점 없는 맑은 날이면 동쪽으로는 팔당대교가 보이고, 서쪽으로는 난지도* 너머까지 볼 수 있습니다.

아차산에서 바라본 동쪽의 한강 전경

　요즘 중국은 동북공정*이란 이름으로 고구려 역사를 자기네 역사로 만들려 하고 있어요. 우리가 아끼고 사랑하는 역사는 우리의 역사로 남지만, 우리가 모른 척하는 역사를 남이 아끼고 소중히 하면 그것이 설령 우리의 역사라고 해도 나중에는 남의 것이 될 수 있습니다. 그런 까닭에서라도 우리 자랑스러운 고구려 역사가 담긴 아차산성에 더 많은 관심을 기울여야겠지요?

난지도 | 서울 마포구 한강 하류에 있는 섬으로, 1977년 육지와 잇는 둑을 만든 뒤 10년 넘게 서울의 쓰레기 매립지로 썼어요. 1993년 2월 매립을 멈추고 둘레를 깨끗이 해 생태 공원으로 가꾸었지요.

동북공정 | 중국 국경 안에서 일어난 모든 역사를 중국 역사로 끌어들이려고 2002년부터 중국이 추진하는 연구 과제예요. 중국 동북쪽 국경 지역의 역사와 현상을 연구하면서 고구려를 고대 중국의 지방 민족 정권으로 주장하고 있지요.

이야기 정거장 돋보기

아차산성의 성벽

아차산성(사적 234호) • 서울 광진구 광장동과 구의동에 걸쳐 있는 삼국 시대 산성입니다. 한강 하류 북쪽 강변에 있는 높이 200미터의 작은 산봉우리를 감싸며 쌓았고, 성의 둘레는 1천 미터쯤에 이릅니다. 동쪽과 서쪽, 남쪽에 성문 터가 남아 있어요. 고구려의 두 번째 도읍인 국내성의 성벽과 같이 뒤로 밀려 쌓은 층계식이어서 고구려의 영향을 받은 것으로 여기고 있지요.
『삼국사기』에는, 475년 백제의 개로왕이 백제의 수도 한성을 포위한 3만이 넘는 고구려군과 싸우다가 아무래도 질 것 같자 아들 문주를 남쪽으로 피하라고 한 뒤 자신은 이 산성 밑에서 고구려군에게 잡혀 죽었다고 쓰여 있어요. 그 뒤 백제는 한성에서 웅진으로 도읍을 옮겼어요. 또 고구려의 온달 장군이 죽령 이북의 잃어버린 땅을 되찾으려고 신라군과 싸우다가 아차산성 아래에서 죽었다는 기록으로 보아 이곳이 삼국 모두 탐내는 중요한 곳이었음을 알 수 있지요.

아차산 명품 소나무 1호

아차산 생태공원

생태 자료실

생태공원의 식물들

아차산 생태공원 • 아차산 기슭에 자리한 아차산 생태공원은 생태 자료실, 자생 식물원, 나비 정원, 습지원, 생태 관찰길, 자생 관찰길, 소나무 숲으로 꾸며져 있습니다. 공원을 만들면서 산초나무를 비롯한 교목* 19종 330주와 갈기조팝나무와 같은 관목* 20종 3,690주, 풀과 꽃 종류는 70종 4만 본쯤을 심었어요. 동물을 보호하려고 버려진 나무 따위로 생물이 살 수 있게 꾸몄습니다. 공원이 들어선 뒤 다람쥐·고라니 같은 포유류와 꿩·해오라기·쇠박새 같은 조류를 많이 볼 수 있어요. 멸종 위기종으로 지정된 맹꽁이와 서울에서는 처음으로 금개구리가 모습을 드러내기도 했지요. 대청부채와 같은 멸종 위기 식물도 환경에 잘 적응하고 있습니다.

생태 자료실에서는 환경 생태 분야 전문가인 자원 봉사자들이 공원에 있는 여러 동식물의 특징을 설명해 주고 있습니다. 쉬는 날 없이 한 해 내내 문을 열고, 입장료는 없어요. 지하철 5호선 광나루역에서 내려 아차산 쪽으로 10분쯤 걸으면 보입니다.

교목 | 소나무, 향나무, 감나무와 같이 줄기가 곧고 굵으며 높이가 8미터를 넘는 나무를 말해요.
관목 | 무궁화, 진달래, 앵두나무와 같이 키가 작고 원줄기와 가지의 구별이 분명하지 않으며 밑동에서 가지를 많이 치는 나무를 말해요.

09 맑고 깨끗한 물이 흐르는 동식물의 보금자리

광나루

호야: 아빠, 오늘 우리가 간다는 광나루엔 뭐가 있어요?
아빠: 광나루야말로 서울에서 야생 동식물과 새들의 보금자리를 볼 수 있는 가장 좋은 장소야. 시원스레 탁 트인 한강도 볼 수 있고, 강 건너엔 푸르른 아차산도 있고, 한강 둔치에서는 지는 해에 물든 갈대밭도 볼 수 있지.
엄마: 또 있어요. 이번에 별난 자전거 체험장도 생겼잖아요.
호야: 와! 재밌겠다. 그럼 난 텔레비전에 나온 누워서 타는 자전거 타 볼래요.

알아두기

주소 | 서울시 광진구 광장동 부근 한강변
교통 | 지하철 5호선 천호역, 8호선 천호역·암사역
더 볼 곳 | 어린이대공원, 아차산성, 올림픽공원, 풍납토성

군사 요충지에서 시민들의 쉼터로 탈바꿈하다

광나루 둘레에는 6천 년쯤 전부터 사람들이 살았어요. 아마도 앞에서 둘러본 암사동 선사 주거지와 가까워서겠지요?

이곳은 백제가 한강 언저리를 빼앗긴 뒤 신라와 고구려가 서로 오가는 길목이어서 군사 작전을 펼치기에 매우 중요한 곳이었어요. 조선 시대에 와서는 한강에서 다섯 손가락 안에 드는 나루로 이름 높았지요.

서울에서 한강을 건너 남쪽으로 나가는 첫 번째 나루터이던 광나루는 '너븐나루' 또는 '양진(楊津)'이라고 일컫기도 했습니다.

지금은 그저 이름만 남아 있는 나루터지만, 서울의 많은 나루 가운데서도 크고 북적북적하기로 손꼽힌 곳이 바로 마포나루*와 광나루였지요. 광나루는 강원도 정선이나 평창과 같은 깊은 산속에서 나오는 땔나무가 모이는 곳으로 더 이름 높았어요. 가을이 되면 땔나무를 가득 실은 뗏목들이 광나루를 가득 메웠다고 해요.

또한 조선의 13대 왕인 명종 때에는 오늘날 천호동 쪽에서 샘솟는 약수가 몸에 좋다는 소문이 나면서 양반집 부녀자들이 타고 온 가마로 나루터가 늘 붐볐다고 해요.

마포나루 | 지금의 마포대교 바로 아래쪽에 있던 나루예요. 1950년대까지 여러 지역에서 나는 특산물이 드나들던 곳으로, 그 가운데에도 새우젓이 아주 많이 들어왔어요.

이제는 광진교와 천호대교가 강남과 강북을 이어 주어 광나루는 나루터 기능을 잃어버렸지만, 그 자리에 한강시민공원이 들어서면서 오늘날까지도 사람들이 끊임없이 드나들고 있어요.

오른편이 천호대교, 왼편이 광진교, 맞은편이 광나루 지구

옛날에는 광나루·삼밭나루·동작나루·노량진·양화나루를 한강의 5대 나루라고 했어.

버드나무와 갈대숲을 거닐며 시 한 수 읊을까!

광나루 한강시민공원은 서울에서 하나뿐인 상수원 보호 구역입니다. 그래서인지 다른 곳에 견주어 물이 맑고 깨끗해요. 시멘트로 만든 제방 대신 버드나무와 갈대숲이 물가를 덮고 있고, 천연기념물인 새매와 황조롱이, 말똥가리 같은 새들이 살고 있어요. 강 건너로 아차산과 아차산성이 또렷하게 보이고, 가까운 곳에 암사동 선사 주거지, 풍납토성, 몽촌토성 같은 문화 유적지가 있지요.

한강 공원 가운데 가장 넓은 곳이 바로 이 광나루 한강시민공원이기도 합니다. 길이가 12.5킬로미터나 되지요. 북쪽으로는 경기도 구리시, 남쪽으로는 서울 강동구 그리고 하

△ 암사동 생태계 보전 지역에 머무는 철새들

난 황조롱이
난 새매
난 말똥가리

남시와 닿아 있어요. 오늘날은 거의 모든 한강 둘레가 시멘트로 덮여 있지만 겨우 몇십 년 전만 해도 한강가에는 모래밭으로 가득했다고 해요. 여름이 되면 뚝섬이나 광나루 모래밭에서 휴가를 보내는 사람들도 많았답니다. 플라타너스와 버드나무 숲과 더불어 모래밭이라니, 오늘날의 한강 모습과는 정말 많이 달랐겠지요?

광진교 어귀에 쌍돛을 단 배 모양으로 만든 강동 예찬 시비에는 조선 초 학자 서거정이 지은 해 질 무렵의 한강가와 강동 지역의 아름다운 풍경을 노래한 시가 담겨 있어요. 서거정이 살던 옛날의 광나루는 시원스레 탁 트여 한눈에 들어오는 한강과 저 멀리 아차산까지 보이는 매우 아름다운 곳이었지요. 서거정의 무덤은 원래 광나루 가까이에 있었는데 도시 개발을 하면서 아주 엉뚱한 곳인 화성으로 가 버렸다고 해요.

야생 동식물과 새들의 지상 낙원

광나루 한강시민공원 옆에 있는 암사동 생태계 보전 지역은 야생 낙원과 같은 곳입니다. 애기부들, 질경이택사, 줄, 도루박이, 뚜껑덩굴과 같은 다섯 가지 산림청 보호 식물과 세모고랭이, 날개골풀 같은 여러 희귀 식물이 자라고 있습니다. 물속에는 다슬기와 자라가 살고, 옛날에는 못 보던 흰뺨검둥오리와 큰기러기도 나타납니다. 도심에서는 좀처럼 보기 힘든 굴뚝새도 돌무더기 곳곳에 깃들여 살아갑니다.

도루박이

뚜껑덩굴

◁ 애기부들

질경이택사 ◁

줄 ◁

광나루 한강시민공원은 강동대교에서 잠실철교 사이에 있는 공원이야. 한강 상류에서 떠내려온 흙과 모래가 쌓여 자연스럽게 생긴 모래톱과 드넓은 갈대밭이 있어서 자연 그대로 살아 있는 한강을 만날 수 있지.

이렇듯 생태계 보전 지역과 맞닿아 있어서 광나루 한강시민공원에서는 뱃놀이와 물놀이를 못해요. 이렇게 사람들의 나들이를 막은 곳도 있지만, 자연 환경을 해치지 않으면서도 재미있게 즐길 수 있는 시설이 얼마 전에 생겼습니다. 바로 '별난 자전거 체험장'으로, 바람의 힘으로 움직이는 풍력 자전거와 바퀴가 셋 달린 변기 모양 자전거를 탈 수 있는 자전거 공원입니다.

별난 자전거 체험장 말고도 자전거 소풍장, 자전거 광장, 어린이 자전거 교육장, 생태 학습원과 같이 자전거를 소재로 한 시설들이 골고루 있어서, 식구나 친구끼리 찾아가도 즐거운 시간을 보낼 수 있습니다.

이야기 정거장 돋보기

옛날 광나루를 지나는 뗏목과 돛단배 풍경

광나루 • 서울에서 부산으로 가는 길목에 있는 나루로, 임진왜란 뒤 서울과 부산을 잇는 파발* 길이 지나가면서 중요한 곳이 되었어요. 가을이면 땔나무를 실은 뗏목들이 광나루를 가득 메웠다고 해요. 또한 강 둘레 경치가 아름다워 글을 짓는 선비들이 즐겨 찾았다고 합니다. 광진교와 천호대교가 놓이면서 나루터의 기능을 잃어버렸지요.

파발 | 조선 시대 때 소식을 빠르게 전하려고 만든 소식통. 오늘날의 이어달리기처럼 알맞은 거리마다 사람들이 기다리고 있다가 소식이 오면 말을 타거나 걸어서 소식을 날랐어요.

자전거 공원에 있는 놀이터

광나루 자전거 공원 • 광나루 자전거공원은 12만 4천 제곱미터에 이르는 우리나라에서 가장 큰 자전거 공원입니다. 80대가 넘는 별난 자전거 체험장, 자전거 경기장, 어린이 자전거 교육장, 레일 바이크 시설을 갖추고 있습니다. 오전 10시부터 오후 5시까지 드나들 수 있어요.

암사동 생태계 보전 지역 • 암사동 습지는 광나루 한강시민공원과 잇닿아 있어요. 강변을 따라 갈대밭 같은 습지가 있어서 2002년 12월 30일에 생태계 보전 지역으로 꼽았어요. 생태계 보전 지역은 서울시가 1999년부터 여러 생물이 어울려 사는 습지나 보전 가치가 큰 우수 생태 지역을 보호하려고 만들었어요.

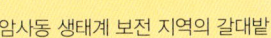
암사동 생태계 보전 지역의 갈대밭

Jump! 역사 속으로

이름만 남은 한강 나루터

지금처럼 다리가 없던 옛날에는 사람이나 물건을 실어 나르려면 반드시 배를 타고 한강을 건너야 했어요. 그래서 한강의 여러 곳에 나루가 생겨났지요. 전국의 온갖 물품과 사람들은 한강의 나루터로 모여들었어요. 이 나루터에서 다시 온 나라 곳곳으로 퍼졌어요. 이렇듯 한강 나루터는 사람이 드나드는 교통로이자, 물자를 나르는 수송로였고, 나라의 안전을 지키는 초소이기도 했지요. 그래서 나라에서는 따로 관리를 뽑아 한강 나루터를 지키게 하기도 했습니다.

한강에는 광나루(광진), 삼밭나루(삼전도), 송파나루, 뚝섬나루, 입석포, 두모포, 한강나루, 서빙고나루, 동작나루, 흑석나루, 노들나루(노량진), 용산나루, 마포나루(삼개진), 서강나루, 양화나루, 공암나루 들이 있었습니다. 그 가운데 몇 가지만 살펴볼까요?

한강진*
양화나루, 송파나루와 더불어 조선 시대 3대 한강 나루 가운데 하나예요. 오늘날 용산구 한남동에 있던 나루터예요. 한양 도성에서 남소문을 나서면 바로 한남동 한강마을이라 일찍부터 관리들을 보내 사람들이 오가는 것을 살폈다고 해요. 오늘날 한강진에는 한남대교가 들어섰어요.

한강진

공암진
오늘날 강서구 가양동 궁산 쪽에 있던 나루 자리를 말해요. 나루 중간쯤에 구멍이 뚫린 바위가 있어 '공암(구멍바위)'이라는 이름이 붙었지요. 나루의 크기가 작아 조선 시대에는 보통 배 다섯 척만 이곳에 들어올 수 있었다고 해요. 오늘날 공암진에는 행주대교가 들어섰어요.

진(津) | 나루를 한자로 '진'이라고 해요.

양화진
한강 북쪽, 그러니까 오늘날 마포구 합정동에 있던 나루터예요. 서울에서 양천을 지나 강화로 가는 중요한 길목이었어요. 지금 양화진에는 양화대교가 들어섰지요.

노량진
원래 이름은 노들나루로, 용산나루까지 이어지는 큰 나루터였어요. 수양버들이 푸르게 우거져 노들나루라고도 했고, 해오라기 떼가 많이 노닐어 노량진이라고도 해요. 오늘날 노량진에는 한강철교가 들어섰어요.

노량진

송파진
서울과 경기도 광주를 잇는 나루로, 땔나무와 담배 따위가 주로 이곳으로 들어왔어요. 송파장은 안성장·강경장·전주장·원산장과 더불어 팔도 5대 시장 가운데 하나였지요. 1960년대 강남 땅을 개발하면서 나루로 올라오는 샛강을 흙으로 메워 나루가 사라졌어요. 그 자리에 석촌호수가 들어섰어요.

Jump! 역사 속으로

한강에 놓인 다리는 몇 개일까요?

이제까지 한강에 놓인 다리는 모두 스물여덟 개예요. 여기에다 월드컵대교와 구리암사대교가 더 놓일 예정이고요. 다리가 있는 곳은 거의 다 조선 시대에 나루터가 있던 곳입니다. 지금이야 한강에 다리가 있어 자유롭게 오갈 수 있지만, 옛날에는 반드시 배를 타고 건너야 해서 한강 여러 곳에 나루를 두었지요.

광나루에는 광진교와 천호대교, 삼밭나루에는 잠실대교, 뚝섬나루에는 영동대교, 입석포에는 성수대교, 두모포에는 동호대교, 한강나루에는 한남대교, 서빙고나루에는 반포대교, 동작나루에는 동작대교, 흑석나루에는 한강대교, 노들나루(노량진)에는 한강철교, 용산나루에는 원효대교, 마포나루에는 마포대교, 서강나루에는 서강대교, 양화나루에는 양화대교와 성산대교, 공암나루에는 행주대교가 놓였습니다.

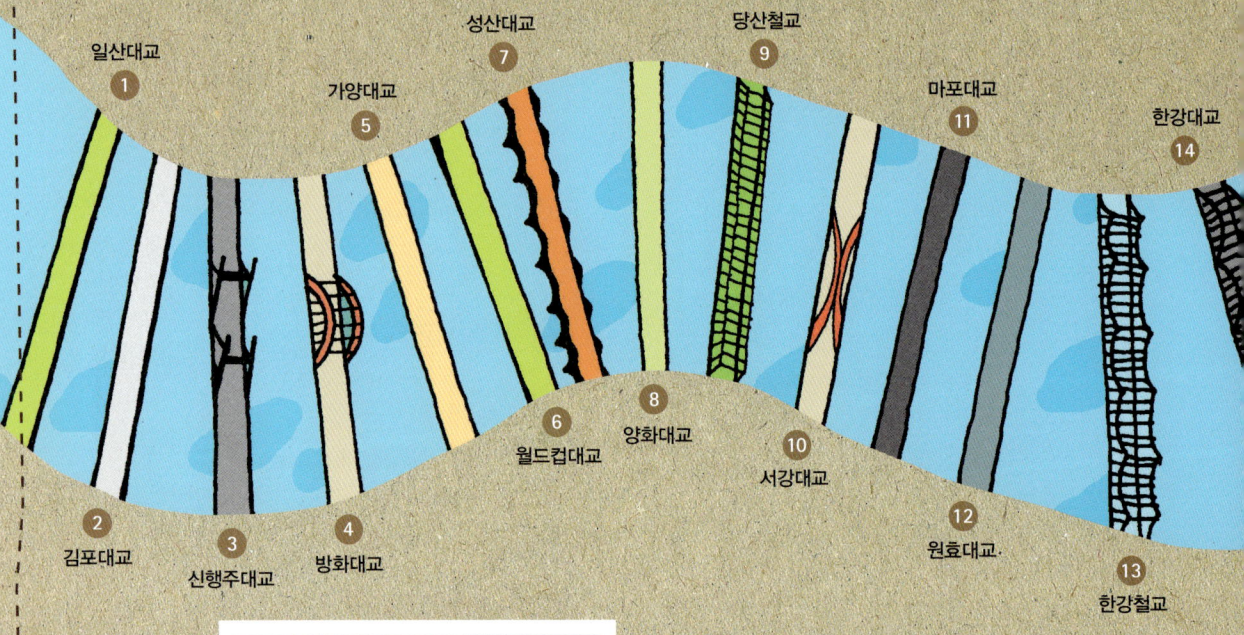

더 아름답게, 성산대교
'더 빨리, 더 튼튼하게, 더 싸게' 기능만을 강조해서 만들다가 처음으로 '더 아름답게' 만들자는 생각으로 놓은 다리가 성산대교예요. 공무원과 미술가들이 색연필과 붓을 들고 열심히 구상을 했다고 해요. 다리 난간을 보면 초승달이 그려져 있답니다.

빨리 만들기 쉬운 다리, 잠수교

월남전이 끝난 뒤, 폭격을 받아 무너지면 빨리 다시 만들 수 있게 물에 잠길 만큼 낮은 다리인 잠수교를 만들었어요. 그러나 하루 몇 차례씩 오가는 유람선 때문에 다리를 뜯어고쳐 가운데가 불룩 솟은 롤러코스터 모양이 되었습니다.

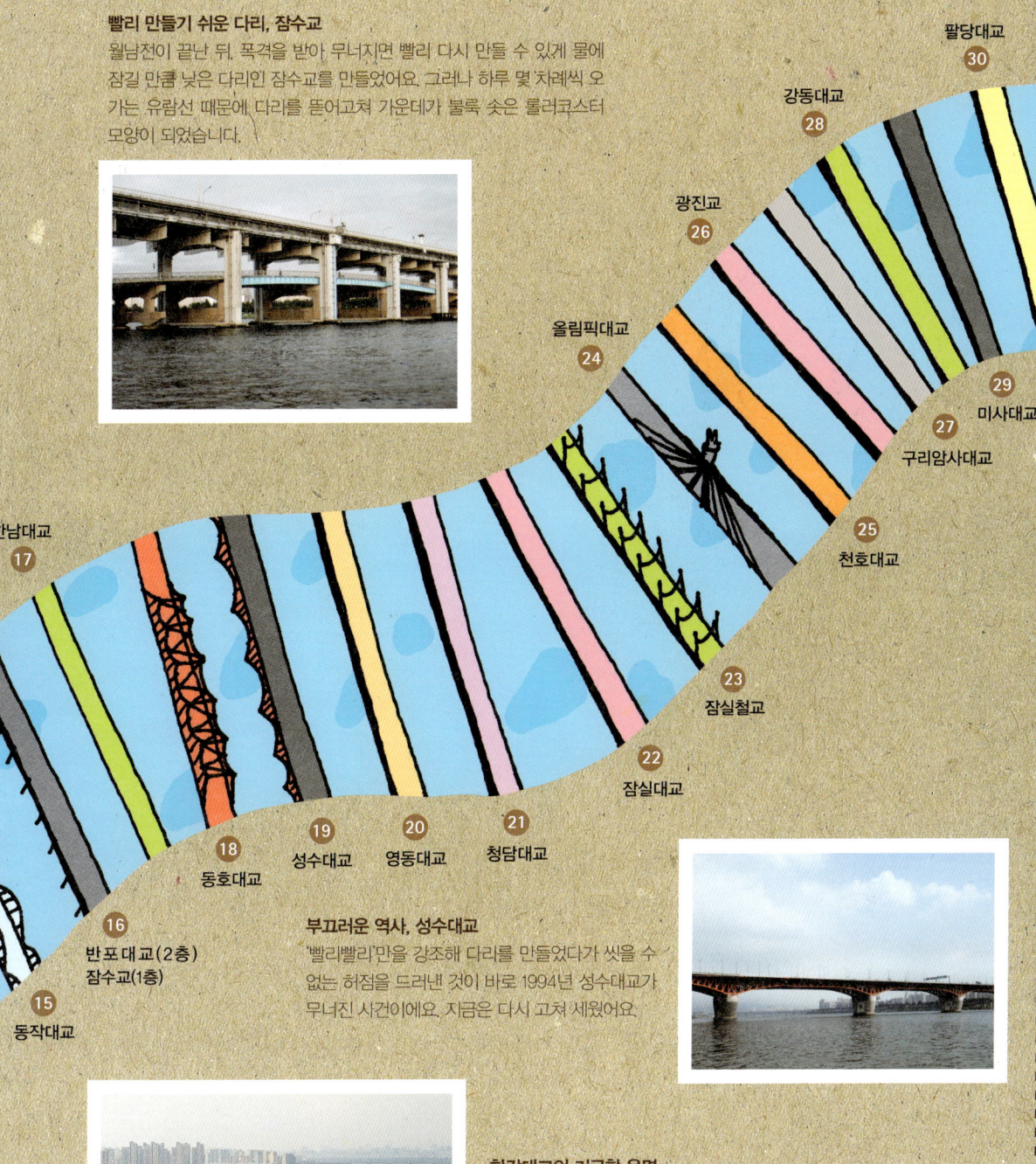

부끄러운 역사, 성수대교

'빨리빨리'만을 강조해 다리를 만들었다가 씻을 수 없는 허점을 드러낸 것이 바로 1994년 성수대교가 무너진 사건이에요. 지금은 다시 고쳐 세웠어요.

한강대교의 기구한 운명

한강 인도교는 1925년 대홍수로 떠내려갔다가 1929년에 다시 놓였어요. 6·25전쟁 때는 폭파되는 수난도 겪었지요. 쌍둥이 다리로 다시 만든 다음 한강대교라는 이름을 얻었어요.

10 어린이대공원

도심 속의 푸른 숲 나라

알아두기

주소 | 서울시 광진구 능동 18번지
교통 | 지하철 5호선 아차산역, 7호선 어린이대공원역
보는 시간 | 오전 5시~오후 10시
(동물원은 오후 5시까지 관람 가능)
더 볼 곳 | 서울시민안전체험관, 광나루 한강시민공원, 아차산성, 뚝섬유원지

아빠: 아빠랑 엄마의 어릴 적 추억이 깃든 놀이 공원이 있는데 오늘 한번 가 보지 않을래? 그때 정말 짜릿했던 청룡열차도 타 보고 말이지. 오늘은 너희보다 아빠, 엄마 가슴이 더 뛰는구나! 그렇다고 시시하다고 생각하면 안 돼. 놀이동산 뿐 아니라 여러가지 체험 학습 공간으로도 아주 훌륭한 곳이거든. 지금부터 도심 속 쉼터로 여행을 떠나 볼까?

엄마, 호야: 출발!

꼭 한 번 가 보고 싶언 엄마, 아빠의 추억 속 놀이 공원

여러 가지 놀이 기구와 동물원, 식물원, 수영장이 있고 푸른 숲이 우거져 있는 곳, 바로 광진구에 있는 어린이대공원입니다. 요즘이야 이곳 어린이대공원 말고도 여러 곳에 놀이 시설이 있지만 1970년대에는 오로지 이곳뿐이었어요. 그래서 어린이, 어른 할 것 없이 '꼭 가 보고 싶은 곳'으로 손꼽는 곳이었지요.

그때만 해도 보통 동네에는 어린이들이 마음껏 뛰어놀 만한 놀이터가 별로 없었어요. 커다란 용수철이 달린 장난감 말을 실은 손수레가 동네에 나타나기라도 하면, 아이들은 그걸 한

1973년 어린이대공원이 처음 문을 열던 날

번 타 보려고 줄을 서서 한참을 기다렸지요. 그런 시대에 우리나라는 물론 아시아에서도 가장 큰 놀이 공원이 생긴다고 했으니 문을 열기도 전부터 전국이 떠들썩한 것은 당연한 일이었겠죠?

1973년 5월 5일 어린이대공원이 처음 문을 열던 날, 하루 만에 수십만 명이 몰려들었습니다. 벚나무 그늘 아래 옹기종기 모여 삶은 달걀과 김밥, 사이다를 먹으며 즐거운 시간을 보냈지요. 요즘엔 잘 볼 수 없지만 그때는 여기저기 돌아다니며 사진을 찍어 주는 사진사 아저씨들도 참 많았어요. 그때는 사진기가 아주 귀해서 가지고 있는 사람이 흔치 않았으니까요. 어린이대공원의 롤러코스터 '청룡열차'는 그때 사람들한테 가장 짜릿한 놀이 기구였습니다.

그 뒤 남산에 있던 어린이회관*이 대공원 가까이 옮겨 오면서 볼거리, 즐길 거리가 더욱 늘어났습니다. 중·고등학생들의 소풍이나 백일장 대회가 열리는 단골 장소가 되었지요. 1987년에는 '어린이'란 말을 처음 만든 방정환* 선생님 동상과 어린이 헌장 시비, 강소천*이 지은 동시 '닭'

어린이회관 | 어린이 행사와 연구 활동을 하는 복지 회관으로, 1975년에 광진구 능동으로 이사했어요.
방정환 | 어린이 문학을 알리고 어린이 보호 운동에 앞장선 문학가로, 우리나라 첫 어린이 잡지인 〈어린이〉를 창간했어요.
강소천 | 동시가 문학으로 자리 잡는 데 커다란 공을 세운 문학가로, 마해송 선생과 함께 어린이 헌장 만들기에 힘쓰기도 했어요.

을 새긴 강소천 문학비가 어린이대공원 어귀에 세워지기도 했어요. 말이 나온 김에 동시 '닭'을 한번 읊어 볼까요?

물 한 모금 입에 물고
하늘 한 번 쳐다보고

또 한 모금 입에 물고
구름 한 번 쳐다보고

아이들의 놀이 공간에서
도시 속 쉼터로 거듭나다

어린이대공원은 생긴 지 오래된 탓에 낡은 놀이 기구도 있어요. 하지만 요금이 싸고 사람들이 적어 다른 놀이 공원에서는 맛보기 힘든 여유로움을 느낄 수 있지요. 잘 가꾼 나무들이 많아서 산책하기 안성맞춤인 푸른 숲도 있고, 4월이 되면 2천 그루나 되는 벚나무가 하얀 꽃망울을 터뜨려 동화 같은 세상을 보여 주기도 합니다.

▶ 편안한 쉼터 같은 공원 풍경

▷ 어린이대공원 분수대

와우, 입장료가 없다고?

청룡 열차부터 타자!

얼른 들어가요!

쌀이 어떻게 재배되는지 모른다면, 현장 체험 학습장에 가 보는 것도 좋아요. 여러 곡식과 채소를 심어 농사짓기를 경험해 볼 수 있고, 나무와 풀, 곤충과 새, 동물들과 함께 어울리는 다양한 생태 체험 프로그램도 즐길 수 있습니다. 드넓은 잔디 축구장과 야외 음악당도 어린이대공원의 자랑거리입니다.

2006년 10월부터는 입장료를 없애 드나들기가 더욱 편해졌습니다. 오래된 느낌을 털어내고 2009년 새롭게 탈바꿈한 어린이대공원은 앞으로도 도심 속 싱그러운 쉼터로 꾸준한 사랑을 받을 것입니다.

🔍 이야기 정거장 돋보기

어린이대공원 • 1973년 5월 5일 어린이날 문을 열었어요. 놀이동산, 식물원, 동물원, 음악당, 실외 수영장, 잔디 축구장 같은 시설이 있어요. 나비와 개구리, 고방오리, 백로, 왜가리, 청둥오리 같은 동물과 갈대, 갯버들, 물옥잠 같은 식물이 사는 습지 생태 연못도 있고, 걷기만 해도 지압이 되는 맨발 공원도 있지요. 여러 가지 장신구와 청화백자, 물레, 화폐, 조개껍데기, 측우기, 악연 같은 민속품을 볼 수 있는 민속 전시실, 「선녀와 나무꾼」, 「흥부와 놀부」, 「은혜 갚은 까치」와 같은 이야기를 인형으로 꾸민 전래 동화 마을도 있습니다. 벚나무 2천여 그루가 자라는 산책 길도 인기가 많아요. 철마다 여러 가지 주제로 잔치가 열리고 있어요.

놀이동산 | 어린이대공원 놀이동산은 네 가지 주제에 따라 즐길 수 있어요. 서른 가지가 넘는 놀이 기구를 탈 수 있는 '아이랜드', 동화 이야기를 소재로 만든 놀이터 '오즈의 마법사', 후크 선장 해적선을 타고 뱃놀이를 할 수 있는 '모험의 나라', 그저 놀고 즐기는 곳에서 벗어나 창의성을 키우는 데 도움을 주는 놀이터인 '거꾸로 놀이터'가 있어요.

식물원 | 1천5백 제곱미터 넓이에 커다란 관엽식물, 100년이 넘은 분재와 같은 여러 가지 식물들을 전시해요. 예전에는 식물만 키우는 곳이었지만 요즘에는 여러 가지 주제로 전시를 하면서 보는 사람을 더욱 즐겁게 해요.

어린이대공원 놀이동산

옛날 농기구 전시장

동물원의 코끼리

동물원의 북극곰

동물원 | 북극곰, 얼룩말, 미니 피그, 벵골 호랑이, 도마뱀, 타조, 캥거루, 악어와 같은 여러 동물을 볼 수 있어요. 동물 공연장에서는 원숭이 패션쇼, 못 말리는 침팬지, 물개들의 학교 생활 같은 다양한 볼거리가 펼쳐집니다.

돔아트홀 | 2003년 5월에 문을 연 우리나라 첫 대중 예술 전문 공연장이에요. 2천 명 가까이 들어갈 수 있지요. 나라 안팎 이름난 예술가의 콘서트와 뮤지컬, 악극, 공개 방송, 기업 행사 같은 여러 가지 공연을 합니다.

돔아트홀

서울시민안전체험관 • 우리가 행복하고 건강하게 살려면 갑자기 닥칠지도 모르는 재난이나 재해에 이길 준비를 하고 있어야 해요. 서울시민안전체험관은 화재, 지진, 풍수해, 응급처치, 소화기 사용법 같은 스무 종이 넘는 체험 행사를 만들어 시민들이 재난 체험을 해 볼 수 있게 합니다. 여러 가지 위험한 사고를 미리 막거나 사고가 났을 때 어떻게 할지를 쉽게 알려 주지요. 어린이대공원 바로 옆에 있어서 찾기도 쉬워요. 만 네 살이 넘으면 입장료 없이 들어갈 수 있어요. 반드시 인터넷이나 전화로 예약을 해야 합니다. (safe119.seoul.go.kr / 02-2049-4000)

11 다시 물 만난 푸른 오아시스
뚝섬유원지

호야: 아빠, 뚝섬은 한강에 있는 섬이에요?

아빠: 하하하, 이름에 섬이 있으니까 그렇게 생각할 수도 있겠구나.

엄마: 하긴, 옛날에 비가 많이 내리면 뚝섬 둘레에 물길이 생겨서 섬처럼 보이기도 했다고 하더라. 그래서 뚝섬이라고 한 거래.

호야: 그런데 어떻게 유원지로 만들었어요?

아빠: 옛날부터 모래사장도 있고 경치도 좋아서 사람들이 피서지로 많이 찾았대. 그런 뜻에서 우리도 뚝섬유원지로 피서나 가 볼까?

알아두기

- **주소** | 서울시 광진구 자양3동 704-1
- **교통** | 지하철 7호선 뚝섬유원지역
- **보는 시간** | 24시간 이용
- **더 볼 곳** | 서울숲, 살곶이다리, 광나루 한강시민공원

큰 비가 내리면 섬으로 바뀌던 섬 아닌 섬

뚝섬은 오늘날 서울의 성수동 남쪽, 한강과 맞닿아 자리한 땅을 가리키는 말입니다. 한강과 중랑천, 청계천이 만나는 곳에 있어서 옛날에는 한강에 홍수가 날 때마다 둘레에 저절로 물길이 생겨났지요. 그래서 언뜻 보면 섬처럼 보인다고 해서 '섬'이라고 일컬은 것입니다.

우리나라에 처음 생긴 상수원인 뚝도정수장이 뚝섬에 들어선 것도 이와 같은 까닭에서입니다. 뚝섬은 예나 오늘이나 한강과 중랑천, 청계천을 흐르는 물이 자연스럽게 모여들고 있지요.

이 지역은 조선 시대에는 왕들이 와서 사냥을 하던 곳이라고 합니다. 숲이 우거지고 짐승들이 많아서 태조부터 성종까지 자주 찾는 사냥터였답니다.

뚝섬은 처음에 살곶이벌·전관·전교·동교와 같은 이름으로 사람들 입에 오르내렸다고 해요. 그러다가 임금님이 이곳으로 사냥을 나오면 임금의 상징인 '독기(纛旗)'를 꽂았다고 해서 독도나 독섬 또는 둑섬으로 일컫다가 나중에 뚝섬, 뚝도로 바뀌었다는 말이 전해져 내려옵니다. 그 뒤에는 넓은 들판에 수풀이 우거져 말을 기르는 목장으로 쓰이기도 했지요.

서울 시민들의 친근한 놀이터로 되살아나다

1960년대 뚝섬은 서울에서 아주 인기 높은 피서지였어요. 더운 여름이면 부산 해운대 해수욕장에도 안 뒤질 만큼 고운 모래밭에 사람들이 빼곡하게 모여들었지요. 사람들이 몰려들자 회전목마와 같은 놀이 기구와 온갖 먹을거리로 가득한 장터가 열리기도 했어요. 겨울에는 이곳에 만들어진 스케이트장에서 전국빙상대회 같은 겨울철 운동 경기도

뚝섬유원지에 있는 분수대

뚝섬유원지에 있는 자벌레 전망대

지하철 7호선 뚝섬유원지역에 내리면 자나방의 애벌레와 꼭 닮아서 '자벌레'란 이름이 붙은 건물이 있어. 이곳에서는 한강을 널리 볼 수 있을 뿐만 아니라 여러 가지 현대 미술품도 전시하고 있지.

열렸어요. 그러다가 1980년대 들어 한강을 개발하면서 시멘트로 만든 둑을 쌓고 물길을 막자 물놀이를 할 수 없을 만큼 물이 더러워졌어요. 당연히 사람들의 발길이 뜸했지요. 이와 더불어 아름드리 커다란 나무들도 하나 둘 사라졌습니다.

그런데 요즘 들어 환경을 먼저 생각하는 쪽으로 한강을 되살리면서, 다행히 뚝섬도 다시 사람들로 북적거리는 서울의 대표 유원지로 탈바꿈하고 있어요. 여름철이면 모래찜질을 할 수 있는 수영장도 있고, 인공 암벽과 같은 여러 가지 놀이 시설도 들어섰지요. 가까운 한강에서는 시원한 강바람을

역시 모래찜질이 으뜸이야.

맞으며 윈드서핑이나 수상스키와 같은 물놀이도 즐길 수 있습니다. 겨울에는 스케이트장도 문을 열지요. 야생 동물들이 뛰노는 모습을 관찰할 수 있는 서울숲도 뚝섬 가까이 들어섰습니다.

뚝섬에서 한강 쪽으로 내려가다 보면 한강과 나란히 뻗은 자전거 길이 나옵니다. 강 옆에서 자라는 여러 가지 식물들이 언제나 향긋한 냄새를 솔솔 풍기지요. 길을 따라 왼쪽으로 걷다 보면 음악에 맞추어 춤을 추는 음악 분수가 시원한 물을 내뿜고 있습니다.

공원 조형물

분수 옆 우거진 수풀 사이에는 200종이 넘는 나무와 농작물을 심어 놓은 수목원이 있습니다. 인공 암벽과 어린이 놀이터, 엑스 게임장이 있는 벽천마당은 어린이들한테 가장 인기 있는 곳이지요.

여름에는 수영장, 겨울에는 얼음 썰매장으로 탈바꿈하는 사철 수영장도 어린이들이 무척 좋아하는 곳입니다. 뚝섬 선착장에서는 여의도와 잠실을 오가는 유람선을 탈 수 있고, 날이 저물면 청담대교와 영동대교의 멋진 밤 경치도 바라볼 수 있습니다.

뚝섬유원지 놀이 기구

이야기 정거장 돋보기

뚝섬 • 뚝섬은 독도나 둑도 또는 전관평이나 동교라고도 했어요. 조선 시대에도 넓은 모래밭에서 물놀이와 춤, 노래를 즐길 수 있는 서울의 대표 피서지였지요. 1908년 서울의 첫 정수장인 뚝도정수장이 이곳에 자리 잡았어요.

1940년 뚝섬유원지, 1954년에는 서울경마장, 1986년에는 체육공원이 들어서면서 오늘날에 이르렀습니다. 봄에는 꽃밭, 여름에는 수영장, 겨울에는 눈썰매장에 사시사철 사람들 발길이 끊이지 않는 한강의 대표 유원지로 자리매김하고 있지요.

1905년 뚝섬 모습

살곶이다리(사적 160호) • 서울 성동구 성수동과 행당동의 경계이자 중랑천과 청계천이 만나는 곳, 그러니까 한강을 2킬로미터쯤 앞둔 곳에 다리가 놓여 있어요.

세종이 왕위에 오른 뒤 아버지인 태종이 광나루에서 매사냥을 즐기고 낙천정*과 풍양궁*에 자주 다니므로, 이곳의 개울을 편히 건너게 해 드리려고 이 다리를 놓았다고 해요. 태종이 죽고 난 다음엔 왕의 행차가 거의 없어지면서 완성되지 못했고요. 시간이 흘러 이 길을 자주 오가는 백성들 때문에, 마침내 성종 14년(1483) 다리가 모두 완성되었다고 해요. 마치 평평한 땅을 걷는 것과 같다 하여 '제반교'라고도 했답니다. 조선 시대에는 서울에서 가장 긴 다리였어요.

살곶이다리

이 다리는 태종과 순조의 능인 헌릉과 인릉으로 가는 길목이었어요. 또한 성종과 중종의 능인 선릉, 정릉에도 이어져 있어 왕이 참배하러 자주 오가던 길이라고 해요. 한강 남쪽 봉은사로도 이어져 있어 한양과 동남 지방을 잇는 주요 통로로 쓰였습니다. 대원군이 경복궁을 지을 때 이 다리를 절반이나 뜯어내 석재를 가져다 쓴 뒤로 버려졌지요. 그 뒤 1972년 서울시에서 다리를 다시 살렸지만 옛 모습 그대로 되살리지는 못했어요. 1967년 12월 15일 사적 160호로 지정되었어요.

낙천정 | 태종이 왕위를 세종한테 물려주고 머물던 정자예요. 지금의 광진구 자양동 446번지 현대아파트 안에 있어요.
풍양궁 | 태종이 왕위를 세종한테 물려주고 머물던 곳이라고 해요. 경기도 양주군 풍양에 있었는데, 지금은 터만 남아 있어요.

Jump! 역사 속으로

'살곶이벌'이라는 말은 어떻게 생겨났을까요?

조선의 3대 왕 태종은 왕자 시절인 1400년 '왕자의 난'을 일으켜 이복동생들을 없애고 왕이 되었어요. 화가 엄청 난 아버지 태조는 한양을 떠나 함경도로 가 버렸지요. 태종이 아버지의 화를 풀려고 신하들을 보냈지만, 태조는 신하들을 죽이거나 가두고 돌려보내지 않았습니다. 그래서 함흥으로 가면 소식이 없다는 뜻의 '함흥차사'라는 말이 생겼답니다.

태조가 오랜 친구인 성석린과 무학대사의 설득으로 한양으로 돌아오기 하루 전의 일이었어요. 태종은 꿈속에서 이상한 목소리를 들었습니다.

"내일 장막을 칠 때 반드시 큰 대들보만 한 나무를 써야 한다."

이튿날 태종은 꿈에서 들은 대로 아버지 태조를 맞이하기로 한 지금의 뚝섬으로 나가서 커다란 나무로 기둥을 세우고 장막을 치라고 했어요.

얼마 뒤, 태조의 얼굴이 보이는가 싶었는데 갑자기 '화살' 하나가 태종한테 날아들었어요. 태종은 깜짝 놀랐지만 얼른 나무 기둥 뒤로 몸을 숨겼지요. 아들의 얼굴을 보자 다시 화가 불같이 치민 태조가 태종한테 활을 쏘았던 것입니다. 그러나 화살은 장막을 받치고 있던 나무 기둥에 꽂히고 말았지요. 그러자 태조가 말했어요.

"하늘의 뜻이로구나. 네가 원하는 것이 이것이더냐."

그러고는 품에 지니고 있던 옥새(임금의 도장)를 태종한테 던지듯이 주었습니다. 옥새를 넘긴다는 것은 임금으로 인정한다는 뜻이지요.

이렇듯 화살이 기둥에 꽂혔다 하여 그 둘레를 화살이 꽂힌 곳이라는 '살곶이벌'이라 일컬었다고 합니다. 그 뒤로부터 수십 년이 지난 다음 이곳에 놓인 다리가 바로 살곶이다리예요.

12 사람과 자연이 어울리는 생명의 숲
서울숲

"영국 런던에 하이드 파크가 있고, 미국 뉴욕에 센트럴파크가 있듯이, 세계의 이름난 도시에는 그곳을 대표하는 숲이나 공원이 있단다. 우리나라 서울에는 바로 '서울숲'이 있지. 만든 지는 얼마 안 되었지만, 서울숲은 월드컵공원과 올림픽공원에 이어 서울에서 세 번째로 큰 공원이란다."

알아두기

주소 | 서울시 성동구 성수동 1번지
교통 | 지하철 2호선 뚝섬역
보는 시간 | 24시간 이용
더 볼 곳 | 뚝섬유원지, 살곶이다리, 뚝도수원지 제1정수장

서울을 대표하는 생명의 숲으로 자리매김하다

서울숲이 들어선 자리는 원래 뚝섬체육공원이 있던 자리예요. 이곳을 미국 뉴욕을 대표하는 센트럴 파크*와 같은 커다란 도시 숲으로 만들려고 2004년 4월부터 공사를 시작했지요. 거의 한 해 동안이나 옛 뚝섬경마장과 뚝도정수장 둘레에 있던 작은 숲에 새로운 나무들을 옮겨 심어 푸르게 우거진 숲으로 만들었어요. 서울숲 어귀에 들어서면 꽃밭을 힘차게 달리는 말 조각상이 가장 먼저 눈에 띄는데, 바로 이 자리가 옛 뚝섬경마장 자리인 까닭이지요.

↳ 거울연못

서울숲은 참나무, 서어나무, 산벚나무와 같이 크고 높게 자란 나무가 많아서 숲이 꽤 울창한 편이에요. 숲 속으로 들어가 보면 커다란 나무들이 우거져 있어서 한껏 삼림욕*을 하는 기분을 낼 수 있습니다. 숲 길을 따라가다 보면 물길이 흐르고 연못이 고여 있어요. 이것들은 여러 식물과 동물이 어울려 살아가는 보금자리 구실을 하지요.

센트럴 파크 | 세계에서 가장 이름난 도시 공원으로, 미국 뉴욕시 맨해튼 한가운데 있어요. 미국 영화나 드라마에 아주 많이 나와요.
삼림욕 | 병을 치료하거나 건강을 지키려고 숲의 기운을 쐬는 것을 말해요.

정수장 시설을 재활용해 만든 자연체험학습원의 갤러리 정원

서울숲에 숨어 있는 다섯 가지 이야기

서울숲은 크게 다섯 곳으로 나눌 수 있어요. 문화예술공원, 자연생태숲, 자연체험학습원, 습지생태원, 한강수변공원이지요. 자전거 길과 산책 길도 잘 가꾸어져 있습니다.

서울숲에서 가장 넓은 곳은 문화예술공원입니다. 거의 서울숲 절반이 넘지요. 바깥 무대와 놀이터, 시원한 물놀이를 즐길 수 있는 바닥 분수가 있습니다. 바닥 분수는 물줄기가 바닥에서 하늘로 솟아오르는데, 햇볕 좋은 날에는 아이들의 신 나는 놀이터가 됩니다.

숨을 깊게 쉬어 보렴.

우아! 꽃 냄새가 정말 상쾌해요.

자연생태숲은 서울숲의 보석과도 같은 곳입니다. 서울숲 가장 깊숙한 곳에 조용히 들어앉아 있지요. 연못에는 물고기와 오리가 헤엄을 치고, 숲에서는 사슴과 다람쥐, 토끼와 같은 동물들이 옹기종기 모여 살고 있습니다.

자연체험학습원은 뚝도정수장과 맞닿아 있습니다. 뚝도정수장을 중심으로 여러 가지 식물이 어우러진 갤러리 정원이 볼 만합니다. 선유도공원처럼 원래 있던 정수장 시설을 재활용하여, 담을 다 허물지 않고 정원으로 꾸며 놓았지요. 희귀한 열대 식물, 100종이 넘는 여러 가지 나비와 곤충을 보고 느끼는 '체험 학습'을 할 수 있습니다.

문화예술공원 숲 길을 따라 쭉 들어가면 습지생태원이 나옵니다. 습지생태원은 옛날에 저수지였던 땅을 생태 학습장으로 꾸민 것입니다. 도요새나 물떼새가 자주 날아들어서

서울숲은 생각보다 진짜 넓고 갈 곳도 많아. 그러니까 먼저 어디부터 갈지 확실하게 정해 두고 약도라도 그려 가야 할 거야!

자연체험 학습원의 곤충식물원

문화예술공원의 물놀이터

조류 관찰대를 만들어 놓았어요.

한강수변공원은 서울숲과 한강을 이어주는 나들목입니다. 한강을 따라 서울숲으로 들어가거나 나갈 수 있는 자전거 길과 의자가 있고, 한강 유람선을 탈 수 있는 선착장도 있습니다. 이곳에서 유람선을 타면 여의도와 잠실까지 오갈 수 있습니다.

요즘엔 사막에서 오아시스를 찾는 것보다 더 어려운 일이 도시에서 숲을 보는 것이란 말도 있대요. 아파트를 짓느라 동네 뒷산도 자꾸 없애 버리는 세상이니까 말이에요. 그럴수록 서울숲은 자동차 매연 가득한 서울의 공기를 맑게 걸러 주는 '생명의 숲'으로 점점 더 깊이 자리매김할 거예요.

문화예술공원의 조형물

🔍 이야기 정거장 돋보기

공원에 산책 나온 사람들

서울숲 분수광장

서울숲 • 2005년 6월 18일 문을 연 도시 공원입니다. 잔디밭이나 꽃밭만 있는 보통 공원과는 다르게 도시 한가운데 나무가 울창한 '숲'이지요. 옛 뚝섬경마장과 뚝도정수장의 옛날부터 있던 작은 숲에 새로운 나무들을 옮겨 심어 울창한 숲으로 탈바꿈했습니다. 공원 안에 있는 건물 옥상은 모두 정원으로 꾸며져 있으며, 지열과 태양열을 활용한 냉난방 시설과 태양열 조명과 같이 자연 에너지를 많이 활용하고 있지요. 뚝섬정수장 시설과 뚝섬 배수지의 특성을 재활용해서 만든 문화예술공원과 자연생태숲, 자연체험학습원, 습지생태원, 한강수변공원과 같은 다섯 가지 주제 공원이 있습니다.

뚝도수원지 제1정수장 • 서울 성동구 성수동에 있는 뚝도수원지 제1정수장은 서울에 처음 생긴 정수장이에요. 1903년 12월 미국 사람인 콜브란과 보스토 위크가 그때 대한제국 정부에서 상수도 시설 특허를 받아 1906년 8월 첫 삽을 뜨고 1908년 8월에 공사를 마친 상수도 정수 시설이었어요. 그때 이름은 '경성수도양수공장'이었다고 해요.

이 정수장에서는 자갈과 모래층에 물을 지나가게 해 물을 깨끗이 하는 '완속 여과' 방법으로 물을 거르고 있어요. 모두 여섯 개로 이루어진 완속 여과지가 있지요. 처음 공사할 때 쓴 기자재는 모두 영국과 미국에서 들여왔다고 해요. 이 수원지 덕분에 그때 서울 인구의 3분의 1쯤이 집에서 수돗물을 받을 수 있었답니다.

정수장 시설은 지금도 성동구를 비롯한 다섯 개 구에 먹는 물을 대고 있어요. 1989년 9월 11일 서울특별시 유형문화재 72호로 지정되었어요.

수도박물관 본관

수도박물관 안의 전시물

수도박물관

수도박물관 본관 | 뚝도수원지 제1정수장의 송수실 건물이 수도박물관 본관으로 쓰이고 있어요. 이곳은 1908년 9월 1일부터 우리나라에서 처음으로 수돗물을 공급한 서울시 근대 수도의 효시입니다. 화강암을 아치 모양으로 쌓아 아름답게 지은 현관과 붉은 벽돌이 어우러져 근대 건물의 특징을 잘 나타내고 있어요. 완속 여과지와 함께 서울특별시 유형 문화재 72호로 지정되어 보존되고 있어요.

완속 여과지 | 우리나라에서 남아 있는 철근 콘크리트 구조물 가운데 가장 오래되었답니다. 1908년부터 쓰던 완속 여과지를 복원, 정비하여 현장 체험의 장으로 활용하고 있어요. 수도박물관 본관 건물과 함께 서울특별시 유형 문화재 72호로 지정되어 보존되고 있어요.

수도박물관 별관 | 오늘날까지 상수도 기술과 문화가 어떻게 발전해 왔는지 여러 가지 전시물로 소개하고 있어요. 서울의 수돗물이 땅속에서 어떻게 지나가는지 확인해 볼 수 있어요.

물과 환경 전시관 | 생명이 살아가는 데 꼭 필요한 요소 가운데 하나인 '물'의 소중함을 일깨워 주는 전시관이에요. 자연 환경과 사람의 삶에 물이 어떤 영향을 끼치는지 알려 주고, 소중한 자원인 물을 아끼고 보호해야 한다는 교훈을 전해요.

야외 전시장 | 1920년대부터 지금까지 수돗물을 공급하는 데 쓰던 여러 가지 펌프류, 수도관류, 기계류 따위를 전시하고 있어요.

수도박물관 입구의 조형물

13 한국종합무역센터

한자리에서 보고, 먹고, 즐기는 커다란 비즈니스 센터

"우리나라에는 아시아에서 가장 큰 지하 도시가 있단다.
대한민국 무역의 중심이고, 대한민국 경제 성장의 상징이자,
세상에 없는 거 빼곤 다 있다는 그곳!
맞아. 한국종합무역센터, 바로 코엑스란다."

알아두기

주소 | 서울시 강남구 삼성동 159번지
교통 | 지하철 2호선 삼성역
더 볼 곳 | 봉은사, 선정릉

없는 것 빼고 다 있다는 어마어마한 지하 도시

코엑스몰의 영화관

우아, 볼 것도 많고 가 볼 곳도 많은데, 너무 넓어서 자꾸 헷갈리잖아.

으허허허! 숨겨진 지하 도시에 온 걸 환영한다! 나가는 길은 물론 없단다.

"없는 게 없다."라는 말은 아마도 서울 강남구 삼성동에 있는 한국종합무역센터를 두고 하는 말이 아닐까요?

여러 가지 전시회와 커다란 국제 회의가 한 해 내내 끊이지 않고 열리는 전시관과 무역회관, 공항 터미널, 호텔, 쇼핑센터가 모두 이곳 한자리에 모여 있으니까요. 지하 세계와 지상으로 이어지는 생동감 넘치는 공간은 하루에 수십 만이 오가는 우리나라의 으뜸 복합 상업 시설이기도 합니다.

서울종합운동장의 주경기장보다 열다섯 배나 큰 어마어마한 지하 도시 코엑스몰은 어른들뿐만 아니라 어린이들이 좋아할 만한 것들로 가득합니다. 우리나라에서 가장 큰 수족관인 아쿠아리움

△ 아쿠아리움의 해저 터널

머리 위로 상어가 지나가고 있어!

우아!

상어 배 아래에 우리가 있는거네요, 호호호.

이 있고, 16개 상영관에서 한꺼번에 4천 명이 영화를 볼 수 있는 커다란 영화관이 들어서 있습니다. '아시아에서 가장 큰 지하 쇼핑센터'라는 말에 누구나 고개를 끄덕이지요.

"저것 좀 봐, 상어가 머리 위로 지나다녀!"

아쿠아리움에는 4만 마리가 넘는 수중 생물이 살고 있습니다. 그 가운데서도 이곳의 백미*인 해저 터널에 가면 실제로 바닷속에 들

백미 | 여럿 가운데에서 가장 뛰어난 사람이나 훌륭한 물건이라는 뜻이에요.

▷ 상어

▷ 옐로우 탱

어와 있는 듯한 착각이 들 만큼 생생한 풍경을 관찰할 수 있습니다. 수십 마리 상어와 가오리, 바다거북이 헤엄치는 모습을 보면 저절로 입이 떡 벌어집니다.

열대어 전시관에 가면 '옐로우 탱'이라는 희귀한 물고기도 볼 수 있는데, 이 물고기가 바로 영화 '니모를 찾아서'에 나온 그 물고기입니다. 이 밖에도 수족관에서 한껏 화려함을 뽐내는 산호 수조와 조개, 불가사리를 만져볼 수 있는 터치풀, 상어 입 속에서 사진을 찍을 수 있는 딥블루 광장, 펭귄 스무 마리가 살고 있는 우리나라에서 가장 큰 펭귄 수조와 같은 시설이 있습니다.

코엑스의 또 다른 볼거리는 김치 박물관입니다. 한국을 대표하는 음식인 김치를 세계에 널리 알리고, 김치를 싫어하는 어린이들한테 김치의 역사와 참맛을 알려 주는 곳이지요. 사찰(절) 김치 전시회, 북한 김치 전시회와 같이 평소 쉽게 만날 수 없는 독특한 김치를 전시하기도 해요. 원래는 서울 중구에서 문을 열었다가, 1988년 서울올림픽 때 더 많은 사람들한테 김치를 알리려는 뜻에서 이곳으로 옮겨 왔다고 합니다.

▷ 김치 박물관

대한민국 경제 성장의 상징에서 관광 명소로 거듭나다

한국종합전시장의 다른 이름인 코엑스는 영어 '회의(Convention)'와 '전시(Exhibition)'의 머리글자를 모아 만든 말입니다. 코엑스는 아시아유럽정상회의(ASEM) 같은 수많은 국제 회의를 열어 온 곳입니다. 회의실만 해도 100개가 넘는다고 해요. 대한민국 무역의 중심이자 세계 으뜸 수준인 종합무역전시관이라고 할 수 있지요.

태평양홀, 대서양홀, 인도양홀, 컨벤션홀로 나눈 대형 전시실 네 곳에서는 서울국제도서전, 무역서비스 쇼, 세계광고대회, 세계식품과학기술대회, 세계가구박람회, 세계음식문화전시회와 같은 굵직굵직한 국제 전시회는 물론 공룡전, 컴퓨터 전시회, 만화 전시회, 자동차 전시회 같은 재미있는 전시회도 한 해 내내 열립니다.

코엑스에서는 전시회와 박람회는 물론 놀 거리, 볼거리, 먹을거리가 하루 종일 돌아다녀도 끊이지 않고 이어집니다. 그래서 아무 때나 불쑥 찾아가도 늘 다양한 행사를 볼 수

있지요.

코엑스를 나와 밖에서 보면 55층 높이로 우뚝 솟아 있는 무역회관을 볼 수 있어요. 무역 업체들이 들어선 사무실 건물이지요. 이곳에는 한국무역협회를 비롯해서 우리나라의 수출과 수입을 담당하는 기관 스무 곳쯤과 250곳이 넘는 무역회사, 금융기관이 들어서 있습니다.

이처럼 한국종합무역센터는 우리나라 무역의 중심이자 경제 성장의 상징입니다. 2001년에는 세계 곳곳에 있는 318개 세계무역센터 가운데 암스테르담, 상파울로, 볼티모어, 마카오 무역센터와 더불어 6위 안에 드는 무역센터로 인정받기도 했지요.

> 한국종합무역센터가 자리하고 있는 삼성동은 옛날부터 전해 내려오는 지명이야. 봉은사, 무동도, 닥점 세 마을을 모아 삼성리라고 한 데서 비롯한 것이지.

이야기 정거장 돋보기

한국종합무역센터 • 서울시 강남구 삼성동에 있는 커다란 비즈니스 타운이자 복합 상업 시설이에요. 한국무역협회가 무역 업무를 체계 있게 서비스할 목적으로 1988년 8월에 세웠습니다.

1995년부터 시설을 넓혀 나가, 2000년 5월 오늘날의 모습을 갖추었습니다. 무역회관과 한국종합전시장, 한국도심공항터미널, 호텔, 백화점이 한 곳에 모여 있어 무역 업무는 물론 온갖 종류의 문화, 여가 생활을 한 곳에서 즐길 수 있는 장점이 있지요. 지하철 2호선 삼성역과 바로 이어져 있어 교통도 매우 편리합니다.

코엑스 | 한국종합무역센터 안에 있는 종합 전시장으로 1998년부터 '코엑스(COEX)'라는 이름이 널리 알려졌습니다. 전문 전시장과 많은 상설 전시장으로 이루어진 우리나라 무역의 중심 구실을 하는 종합 무역 전시장이에요. 수많은 국제회의와 박람회, 전시회 같은 행사가 한 해 내내 끊이지 않고 열립니다. 종합 전시장 말고도 한국무역협회(KFTA), 대한무역진흥공사(KOTRA), 대한상사중재원 같은

한국종합무역센터

무역 기관이나 협회가 이곳에 자리하고 있지요. 12만 제곱미터에 이르는 지하 코엑스몰은 아시아에서 가장 큰 쇼핑 공간으로, 열 개가 넘는 독특한 주제를 담은 독립 공간들이 서로 이어져 있습니다.

무역회관(트레이드 타워) | 한국무역협회를 비롯해 수출보험공사, 은행 같은 무역 지원 관리 기관과 관련 업체들이 들어선 지상 55층, 지하 2층 높이의 업무 빌딩입니다.

코엑스의 행사 풍경

아셈타워 | 지상 4층, 지하 4층의 업무용 건물로, 벤처 기업이나 외국 기업이 주로 들어서 있는 사무용 빌딩입니다.

도심공항터미널 | 무역센터 안에 자리한 도심 속의 공항으로, 나라 안팎의 많은 항공사 사무실이 들어와서, 공항까지 가기 전에 미리 항공권을 발급하고 짐을 부치며 탑승 수속이나 출국 심사를 하는 곳입니다.

14 도심 속에 자리한 천 년 옛 절

봉은사

아빠: 호야야, 너희는 공부하다 싫증나면 뭐가 가장 하고 싶어?
호야: 물어 보나 마나 게임이죠. 아빠는요? 아, 그러고 보니까 엄마나 아빠도 힘들 때가 있을 텐데, 그럴 땐 어떻게 해요?
엄마: 어머나, 우리 호야 어린 줄 알았더니 제법 어른스러운 질문도 할 줄 아네.
아빠: 엄마나 아빠 같은 어른들이야 조용한 곳에 가서 쉬고 싶지. 우리 둘레에도 그런 곳이 있는데 한번 가 볼까?
호야: 와! 서울에 그런 곳이 있어요?
아빠: 그럼! 오늘은 사막에만 오아시스가 있는 것이 아니라 도시에도 오아시스가 있다는 걸 보여 주마.

알아두기

주소 | 서울시 강남구 삼성동 73번지
교통 | 지하철 2호선 삼성역, 7호선 청담역
보는 시간 | 새벽 3시 30분~오후 10시
더 볼 곳 | 한국종합무역센터, 선정릉

# 호국* 사찰에서 도심 속 오아시스로 자리 잡다

봉은사가 있는 서울 삼성동은 우리나라에서도 빌딩숲이 높기로 이름난 곳입니다. 한국종합무역센터와 호텔, 백화점을 비롯해 테헤란로* 둘레의 높은 건물들이 봉은사를 에워싸고 있지요. 이처럼 봉은사는 도시 한복판에 자리 잡고 있지만 둘레에서는 보기 드물게 멋스러운 한옥과 푸른 숲을 볼 수 있어서 불교 신자들은 물론 일반 시민들, 외국 관광객에 이르기까지 많은 사람들이 즐겨 찾는 곳입니다. 하루 평균 1만이 넘는 신도들과 외국인 수백 명이 다녀가는 커다란 사찰이지요.

봉은사를 처음 지은 것은 1천2백 년 전쯤입니다. 원래는 '견성사'라는 이름으로 신라 시대인 794년(원성왕 10년)에 연회 국사가 세운 절이었는데, 조선 시대 성종의 부인인 정현왕후가 이 절을 크게 고쳐 짓고 이름도 "선왕의 은혜를 받든다."라는 뜻인 봉은사로 바꾸었답니다.

조선은 불교를 따른 고려와는 달리 유교를 숭상하고 불교를 억압했기 때문에 1406년(태종 6년)에는 국가가 인정하는 사찰이 242개로 확 줄었습니다. 또한 승려들은 도성 안으로 드나들 수조차 없이 천민 취급을 받았답니다. 이런 조선 시대에도 한때나마 불교가

호국 | 나라를 보호하고 지키는 것을 말해요.
테헤란로 | 서울시 강남구를 동서로 잇는 주요 간선 도로예요.

봉은사 대웅전에서 예배를 드리는 사람들

융성한 때가 있었습니다. 1550년(명종 5년)에 어린 명종을 대신해 나랏일을 맡은 문정왕후가 중종 때 없애 버린 승려들의 과거 시험 승과를 다시 치르게 한 것입니다. 그 뒤 봉은사를 지금의 자리로 크게 넓혀 옮기고, 승과를 이곳에서 치르게 하면서 봉은사는 조선 시대 이름난 사찰로 다시 태어났습니다.

승과는 1552년(명종 7년)에 봉은사 맞은편에 있는 지금의 삼성동 무역회관과 한국종합전시장 자리에서 치렀습니다. 임진왜란으로 나라가 위태로울 때 의병장으로 눈부신 공을 세운 서산대사*와 사명대사*도 봉은사에서 시험을 치러 승려가 된 사람이지요.

임진왜란이 일어나자 서산대사는 전국 곳곳의

아빠, 이것이 궁금해요!

옛날에 스님이 되려면 시험을 봤다고요?

승과라고 하는 게 바로 그 시험이야. 벼슬을 하려고 과거를 보는 것처럼, 승려가 되려면 나라에서 치르는 승과라는 시험을 봤지. 이 시험에 합격해야만 정식으로 승려가 될 수 있었단다. 고려 광종 때부터 봤는데, 조선 시대에 들어와서도 세 해에 한 번씩 봤어. 그런데 불교를 억누르면서 아예 승려를 안 뽑으려고 중종 임금 때 승과를 없애 버렸지. 그러다가 불교 신자인 문정왕후가 1550년에 되살렸는데, 문정왕후가 죽자마자 다시 폐지되었어. 임진왜란 때 적을 물리친 승려들한테 승과 합격증을 주었다고도 하지만 정확한 기록은 남아 있지 않단다.

승려들한테 나라를 구하는 데 앞장설 것을 호소하며, 승려 1천5백 명을 이끌고 명나라 군사와 함께 왜군에게 빼앗긴 평양성을 되찾았어요. 이때 서산대사의 제자인 사명대사도 금강산에서 1천여 승려들을 모아 평양으로 왔습니다. 사명대사는 전쟁이 끝난 뒤 일본에 사신으로 건너가 전쟁 때 포로로 잡혀간 3천이 넘는 동포들을 데리고 돌아오기도 했습니다.

봉은사는 임진왜란과 병자호란 때 불에 타고 부서져 새로 지었다가, 1939년에 또다시 불이 나 1941년에 다시 지었습니다. 6·25전쟁 때에도 거의 다 불에 타 버려 그 피해를 복구하는 데만 거의 마흔 해나 걸렸다고 합니다.

서산대사 | 조선 중기의 승려로, 임진왜란 때 승병들을 이끌고 평양을 되찾는 데 공을 세웠어요.

사명대사 | 임진왜란 때 서산대사의 지휘 아래 다른 승병들을 이끌었고, 정유재란 때에도 공을 세웠어요.

휴식과 명상이 어우러지는 곳

　봉은사 안에는 서울시 유형 문화재로 지정된 동종과 추사 김정희*가 쓴 현판*과 『화엄경』 『금강경』 같은 불교 경전이 보존되어 있어요. 또한 커다란 미륵대불이 있는데, 높이가 23미터나 되는 어마어마한 부처상입니다. 이 미륵대불 앞에서 사람들은 무릎을 꿇고 소원을 빌지요.

　봉은사는 불교 신도들이 부처님을 모시고 기도하는 곳이기도 하지만, 때로는 여러 가지 행사가 열리는 문화 공간이기도 합니다. 봉은사 안에 있는 법왕루는 비디오 예술가 백남준*의 유골*을 놓아둔 곳이며, 2007년부터는 백남준의 데스마스크*를 전시하고 해마다 추모제를 지내고 있습니다. 백남준이 어릴 때 불교 신자인 어머니를 따라 이곳 봉은사에 자주 다녔던 까닭이라고 합니다.

비디오 예술가 백남준의 영정

14 | 봉은사　139

▷ 봉은사 범종

> 봉은사에 가면 오후 6시에 눈을 감고 봉은사의 아름다운 종소리를 들어 보렴.

또 하나 빼놓을 수 없는 봉은사의 매력은 종소리와 밤 풍경입니다. 봉은사의 아름다운 종소리는 한번 들으면 영원히 잊을 수 없다는 전설이 내려올 만큼 옛날부터 이름이 높았습니다.

시끄러운 자동차 소리에 묻히긴 하지만 지금도 저녁 6시가 되면 여전히 범종은 울립니다. 보통 산 속 깊이 있는 절이 밤이 되면 온통 깜깜해지는 것과는 달리, 봉은사는 밤이 되면 더욱 환하게 밝아집니다. 고즈넉한 절의 기운을 느끼며 둘레 건물들의 야경을 바라보고 있노라면 옛날과 오늘이 함께 살아가는 모습을 느낄 수 있을 거예요. 봉은사는 종교를 떠나 바쁜 현대인들한테 휴식과 명상의 시간을 선물해 주는 도심 속 오아시스 구실을 톡톡히 해내고 있습니다.

김정희 | 조선 후기의 서화가이자 문인으로, 학문에서는 실사구시를 주장했어요. 서예에서는 독특한 추사체를 완성했어요.
현판 | 방 안이나 건물에 거는 액자틀을 말해요.
백남준 | 한국을 대표하는 비디오 예술가입니다. '비디오 예술의 창시자'라고 평가되고 있어요.
유골 | 사람의 시체를 태우고 남은 뼈를 말해요.
데스마스크 | 사람이 죽은 바로 다음 그 얼굴을 본떠서 만든 탈이나 얼굴 조각상을 말해요.

이야기 정거장 돋보기

봉은사 • 봉은사는 1천2백 년 역사에 걸맞은 서울의 대표 사찰입니다. 조선 시대에는 성종의 무덤인 선릉을 살피는 절로 자리매김하다가 불교 종파 가운데 하나인 선종의 으뜸 사찰로 지정되기도 할 만큼 왕실의 인정을 받은 큰 절이 되었습니다. 본래는 선릉에 있었는데 조선 명종 때 지금의 자리로 옮겨 왔어요. 1939년 화재로 판전을 뺀 나머지 건물이 모두 불타 버려서, 1941년 대웅전과 선불당을 짓고, 그 뒤로 영산전, 천왕문 같은 건물의 전각을 새로 지었습니다. 절 안에는 서울시 유형 문화재 84호로 지정된 「대방광불화엄경소초경판」 3,175판이 보존되어 있습니다. 판전에 걸려 있는 현판 글씨는 김정희가 세상을 떠나기 한 달 전에 쓴 것이라고 합니다.

김정희가 쓴 현판

기도하는 신도들

법왕루의 불상들

봉은사 미륵대불

범종각

15 선정릉

역사의 숨결이 살아 있는 초록빛 쉼터

알아두기

주소 | 서울시 강남구 삼성동 131번지
교통 | 지하철 2호선 선릉역
보는 시간 | (선릉) 오전 6시~오후 9시
　　　　　　 (정릉) 오전 6시~오후 6시 30분
더 볼 곳 | 한국종합무역센터, 봉은사

"조선 시대에는 왕과 왕비가 죽으면 도성인 한양에서 백 리 안쪽에 무덤을 만들었대. 조선 시대에 만들어진 왕릉은 모두 마흔두 기인데, 우리가 알고 있는 능은 과연 얼마나 될까? 서오릉, 헌인릉, 태릉, 동릉…… 오늘 우리가 가 볼 왕릉은 성종과 정현왕후, 그리고 그 아들인 중종이 잠들어 있는 선정릉이야. 쉿! 왕과 왕비가 계신 곳이니 조용히 해야 한다."

왕의 위엄과 권력을 무덤의 크기로 나타내다

지하철 2호선 선릉역에서 가까운 곳에 조선의 아홉 번째 임금인 성종과 왕비인 정현왕후 그리고 열한 번째 왕인 중종의 능이 있습니다. 왕과 왕비의 능이 세 개 모여 있다고 해서 '삼릉공원'이라고도 하지요.

조선 시대는 신분을 엄격하게 나눠서 무덤의 이름도 신분에 따라 다르게 붙였습니다. 왕과 왕비의 무덤은 '능', 세자의 무덤은 '원', 이보다 낮은 사람들의 무덤은 '묘'라고 했습니다. 선릉이나 태릉처럼 끝에 '능' 자가 붙으면 왕이나 왕비의 무덤을 뜻하지요. 무덤의 크기는 곧 왕의 위엄과 권력을 나타내는 것이었어요. 그래서 무덤을 크고 높게 세웠고, 무덤을 지키는 석상을 두었어요. 능만 지키고 관리하는 벼슬자리도 있었답니다.

신분이 높으면 무덤을 지키는 석상도 두었어.

그렇다면 선릉과 정릉에 있는 세 무덤의 주인은 어떤 사람들이었을까요?

선릉의 주인인 성종은 세조의 손자입니다. 형인 월산대군이 있어서 왕위를 물려받기가 어려웠지만 장인인 한명회*와 할머니 정희대비* 덕분에 열세 살에 왕위에 올랐습니다. 나이가 어려서 스무 살이 될 때까지는 할머니가 수렴청정*을 했습니다.

어른이 된 성종은 왕권을 안정시키고, 유교 사상과 법에 따라 나라를 다스리겠다는 뜻으로『경국대전』*을 완성했습니다. 충신과 효자의 이야기가 실린『삼강행실도』*를 한글로 풀이해 백성들한테 유교의 도덕관을 널리 알리기도 했습니다.

성종은 세자(훗날 연산군)를 낳은 왕비 윤씨를 질투가 심하다는 까닭으로 내쫓기도 했습니다. 나중에 폐비 윤씨는 사약을 받고 죽습니다. 이 때문에 아들 연산군이 왕위에 오른 다음 어머니의 원수를 갚는다고 수많은 사람들을 죽음으로 몰고 갔지요.

폐비 윤씨 다음으로 왕비가 된 사람이 바로 이곳 선릉에 잠든 정현왕후입니다. 정현왕후는 폐비 윤씨의 안타까운 죽음을 보았던 터라 성종을 매우 너그럽게 대했다고 합니다. 정현왕후의 아들 진성대군이 연산군의 뒤를 이어 중종이 됩니다. 연산군의 폭정을 견디다 못한 몇몇 신하들이 발벗고 나서 연산군을 쫓아내고 이복동생인 중종을 왕으로 세운 것이지요.

한명회 | 단종을 왕의 자리에서 끌어내리고 세조가 왕이 될 수 있게 도와준 사람이에요. 나중에 영의정에 올라요.
정희대비 | 세조의 왕비예요. 조선 왕실에서는 처음으로 수렴청정을 했어요.
수렴청정 | 임금이 어린 나이로 즉위했을 때, 왕대비나 대왕대비가 이를 도와 나랏일을 돌보던 것을 말해요.
『경국대전』 | 조선이 생긴 뒤 두 번째로 만든 통일 법전이에요. 나라를 다스리는 모든 기준이 이 책에 들어 있지요.
『삼강행실도』 | 우리나라와 중국의 책에 나오는 충신과 효자, 열녀들을 35명씩 뽑아 그 행적을 그림으로 그리고 글로 써서 펴낸 책이에요. 세종이 글을 읽지 못하는 사람들도 내용을 알 수 있게 그림도 그리라고 했대요.

왕과 왕비가 함께하지 못한 능

연산군에 이어 왕위에 오른 중종은 조광조와 같은 사림파*를 끌어들여 여러 가지 개혁 정책을 펼치려 했습니다. 그러나 얼마 못 가 기존 세력인 훈구파*들의 반대에 부딪혀 스스로 개혁을 포기하고 말았지요.

중종의 능인 정릉은 왕비의 능이 곁에 없는 것이 선릉과 다릅니다. 보통은 왕과 왕비가 함께 묻혀 있는데 중종은 왕비들과 따로 떨어져 있습니다. 조선 시대 임금 가운데 이처럼 죽어서 부인과 떨어진 왕은 후대에 왕릉이 된 단종의 무덤을 빼면, 중종 말고는 태조밖에 없다고 합니다. 왜 그랬을까요?

중종에게는 왕비가 셋 있었습니다. 첫 번째인 단경왕후는 연산군과 친척이라는 까닭으로 왕비 자리에서 쫓겨났고, 두 번째인 장경왕후는 인종을 낳은 지 엿새 만에 죽었습니다. 그리고 마지막으로 왕비가 된 사람이 문정왕후였습니다.

중종이 세상을 떠난 뒤 처음 묻힌 곳은 정릉이 아닌 서삼릉(오늘날 경기도 고양시 원당동)이었습니다. 이곳에는 앞서 세상을 떠난 두 번째 부인 장경왕후가 먼저 잠들어 있었지요. 중종은 보통 다른 왕들처럼 부인이 묻힌 능 오른쪽 언덕에 무덤 자리를 잡았는데, 세 번째 부인인 문정왕후가 풍수지리가 안 좋다며 끝내 무덤을 옮기고 말았어요. 사실은 자기가 함께 묻히고 싶은 마음에 장경왕

△ 선정릉에서 휴식을 즐기는 가족들

후 곁에서 중종을 떨어뜨려 놓으려고 한 것이죠.

하지만 끝내 문정왕후도 중종과 함께 묻히지 못하고 정릉과 멀찌감치 떨어진 태릉에 묻히고 말았습니다. 신하들이 정릉의 문정왕후가 묻힐 곳이 물이 들어오는 흉한 자리라고 반대했기 때문입니다.

그래서인지 선릉과 정릉은 많은 사고를 겪었습니다. 임진왜란 때는 왜병들이 왕릉을 파헤치기도 했고, 한참 강남을 개발할 때에는 능 둘레 나무들이 잘려 나가기도 했습니다. 그래도 소나무, 오리나무, 참나무, 향나무, 단풍나무 들이 우거진 푸른 능선은 아직까지 옛 아름다움을 간직하고 있지요. 잿빛 도시, 답답하고 복잡한 서울 강남에서 선정릉만큼 몸과 마음을 편히 쉴 곳은 흔치 않습니다. 긴 세월의 역사 이야기도 덤으로 즐기면서 말이지요.

사림파 | 지방에서 유학을 공부하던 선비들로, 조선 중기에 사회와 정치를 이끈 세력을 가리키는 말이에요.
훈구파 | 조선 시대에 높은 벼슬을 해 오던 관료층을 일컫는 말이에요.

🔍 이야기 정거장 돋보기

성종의 능

정현왕후의 능

선정릉 • 서울에서 가장 복잡한 도심 한복판인 강남구 삼성동에 자리 잡은 왕릉입니다. 선릉과 정릉을 더해 선정릉이라 하는데, 보통 선릉으로 더 많이 알려져 있어요. 선릉은 조선 9대 성종과 계비* 정현왕후 윤씨의 능이며, 정릉에는 11대 중종이 잠들어 있어요.

성종의 능에는 십이지신상을 새긴 난간석과 병풍석을 세웠어요. 능에 병풍석을 세우지 말라는 세조의 유언에 따라 세조의 광릉과 예종의 창릉에는 안 세운 병풍석을 성종의 선릉에 다시 세운 것입니다.

선릉에는 성종과 정현왕후의 능이 따로 자리하고 있어요. 왕과 왕비의 무덤에는 문인석과 무인석을 세우는데 성종 능의 문·무인석이 굵고 강직한 모습이라면, 왕비 능의 문·무인석은 섬세하고 아름답습니다.

선정릉에 들어가면 복잡하고 시끄러운 바깥 분위기와는 달리 새소리가 들릴 만큼 호젓하고 한가롭습니다. 우거진 나무 사이 산책 길에 긴 의자가 많아서 잠시 쉬었다 가기에 그만입니다.

성종 능의 무인석

정현왕후 능의 무인석

계비 | 임금이 다시 장가를 가서 맞은 아내를 말해요.

Jump! 역사 속으로

연산군의 어머니 윤씨는 왜 사약을 받고 죽었을까요?

폐비* 윤씨는 성종 4년(1473)에 궁으로 들어왔어요. 그리고 이듬해 성종의 첫 번째 왕비인 공혜왕후가 죽자 2년 뒤 왕비가 되어 나중에 연산군이 된 세자를 낳았지요.

야사(野史)*로 전해지는 이야기에는 성종이 다른 후궁들만 찾자 왕의 얼굴에 손톱자국을 내 성종의 어머니 인수대비가 크게 화를 냈다고 합니다. 이 사건으로 1479년 음력 6월 2일에 왕비 자리에서 쫓겨났다고 하지요.

그때 신하들은 왕비 자리에서 물러난 뒤 자신의 행동을 뉘우치고 있는 점, 세자를 낳은 어머니라는 점을 들어 폐비 윤씨를 살려 달라고 했습니다. 그러나 인수대비와 성종의 후궁인 엄숙의와 정숙용이 궁녀들을 시켜 성종한테 거짓으로 폐비 윤씨를 나쁘게 말해 마침내 사약을 받고 죽습니다.

폐비 | 왕비의 자리에서 쫓겨난 왕비를 말해요.
야사(野史) | 역사학자들이 쓴 책이 아니라, 사람들이 소문으로 전하던 이야기를 기록한 책을 말해요.

16 상전벽해의 현장
잠원동 잠실 뽕나무 터

"아주 오랜 옛날엔 나무껍질을 실처럼 썼지만 피부에 닿는 느낌은 별로 안 좋았어. 그런데 뽕잎을 먹고 자란 누에에서 뽑은 실은 아주 부드럽고, 그 실로 옷을 지어 입으면 여름엔 시원하고 겨울엔 따뜻했단다. 그 실로 지은 옷감을 우린 비단이라고 말하지. 오늘은 옛날 뽕나무 밭이 아주 많던 잠원동에 전해 내려오는 얘기들을 만나러 가 보자."

뽕나무
Tree in Jamsil

알아두기

주소 | 서울시 서초구 잠원동 55-12번지
교통편 | 지하철 3호선 잠원역
더 볼 곳 | 봉은사, 선정릉, 한국종합무역센터

'상전벽해'라는 말이 가장 잘 어울리는 곳

'상전벽해(桑田碧海)'란 뽕나무 밭이 바뀌어 푸른 바다가 된다는 뜻입니다. 다시 말해, 한눈에 못 알아볼 만큼 세상이 많이 바뀌었다는 말이지요. 오늘날 서울의 어느 곳에나 이 한자 성어를 붙여도 고개를 끄덕일 만하지만, 그 가운데서도 서초구 잠원동은 '상전벽해'라는 말과 더욱 잘 어울려요. 잠원동이 원래 누에를 치려고 뽕나무를 많이 기르던 곳이기 때문입니다.

누에는 입으로 실을 토해서 고치를 짓는데, 이 고치에서 뽑아낸 실로 만든 것이 바로 비단이에요. 비단은 예나 지금이나 귀한 옷감이지요. 촉감이 부드러울 뿐 아니라 여름에는 시원하고 겨울에는 따뜻하니 말입니다.

그래서 조선 시대에는 백성들한테 누에치기를 권하려고 전국 곳곳에 잠실을 만들었습니다. 여기서 '잠실'이란 오늘날의 땅 이름인 잠실을 말하는 것이 아니라, '누에 잠(蠶)'에 '집 실(室)' 자를 써서 '누에를 치는 방'을 이르는 말입니다. 잠원동도 이러한 잠실이 있던 동네 가운데 하나였습니다. 누에가 뽕나무를 먹고 자라는 까닭에 잠원동에는 당연히 뽕나무가 많을 수밖에 없었지요.

그 많던 뽕나무들은 모두 어디로 갔을까?

잠원동은 경기도 시흥군 신동면 잠실리에 속해 있다가, 1963년 서울 안에 들면서 잠원동이 되었습니다. 잠원동은 '누에 집'이라는 뜻입니다. 예부터 뽕나무와 누에로 이름난 고을이어서, 조선 시대엔 이곳에 국립 양잠소*라고 할 수 있는 '잠실도회'가 설치되기도 했어요.

누에가 사람한테 비단을 주는 이로운 동물인 것처럼, 뽕나무도 사람한테 많은 것을 주는 식물입니다. 뽕나무에는 아주 달고 맛있는 '오디'라는 열매가 열리는데, 날것으로 먹거나 잼을 만들어 먹습니다. 뽕나무 잎이나 뿌리껍질은 약으로 쓰기도 하지요. 그런데 오늘날 잠원동에서는 뽕나무라고는 좀처럼 찾아볼 수 없습니다. 안타깝게도 아파트와 상가, 쇼핑센터와 같은 건물을 짓느라 모두 뽑아 버렸어요. 그나마 딱 한 그루 남았지만 오래전에 죽어 버린 고목일 뿐이랍니다. 그래도 수백 살은 족히 먹었을 그 나무를 서울특별시 기념물 1호로 지정해서 보존하고 있습니다.

양잠소 | 누에를 치는 시설이 있는 곳을 말해요.

아빠, 이것이 궁금해요!

사람들은 언제부터 누에를 길렀어요?

사람들이 언제부터 누에를 집에서 길렀는지는 정확하지 않단다. 책으로 남아 있는 기록 가운데 가장 오래된 것이 중국에서 쓴 『잠경(蠶經)』이란 책인데, 여기에 보면 "황제(黃帝)의 원비인 서릉씨가 처음으로 누에를 쳤다."라는 구절이 있어. 기원전 2650년쯤에 벌써 중국 황실에서 누에를 친 것을 알 수 있지. 물론 보통 농가에서는 그 전부터 누에를 쳐서 비단실을 얻었을 거야. 그래서 어떤 학자는 신석기 시대부터 사람들이 누에를 쳐서 비단실을 얻었을 거라고 주장하기도 해. 우리나라에서는 삼국 시대 이전부터 뽕을 치고 누에를 길러 옷을 짜 입었다는 기록이 있단다.

이야기 정거장 돋보기

잠실 뽕나무 터

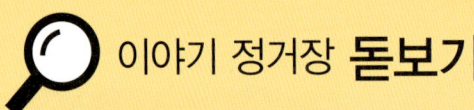
뽕나무 열매, 오디

잠실 뽕나무 밭터

서초구 잠원동은 1963년 1월 1일에 서울시가 되기 전까지는 경기도였어요. 이곳에 남아 있는 뽕나무에 '잠실 뽕나무'라는 이름이 붙은 까닭은 이 자리가 원래 경기도 시흥군 신동면 잠실리였기 때문이지요. 잠실리 뽕나무는 벌써 죽은 고목으로, 원줄기에서 두 갈래로 갈라져 자라다 가지 중간에서 잘렸고 나무 속도 거의 썩어 있습니다.

이 나무가 언제 나고 죽었는지는 알 수 없지만 조선 세종(1418~1450) 때 지방마다 뽕나무 밭을 만들어 누에치기를 널리 권한 점으로 미루어 보아 조선 초기에 심은 것으로 짐작할 수 있습니다. 늙어 죽은 뽕나무 위에서 싱그러움을 뽐내는 나뭇잎은 바로 옆에 새로 심은 젊은 뽕나무의 것입니다. 안내 표석은 잠원동 55-12번지 신반포 16차 아파트 120동 앞에 있습니다.

죽어 고목이 된 잠실 뽕나무

조선 시대에 왕비가 손수 뽕을 따고 누에도 쳤다고?

조선 시대 왕비가 내명부*와 외명부*의 여인들을 거느리고 잠실에 행차해서 함께 뽕을 따고 누에를 치는 의식이 바로 친잠례(親蠶禮)였어요. 조선 시대의 왕비는 나라의 어머니로서 여성이 갖추어야 할 덕을 상징했는데, 왕비가 하는 친잠례는 여자가 하는 일을 뜻했어요.

남성들이 밭에 나가 땅을 갈고 먹을 것을 생산하는 동안, 여성들은 집에서 길쌈*을 해서 입을 것을 생산했지요. 길쌈을 하려면 먼저 누에를 쳐야 했는데, 봄에 부지런히 누에를 쳐서 실을 뽑아야 그 실로 가을에 좋은 비단 옷을 만들 수 있었습니다.

친잠례 재현 행사 모습

이 의식은 3월에 왕이 농민들한테 농사의 모범을 보인다는 뜻에서 손수 밭을 가는 의식인 친경례(親耕禮)와 함께 시행되었다고 해요. 조선 전기에는 잠업을 활발히 일으키려고 전국에 잠실을 두었는데, 한양에도 동잠실과 서잠실을 두어 뽕나무를 심고 누에를 쳤어요. 경복궁과 창덕궁의 후원에 설치한 잠실을 내잠실(內蠶室)이라고 했는데, 왕비는 주로 이곳에서 친잠례를 행했다고 해요.

내명부 | 조선 시대에 궁중에서 품계를 받은 여인을 말해요.
외명부 | 조선 시대에 왕족·종친의 딸과 아내 또는 문관·무관의 아내를 말해요.
길쌈 | 옛날에 집에서 옷감을 짜던 모든 과정을 말해요. 주로 목화·삼·누에고치·모시 같은 섬유를 원료로 해서 무명·삼베·명주·모시와 같은 옷감을 짰어요. 우리나라에서는 삼국 시대부터 길쌈을 했지요.

17 동호 독서당 터

휴가를 받은 문신들이 글을 읽던 집

엄마: 호야 너, 숙제는 해 놓고 노는 거야?
호야: 으악, 깜빡했네! 아, 내가 옛날에 왕으로 태어났다면 공부 같은 건 안 해도 됐을 텐데……
아빠: 하하하, 옛날 왕들은 궁궐에서 편안하게 살았을 것 같지만, 그건 천만의 말씀이야. 신하들보다 공부를 더 많이 하는 왕도 많았대.
엄마: 그럼! 왕이 무식하면 신하들이 존경하고 따를 수 있겠어? 그리고 왕이 솔선수범하여 공부를 하는데 어떤 신하가 공부를 게을리했을까? 모르긴 몰라도 서로 경쟁하듯 공부했을 거야.
아빠: 그렇지. 그래서 옛날에는 문신들한테 책을 읽고 공부하라고 도서관 같은 집을 지어 주면서 휴가를 주기도 했단다.
호야: 예? 공부를 하라고 휴가를 줘요?

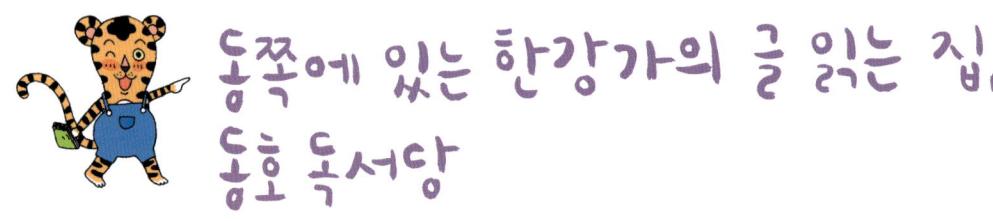

동쪽에 있는 한강가의 글 읽는 집, 동호 독서당

동호란 성동구 옥수동 어귀의 한강을 말합니다. 예전에는 보는 곳에 따라 한강을 조금씩 다른 이름으로 일컬었어요. 옛날 서울 동쪽에 있는 한강가였던 옥수동 앞은 동호(東湖), 남쪽에 있는 용산 앞은 남호(南湖), 서쪽에 있는 마포 앞은 서호(西湖)라고 했답니다.

한강 다리 이름 가운데 '동호대교'도 여기에서 온 이름입니다. 또한 독서당은 말 그대로 글을 읽던 집을 뜻합니다. 그러니까 동호 독서당은 '동호에 있는 글 읽는 집'이라는 뜻입니다.

세종대왕은 젊고 능력 있는 문신을 뽑아 휴가를 주고, 독서와 학문 연구에만 몰두할 수 있게 하는 '사가독서'를 마련했습니다. 처음에는 집과 산속에 있는 절을 자유롭게 드나들며 글을 읽었는데, 나중엔 절에서 먹고 자며 책을 읽게 했다고 해요.

그러나 조카인 단종을 왕위에서 쫓아내고 임금이 된 세조는 사가독서제를 없애 버렸습니다. 단종을 지키려고 목숨을 걸고 저항한 집현전의 학자들이 눈엣가시였던 탓에 집현전의 문을 닫으면서 사가독서제까지 폐지해 버린 것입니다.

그 뒤 사가독서제는 성종이 왕이 되면서 다시 부활했고, 1483년부터는 젊은 문신들이 용산의 빈 절에 모여 함께 책을 읽었습니다.

"요즘 사가독서하는 문신들은 어떻게 지내오?"

"절이 너무 허름하여 여름에는 덥고 겨울에는 너무 추우니 보는 이가 안타깝습니다."

"나라를 이끄는 신하들이 공부하는 곳이오니, 전하께서 이름이라도 내려 주심이 마땅할 줄로 아뢰옵니다."

성종은 1492년 신하들 의견에 따라 절을 크게 고쳐 짓고 '독서당'이라는 이름을 지어 주었습니다. 시원한 대청마루와 따뜻한 온돌방도 놓아 주었지요. 이렇게 해서 독서당은 사철 어느 때나 책 읽기에만 마음을 쏟을 수 있는 시설을 갖추었다고 해요.

독서당은 1504년 갑자사화*가 일어나 문을 닫았다가 1507년 다시 문을 엽니다. 그러다 연산군 때에 이르러 또 한 번 위기를 맞지요. 잘못된 일을 지적하는 신하들을 싫어하던 연산군이 사가독서제와 독서당을 없애 버린 것입니다.

연산군이 쫓겨난 뒤인 1517년, 중종은 오늘날 서울 성동구 옥수동 응봉 남쪽 기슭에 있던 두모포 정자를 고쳐 독서당을 새로 짓게 했어요. 그리고 사가독서제도 다시 마련했지요. 이때부터 원래 있던 용산의 독서당을 '남호 독서당'이라 하고, 두모포의 독서당을 '동호 독서당'이라고 했습니다.

갑자사화 | 조선 연산군 10년(1504)에 폐비 윤씨 사건으로 많은 선비들이 죽은 일을 말해요.

아빠, 이것이 궁금해요!

왕들도 '사가독서'를 했을까요?

물론 왕들도 독서를 했지만, 조선 시대엔 신분에 따라 독서의 이름도 달랐단다. 왕이 하는 독서는 경연, 세자가 하는 독서는 서연, 신하들이 하는 독서는 사가독서, 이렇게 이름은 다르지만 책을 읽으면서 인격을 닦고 전문성을 높였다는 점은 똑같단다.

그런데 온 나라가 쑥대밭이 된 임진왜란 때 동호 독서당은 불타 버리고, 사가독서제 또한 있으나 마나 한 제도가 되어 버리고 말았습니다. 임진왜란이 막 끝난 1608년 광해군 때 잠깐이나마 부활하는 듯했지만, 잇따라 일어난 이괄의 난*과 병자호란*으로 제 기능을 하지 못했지요.

숙종 때에 이르러서는 아예 사가독서제가 폐지되고 말았습니다. 독서당은 영조 때까지는 있던 것으로 보이는데, 다음 왕인 정조 때 궁 안에 규장각*을 세우면서 영영 사라져 끝내 역사 속 유물로만 남고 말았습니다.

이괄의 난 | 인조반정 때 공을 세운 이괄이 공신 대접을 제대로 못 받은 데 불만을 품고 인조 2년(1624)에 일으킨 반란 사건이에요. 반란은 실패했지만, 몇몇 사람들이 후금(청나라)으로 도망쳐 국내의 불안한 정세를 알리며 전쟁을 일으키라고 꾀었는데, 이것이 인조 5년(1627)에 일어난 정묘호란의 원인이 되었답니다.

병자호란 | 조선 인조 14년(1636)에 청나라가 쳐들어온 난리예요. 청나라에서 형제의 나라가 아닌 군신(君臣) 관계를 요구한 것을 조선이 물리치자 청나라 태종이 20만 대군을 거느리고 침략했지요. 인조는 남한산성으로 피했지만, 맞서 싸울 만한 힘이 없자 끝내 삼전도에서 항복을 했어요.

규장각 | 정조가 왕위에 오르던 해인 1776년에 설치한 왕실 도서관이자 학술과 정책을 연구한 관청이에요.

독서당에 들어가려면 시험은 필수?

　동호 독서당에는 조광조*, 주세붕*, 이황*, 정철*, 이이*, 유성룡*, 이항복*, 이덕형*과 같이 조선 시대 이름을 날린 거의 모든 문신들이 거쳐 갔습니다. 높은 관직으로 나아가려면 반드시 몸담아야 하는 홍문관* 못지않은 인재 양성 기관이었기 때문에, 사가독서에 뽑히는 것은 집안의 영광이자 출세 길도 약속받는 것이었지요. 그런 까닭으로 자격과 규정을 엄격히 심사해 한 번에 여섯 사람쯤만 뽑았다고 합니다.

　이렇듯 으뜸 문장가로 인정받아야 들어갈 수 있었기 때문에 독서당에서 공부하는 학자들은 매우 극진하게 대접받을 수 있었어요. 성종, 중종, 명종 같은 왕은 궁중 음식까지 내려 주며 관심을 보였고, 성종은 수정으로 만든 술잔까지 내렸다고 합니다.

　독서당의 학자들은 공부할 수 있는 조건이 좋은 만큼 해야 할 숙제도 있었습니다. 책을 얼마나 읽었는지 철마다 보고하고 다달이 글을 지어야 했는데, 율곡 이이의 『동호문답』*도 바로 독서당에 머물면서 선조한테 올린 글입니다. 숙종 때 사라져 버린 독서당은 정조

↳ 독서당길

반가운 소식이 있어. 성동구가 독서당 터 일대의 독서당길을 '역사·문화거리'로 단장할 계획이래.

가 새로 설치한 규장각으로 본래 뜻을 되살릴 수 있었습니다.

  오늘날 약수동에서 옥수동으로 넘어가는 고개를 독서당고개라고 하며, 그 길을 지금도 독서당길이라고 합니다. 한강 다리인 동호대교도 옛날에 동호 독서당이 있던 자취를 보여 주는 이름입니다.

조광조 | 조선 중종 때 문신이자 학자예요. 중종을 왕위에 오르게 한 공신들의 공을 삭제하는 위훈삭제사건이 빌미가 되어 끝내 사약을 받고 죽었지요.
주세붕 | 중종과 명종 때 문신이자 학자예요. 풍기 군수로 있을 때 우리나라 첫 서원인 백운동 서원을 세웠어요. 서원은 지방에 있는 교육기관이자, 그 지방에서 이름난 학자나 충신의 제사를 지내던 곳이에요.
이황 | 명종과 선조 때 문신이자 학자예요. 율곡 이이와 함께 조선 시대를 대표하는 학자로 꼽혀요.
정철 | 명종과 선조 때 문신이자 시인이에요. 「관동별곡」과 「사미인곡」 같은 가사 작품과 시조를 많이 남겼어요.
이이 | 조선 중기 때 학자이자 정치가예요. 신사임당의 아들로도 널리 알려져 있지요.
유성룡 | 선조 때 문신이에요. 임진왜란 때 이순신과 권율 같은 명장을 선조한테 추천한 것으로도 이름 높아요.
이항복 | 선조와 광해군 때 문신이에요. 광해군 때 인목대비 폐모론에 반대하다 북청으로 유배되었다가 죽었어요.
이덕형 | 선조와 광해군 때 문신이에요. 이항복과 친했다고 하는데, 재미난 장난을 잘해서 전하는 이야기가 많지요.
홍문관 | 조선 시대에 궁중의 경서나 문서를 관리하고 왕의 자문에 응하는 일을 맡아 보던 관청이에요.
「동호문답」 | 이이가 '왕도정치'의 이상을 문답 형식으로 서술하여 선조한테 올린 글을 말해요. 동호 독서당에서 지은 글이지요.

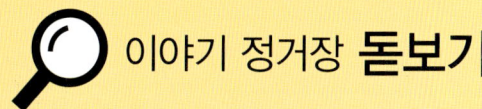 이야기 정거장 **돋보기**

동호 독서당 • 동호 독서당은 조선 시대 때 인재 양성과 더불어 학문 연구와 책을 찾아서 볼 수 있는 오늘날 도서관과 비슷한 곳이었습니다. 독서당은 조선 시대 왕들한테서 많은 관심을 받았는데, 이곳의 권위를 높이려다 보니 들어갈 수 있는 선비들의 자격과 규정을 엄격히 심사하여 까다롭게 선발했다고 해요. 그래서 1426년부터 1773년까지 거의 350년 동안 모두 마흔여덟 차례에 걸쳐서 뽑힌 사람은 겨우 320명뿐이었다고 합니다.

독서당이 있던 곳임을 알려 주는 표석

동호 독서당은 중종 12년(1517)에 응봉 남쪽 기슭 옥수동 244번지에 있던 두모포 정자를 고쳐 지은 건물입니다. 그 뒤 임진왜란으로 불에 타 버려 다시 짓지 못하다가 광해군 원년(1608)에 가까이 있던 관청을 고쳐 다시 독서당으로 삼았다고 합니다.

이괄의 난과 병자호란으로 사가독서제가 없어지고 난 뒤 독서당의 기능도 크게 줄어들었습니다. 독서당은 영조 때까지 있었던 것으로 보이는데, 정조 때 궁 안에 규장각을 두면서부터 영영 사라졌습니다.

외국 대사관이 몰려 있는 용산구 한남동의 남호 독서당길

〈독서당계회도〉
독서당을 배경으로 문인들이 친목을 다지고 풍류를 즐기려고 모인 모습을 담은 그림이에요.

18 한국 속의 작은 지구촌

이태원

아빠: 호야야, 게임 말고 지금 진짜 하고 싶은 거 없어?

호야: 음……, 세계일주요. 한강을 돌아다니다 보니까 세상 구경이 가장 재밌는 것 같아요. 히히, 물론 지금이야 아빠의 가난한 주머니 사정상 제가 참아야죠 뭐.

아빠: 하하하, 녀석도! 참긴 뭘 참아. 그까짓 세계일주 지금 당장 하게 해 주마.

호야: 에? 아빠 지금 어디 아프신 건 아니죠? 비행기 값만 해도 장난이 아닐 텐데 무슨……

아빠: 무슨 소리! 우린 비행기가 아니라 지하철 타고 세계일주 할 거야. 넌 아직도 한국 속의 작은 지구촌을 잘 모르는구나. 내가 오늘 제대로 세계 여행을 시켜 주마!

외국보다 더 외국 같은 서울 안의 지구촌

이태원은 '한국 속의 작은 지구촌' 같은 곳이에요. 이태원에는 유럽과 아프리카, 아메리카 같은 세계 모든 대륙에 있는 나라에서 온 사람들과 음식들이 모여 있습니다. 길거리를 오가다 보면 우리나라 사람보다 외국 사람들이 더 많이 보입니다.

이태원은 오늘날에만 그런 것이 아니라 오래전부터 외국 사람과 인연이 깊은 동네였어요. 고려 시대에는 고려 사람으로 귀화*한 거란족*과 여진족* 사람들이 이곳에서 차나무를 가꾸며 살았고, 조선 시대에는 1592년 임진왜란 때 한양까지 올라온 왜군들이 이 지역에 머물렀지요.

임진왜란이 끝난 뒤, 조선 정부는 고려 때와 마찬가지로 조선으로 귀화하거나 포로

귀화 | 다른 나라 국적을 얻어 그 나라의 국민이 되는 것을 말해요.
거란족 | 5세기 중엽부터 내몽골을 비롯한 북방 지역에 살던 유목 민족이에요. 퉁구스 족과 몽골 족의 혼혈로 이루어진 민족입니다.
여진족 | 10세기 이후 만주 동북쪽에 살던 퉁구스 계의 민족을 말해요.

로 잡힌 왜군들을 이태원에 살게 했습니다. 이곳에 사는 사람들을 다른 나라에서 온 사람들이라고 하여 '이타인(異他人)'이라고 했지요. 한편, 효종(재위 1649~1659) 때를 즈음해서는 이곳에 배나무가 많다고 해서 '배나무 이(梨)' 자와 '클 태(泰)' 자를 쓴 이태원(梨泰院, 배나무가 크게 자라는 집)으로 일컬었습니다.

조선 시대 말에는 조선에 들어온 청나라 군사들이 이태원에 머물기도 했습니다. 임오군란*이 일어나자 조선 정부가 청나라에 도움을 요청한 일이 있었지요. 이를 트집 삼아 우리나라로 들어온 청나라 군사들이 이태원에 머물며 자신들의 뜻에 반대하는 흥선대원군*을 붙잡아 강제로 청나라에 볼모*로 보내기도 했습니다. 일제 강점기 때는 일본군 사령부 또한 이태원 쪽에 자리를 잡았고, 6·25 한국전쟁이 끝난 뒤에는 미국 군인들이 자리 잡았습니다.

임오군란 | 1882년(고종 19년) 6월, 일본의 신식 군사 제도 도입과 명성황후 정권에 반대해 일어난 구식 군대의 반란을 말해요.
흥선대원군 | 고종의 아버지로, 고종이 열두 살 어린 나이에 왕위에 오르자 그 대신 정권을 잡았어요. 외국과 무역이나 외교 관계를 안 하는 쇄국정책을 펼쳤어요.
볼모 | 어떤 약속을 보증하는 뜻으로 상대편 사람을 데려가 자기편에 머물게 하는 것을 말해요.

나그네들의 쉼터에서
세계인의 관광 명소로 자리 잡다

　이렇게 오랜 세월 외국 사람들이 많이 드나들면서, 이태원은 자연스럽게 보통 우리나라 동네와는 아주 다른 모습으로 바뀌었어요. 더구나 6·25전쟁이 끝난 뒤 미국 군인들이 주둔하면서, 이 동네에 미군을 상대로 한 가게들이 하나 둘 들어섰어요. 그러자 이 동네에는 점점 더 외국 사람들이 많이 찾아왔어요. 1988년 서울올림픽과 2001년 '한국 방문의 해' 행사를 계기로 새롭게 꾸며 지금은 서울은 물론 우리나라를 대표하는 관광 명소가 되었지요.

　오늘날 이태원은 한국에 온 외국인이라면 꼭 한번 가 보아야 할 곳으로 여기는 곳입니다. 우리나라 사람한테는 해외여행을 간 듯한 느낌을 주는 곳이지요. 뭐니 뭐니 해도 이태원을 이름나게 한 것은 '살 거리'와 '먹을거리'예요.

△ 러시아 레스토랑

이태원에 있는 이슬람 사원

서울에서 단 한 곳밖에 없는 이슬람 사원도 이태원에 있어요. 아시아에서 한 군데밖에 없다는 불가리아 레스토랑도 이태원에 자리를 잡고 있을 만큼 이태원에 가면 온 세계 음식들을 맛볼 수 있지요. 외국 사람들이 원하는 건 거의 뭐든지 다 구할 수 있는 곳이 바로 이태원이기도 합니다.

이태원은 골목 골목마다 모습이 너무 달라서 깜짝 놀라기도 합니다. 변함 없이 옛 모습을 그대로 지키고 있는 곳이 있는가 하면, 갓 들어선 상점들이 화려하게 늘어선 곳도 있으니 말입니다.

거리마다 주제도 다양해요. '이태원 세계 요리 자유 구역'이라 일컫는 곳에는 인도·멕시코·벨기에·프랑스·이탈리아 같은 세계 여러 나라 음식점들이 끝도 없이 이어져 있고, 이슬람 음식점, 이슬람 서점, 이슬람 여행사와 같이 온통 '이슬람'으로 가득한 거리도

1994년은 조선이 서울(한양)을 도읍으로 정한 지 600년이 되는 해였어. 이성계가 개경에서 조선을 세운 지 두 해째 되던 해인 1394년에 궁궐을 서울로 옮겼거든. 그래서 서울시에서는 1994년 10월 28일을 서울시민의 날로 정하고, 그 뒤 해마다 '한국 방문의 해'와 같은 행사를 펼치며 온 세계에 서울을 알리고 있지.

있습니다. 아프리카 사람들이 모여 살며 진귀한 물건들을 파는 아프리카 거리도 있습니다. 앞으로 네덜란드, 프랑스, 스위스와 같은 유럽 여러 나라를 만날 수 있는 거리도 만들 참이라고 합니다.

이렇게 많은 나라 사람들이 모여드는데 신나는 잔치가 빠질 수 없겠지요? 그래서 해마다 가을이면 '이태원 지구촌 잔치'가 열립니다. 축하 행진과 여러 가지 공연을 즐기며 외국 문화와 한국 전통 문화를 함께 즐길 수 있습니다. 세계 여행을 꿈꾸는 어린이라면 먼저 서울의 이태원에 들러서 여러 나라의 문화를 한번 체험해 보세요. 이태원 길을 걷는 것만으로도 작은 세계 여행 부럽지 않을 테니까요.

이야기 정거장 돋보기

이태원의 외국인 관광객

이태원 지구촌 잔치

이태원 • 이태원은 조선 시대에 만든 '한양 4원' 가운데 하나입니다. '원'이란 것은 한양을 드나드는 관리나 여행자들이 쉴 수 있게 교통의 요충지에 만든 숙박 시설을 말하지요.

조선 초기 이태원은 둘레 산에서 맑은 샘물이 솟아나 부녀자들이 빨래터로 자주 찾았고, 울창한 소나무 숲이 우거져 있었다고 해요.

1945년 광복 뒤에는 외국에서 들어온 교포들한테 땅을 주어 살게 했다고 해서 '해방촌'으로 말하기도 했는데, 주로 판잣집이 많이 들어섰습니다. 6·25전쟁이 끝난 뒤 미군이 머물면서 이태원은 조금씩 오늘날과 같은 모습으로 바뀌었어요. 처음엔 외국에서 들여온 생활 용품 따위를 파는 상가들이 들어서다가, 오늘날과 같이 외국의 독특한 물건과 음식을 파는 가게들이 점점 더 많이 자리를 잡았습니다.

이태원은 1997년 서울에서는 처음으로 '관광 특구'가 되었어요. 사람들이 보통 알고 있는 '관광지' 이태원은 서울시 용산구에 있는 해밀턴 호텔 둘레를 가리킨답니다.

옛날 해방촌의 모습

19 국립중앙박물관

아픈 역사의 자리에 피어난 오천 년 역사의 숨결

알아두기

- **주소** | 서울시 용산구 용산동 6가 168-6
- **교통** | 지하철 4호선, 중앙선 이촌역
- **보는 시간** | (화·목·금) 오전 9시~오후 6시
  (수·토) 오전 9시~오후 9시
  (일·공휴일) 오전 9시~오후 7시
- **더 볼 곳** | 용산가족공원, 전쟁기념관, 이태원

호야: 아빠! 저 사회 숙제해야 하는데, 우리나라 역사를 한눈에 보려면 어디로 가야 하죠?
아빠: 그야 당연히 국립중앙박물관이지.
엄마: 호야 너, 4학년 때 학교에서 체험 학습 가지 않았어?
호야: 간 적이 있긴 한 것 같은데…….
아빠: 요즘 국립중앙박물관이 확 바뀌었다는데, 오늘 가서 우리 역사를 한번 제대로 공부해 보자꾸나!

복합 문화 공간으로 탈바꿈하는 우리 겨레의 보물 창고

박물관을 가리켜 흔히 '역사가 숨 쉬는 보물 창고'라고 합니다. 다른 나라로 여행을 가면 가장 먼저 가 보는 곳도 그 나라의 박물관이지요. 한 해 관람객이 1천 만에 가까운 프랑스 루브르박물관이나 영국의 대영박물관은 한 나라뿐 아니라 유럽과 다른 대륙의 문화유산까지 보고 느낄 수 있는 으뜸 관광지로 손꼽힙니다.

우리나라에도 온 세계에 자랑할 만한 박물관이 있습니다. 바로 서울 용산에 자리 잡은 국립중앙박물관이에요. 우리나라에서 가장 오래된 박물관이자 가장 큰 박물관이지요. 얼마나 크냐 하면, 아시아에서는 첫 손가락으로 꼽고 세계에서는 여섯 번째라고 합니다.

△ 전시물을 보고 있는 어린이들

국립중앙박물관 열린 마당

2009년에 국립중앙박물관이 총 관람객 수를 기준으로 아시아에서 1위, 세계에서 10위를 했대.

　우리나라는 물론 중국, 일본, 베트남 같은 동아시아 문화까지 아울러 모두 15만 점에 이르는 유물을 보존, 전시하고 있어요.

　국립중앙박물관은 한가운데 '열린 마당'을 중심으로 동관과 서관이 있습니다. 앞에서 바라보면 웅장하면서도 단정한 느낌이 마치 우리 옛 성곽을 보는 듯하지요. 천장은 있지만 기둥이 없어 넓고 시원하게 뚫린 열린 마당은 한옥의 대청마루와 같은 탁 트인 느낌을 자아냅니다.

　전시 유물이 주로 모여 있는 곳은 동관입니다. 3개 층에 마련한 상설 전시관 유물을 둘러보는 것만으로도 하루 해가 모자랄 만큼 볼거리가 많이 있지요.

　서관은 복합 문화 공간으로 거듭나려는 박물관의 뜻이 담긴 곳이에요. 연극이나 음악회 같은 공연을 할 수 있는 대극장 '용', 어린이 박물관, 기획 전시실, 카페테리아 같은 시설이 있습니다.

뭐부터 볼까 고민할 만큼 많은 유물이 한자리에

국립중앙박물관에서 가장 먼저 봐야 할 곳은 뭐니 뭐니 해도 동관의 상설 전시관입니다. '역사의 길'을 사이에 두고 양쪽 세 층에 자리 잡은 상설 전시관은 구석기 시대에서 근대에 이르기까지 우리나라 5천 년 역사의 흐름을 한눈에 볼 수 있게 역사관, 고고관, 미술관, 기증관, 아시아관으로 나누어 놓았어요. '역사의 길' 끄트머리에는 일본에 빼앗겼다 뒤늦게 돌려받아 복원한 경천사 십층석탑*이 우뚝 서 있습니다.

동관에서 역사 공부를 실컷 하고 나왔다면 이제 온 몸으로 즐길 수 있는 서관에 들러 볼 차례예요. 서관에서 가장 돋보이는 곳은 '어린이 박물관'입니다. 유리관 너머 유물을 물끄러미 바라볼 수밖에 없는 보통 박물관의 모습에서 벗어나, 실제 보고

경천사 십층석탑
고려 충목왕 4년(1348)에 개성 경천사에 세운 석탑이에요. 1909년쯤에 일본이 몰래 빼돌린 것을 나중에 되돌려 받아 1960년 서울 경복궁에 옮겨 세웠지요. 이를 다시 꼼꼼하게 복원해 지금은 국립중앙박물관 안에 세워 두었어요. 국보 86호입니다.

△ 많은 유물을 볼 수 있는 상설 전시관

 들고 느낄 수 있는 체험 활동을 할 수 있는 곳이에요. 교과서나 책에서만 보던 빗살무늬 토기를 만들어 보고, 선사 시대 움막집에 들어가 보거나 옛날 병사들이 쓰던 무기나 갑옷을 입어 보며 자연스럽게 역사를 체험하고 상상의 날개를 펼칠 수 있게 했습니다.

 건물을 벗어나 바깥으로 나오면 석탑, 석등, 비석과 같은 여러 가지 석조 미술품이 가득한 야외 전시장이 있어요. 또 하나, 이른 아침이면 신비스럽게 물안개가 피어나는 미르못*과 미르폭포도 그냥 지나칠 수 없는 볼거리입니다.

미르못 | 미르는 용을 뜻하는 말로, 국립중앙박물관이 있는 용산(龍山)이란 땅 이름에 뿌리를 두고 있어요. 국립중앙박물관 정원에는 미르못 말고도 미르폭포, 미르다리가 있어요.

물안개가 피어나는 미르못

아빠, 이것이 궁금해요!

우리나라에서 처음 문을 연 박물관은 어디예요?

조선의 마지막 왕인 순종이 창경궁 안에 만든 '제실박물관'이란다. 이때 창경궁 안에 식물원과 동물원도 함께 만들었지. 제실박물관은 1909년 11월 1일 문을 열었는데, 그때 조선 왕실에 전해 내려오는 서화류와 도자기, 금속 공예품, 가마와 깃발과 같은 유물을 6천8백 점쯤 갖고 있었단다.

제실박물관에서는 고려 시대 분묘에서 나온 뛰어난 고려 도자기와 금속품, 통일신라 시대 불상과 조선 시대 공예품을 열심히 사들여 1912년에는 소장품이 1만 2천 점에 이르렀다고 해. 이 가운데에는 국보 83호인 금동미륵보살반가상 같은 중요한 유물도 들어 있지. 제실박물관은 나중에 일본 사람들이 '이왕가박물관'으로 이름을 바꾸었는데, 광복 뒤에는 덕수궁미술관으로 바꾸었다가 1969년 5월 국립중앙박물관으로 합쳐졌단다.

아픈 역사를 딛고
용산에 들어선 박물관

국립중앙박물관이 들어선 '용산'은 우리 겨레한테는 아주 뜻깊은 곳입니다. 예부터 용산은 크고 작은 외세의 침입에 끊임없이 시달려 왔지요.

용산에 외세가 처음 들어온 것은 13세기까지 거슬러 올라가요. 고려에 쳐들어온 몽골군이 용산을 군사 기지로 삼아 머물렀지요. 임진왜란 때는 왜군(일본군)이 오늘날 원효로 4가와 청파동 쪽에 머물기도 했습니다. 1882년 임오군란 때는 청나라 군인 3천 명이 주둔했고, 러·일전쟁을 앞둔 1904년에는 일본군 수만 명이 병영을 짓고 머물렀습니다.

이처럼 용산에 외국군이 머문 까닭은 이곳이 그만큼 중요한 땅이었기 때문이에요. 군사와 물자가 오가기 편한 한강이 가깝

박물관에서 바라본 용산 미군 기지

게 있고, 이곳에 상륙해 남산과 북한산을 공격하면 손쉽게 서울을 손에 넣을 수 있었으니까요.

1945년 8·15 광복 뒤에는 미군이 한반도 남쪽에 들어오면서, 일본군이 다스리던 용산도 고스란히 미군에 넘어갔습니다. 그리고 6·25전쟁을 거치면서 수십 년 동안 용산은 미군 손에 있는 땅이었지요.

미군이 터를 잡고 있던 용산이 조금씩 우리 손에 넘어온 것은 1990년대에 들어와서예요. 지금 국립중앙박물관 자리도 예전에는 미군이 골프장과 헬기장으로 쓰던 곳이지요.

미군 기지도 이사를 가면 이제 완전히 우리 땅이네요.

용산은 오랫동안 외국 군대의 손에 맡겨진 아픈 역사를 간직한 곳이란다.

🔍 이야기 정거장 돋보기

박물관의 전시 유물들

국립중앙박물관

오늘날 국립중앙박물관은 서울 용산에 있지만 처음부터 지금 자리에 있던 건 아니에요. 국립중앙박물관은 기나긴 우리 역사만큼이나 참 많은 우여곡절을 겪었어요.

국립중앙박물관은 1915년 일본이 경복궁 안에 만든 '총독부박물관'에 뿌리를 두고 있어요. 총독부박물관은 광복 뒤인 1945년 12월 '국립박물관'이란 이름으로 새롭게 태어났지요. 그 뒤 6·25전쟁이 일어나 부산으로, 그리고 다시 남산과 덕수궁을 거쳐 1972년 드디어 경복궁 안에 박물관 건물을 지어 자리를 잡았어요.

국립박물관은 1986년 중앙청 건물(옛 조선총독부 건물)로 자리를 옮기기도 했어요. 이때 많은 사람들이 "일제 강점기 식민 통치의 상징인 건물에 국립박물관을 두어서는 안 된다."고 비판을 했는데, 1995년 8월 15일 광복절을 맞아 중앙청 건물이 헐리면서 박물관은 다시 경복궁으로 옮겨 갔지요. 마침내 2005년 10월 28일 미군한테 돌려받은 용산 땅에 지금의 박물관 건물을 새로 지으면서 오늘날에 이르렀어요.

석조 정원

보신각종

지하 1층, 지상 6층의 국립중앙박물관에는 관람객을 맞이하는 전시 영역인 역사관·고고관·미술관·기증관·동양관·기획 전시실·어린이 박물관·야외 전시장, 유물을 보존하는 수장 영역인 수장고·소독실·정리실, 교육과 연구 활동을 하는 도서실·자료실·강당·극장 같은 시설이 있어요.

국립중앙박물관 옆 쉼터, 용산가족공원

여기도 가 보세요.

한가운데 호수 둘레로 능수버들이 멋들어지게 어우러진 용산가족공원은 원래 주한 미군*이 골프장으로 쓰던 곳이었어요. 1992년 서울시가 넘겨받아 시민들이 편안히 쉴 수 있는 공원으로 만들었지요. 1997년 11월, 이 공원 땅에 국립중앙박물관이 들어서기로 결정되었어요.

용산가족공원은 주한 미군이 골프장으로 쓰던 잔디밭과 숲, 연못을 그대로 둔 채 둘레 4.6킬로미터에 산책 길과 달리기 길을 만들고 느티나무, 산사나무, 구상나무와 같은 나무 1만 5천 그루를 옮겨 심었어요. 또한 잔디광장 두 곳을 중심으로 곳곳에 아름다운 조각 작품을 전시하고 있지요.

시원하게 펼쳐진 잔디와 운동장은 서울에서 가볍게 나들이 오는 곳으로 인기가 높습니다. 미군 기지에 사는 미군 식구들이나 한남동 쪽에 사는 외국인들도 매우 즐겨 찾는 곳이지요.

용산가족공원에는 수많은 풀과 나무는 물론 호로새, 공작, 토끼와 같은 여러 동물들도 살고 있어서 자연 학습장으로도 모자람이 없습니다. 철봉, 평행봉, 역기 같은 운동 시설도 있고 바깥 예식장 시설도 있어서 봄·가을에는 파란 하늘 아래에서 혼인식을 올리는 모습도 볼 수 있습니다.

주한 미군 | 우리나라에 머물고 있는 미국 군대를 말해요.

용산가족공원의 호수

공원 광장에서 놀고 있는 사람들

20 전쟁기념관

가슴 아픈 전쟁의 상처를 딛고 평화를 꿈꾸는 곳

알아두기

- **주소** | 서울시 용산구 용산동1가 8번지
- **교통** | 지하철 4호선, 6호선 삼각지역, 1호선 남영역
- **보는 시간** | 오전 9시~오후 6시
- **더 볼 곳** | 국립중앙박물관, 용산가족공원, 이태원

호야: 아빠, 6·25전쟁은 끝난 게 아니라 '휴전'이라고 하는데, 그럼 전쟁이 다시 벌어질 수도 있다는 건가요?

아빠: 그렇지. 휴전이 성립된 게 60년 가까이 되긴 했지만 6·25전쟁은 끝난 게 아니라 잠시 쉬고 있다고 할 수 있지.

호야: 어유, 듣고 보니 무섭네!

엄마: 그렇지? 하지만 너무 걱정하지 마. 두 번 다시는 그런 전쟁이 안 일어나게 애쓰는 사람이 얼마나 많은데. 세계에서 가장 크다는 전쟁기념관을 만든 것도 전쟁이 얼마나 무섭고 끔찍한지 알려 주려는 까닭이지.

외세의 침입을 이겨 낸 선조들의 굳센 뜻이 깃든 곳

　서울 용산 국방부 건물 맞은편에 있는 전쟁기념관은 선사 시대부터 오늘날까지 한반도에서 일어난 전쟁의 역사를 알리는 곳입니다. 전쟁이 남긴 뼈아픈 교훈을 훗날 사람들한테 전하고, 나라를 지키려고 싸우다 목숨을 바친 분들의 뜻을 기리려는 뜻에서 지난 1994년 6월에 문을 열었지요.

　지하 2층, 지상 4층 건물과 바깥 전시장으로 이루어진 전쟁기념관에는 모두 3만 2천 점에 가까운 전쟁 유물이 우리를 맞습니다. 건물 안 전시실에는 호국추모실·전쟁역사실·6·25전쟁실·해외파병실·국군발전실·대형장비실이 있습니다.

　전쟁기념관에서 가장 오랜 시간 발걸음을 붙잡는 곳은 2층과 3층에 있는 6·25전쟁실입니다. 6·25전쟁이 일어난 배경과 전쟁의 진행 과정이 여러 가지 전시물과 영상으로 생생하게 되살아나고 있지요. 6·25전쟁 때 야간 전투 상황을 되살린 전쟁체험실에서는 북한군

▷ 해외파병실

▷ 6·25전쟁 피난민 모형

이곳에선 전쟁이 얼마나 끔찍한지 눈으로 보고 체험도 해 볼 수 있어.

의 공격에 맞서 싸우는 국군 장병들의 다급하고 처절한 모습을 영상과 소리, 진동, 연기, 조명, 화약 냄새 같은 특수 효과로 체험해 볼 수 있습니다. 또한 전시 생활실에서는 피난민들이 살던 모습을 모형으로 보여 주며 전쟁이 얼마나 비참하고 끔찍한 일인지 가슴 깊이 느끼게 합니다.

참전한 유엔군의 군복들

    1층에 있는 전쟁역사실에도 볼거리가 가득합니다. 이곳은 주로 6·25전쟁 전까지 한반도를 둘러싸고 벌어진 전쟁의 역사와 이를 이겨 낸 과정을 보여 주고 있지요. 화살촉과 같은 선사 시대 유물을 비롯해 거북선·신기전기화차·화약 병기와 같은 무기류, 을지문덕·계백·김유신·곽재우와 같은 위인들의 흉상을 전시하고 있습니다. 옛날에 벌어진 전쟁을 그림과 모형(디오라마)으로 꼼꼼히 되살려 실제 전투의 한가운데 있는 듯한 느낌을 전하지요.

조선의 대포들

국군발전실은 군 입대를 앞둔 형이나 삼촌이 있다면 가장 관심 있게 지켜볼 만한 곳입니다. 육군·해군·공군·해병대의 창설부터 오늘날까지 군사 제도, 무기와 장비, 군복, 교육 훈련의 발전 과정을 한눈에 볼 수 있게 했어요.

이 밖에 대형장비실에서는 6·25전쟁 때 주로 쓰던 국군과 북한군의 항공기, 전차, 야포, 차량 같은 덩치 큰 전투 장비를 전시합니다. 해외파병실에서는 6·25전쟁의 시련을 겪으면서도 크게 발전한 우리나라 군대가 세계 평화와 안전을 지키려고 나라 밖에서 활약한 역사를 보여 줍니다.

조선의 총포들

전투기를 조종할까? 장갑차를 몰아 볼까?

건물을 빠져나와 바깥 전시장으로 나오면 150가지에 이르는 무기와 전투 장비들을 볼 수 있습니다. 세계에서 가장 크다는 비(B)-52 폭격기와 에프(F)-4 팬텀 전투기가 가장 먼저 눈에 들어오지요.

이 밖에도 2차 세계대전과 6·25전쟁 그리고 베트남 전쟁*에 쓰인 여러 가지 전차, 야포, 항공기, 장갑차, 함포, 잠수함, 레이더도 볼 수 있어요. 장갑차와 항공기는 안에 들어가 앉거나 만져 볼 수 있게 해서 조종사가 된 기분을 느낄 수 있습니다.

전쟁기념관 평화의 광장에서는 4~6월과 10~11월 금요일 오후 2시마다 국군 군악대와

▷ F-4 팬텀 전투기

자체 개발한 K-1 전차

아빠, 이것이 궁금해요!

아빠, 6·25전쟁은 언제 일어났어요?

6·25전쟁은 1950년 6월 25일 새벽 4시에 조선인민군이 남쪽으로 쳐들어오면서 벌어졌단다. 그때 인민군은 전차 24대를 타고 남쪽으로 밀고 내려왔어. 전차 한 대 없던 우리나라 군대는 갑작스럽게 쳐들어온 인민군에 밀려 사흘 만에 서울을 빼앗기고 마침내 낙동강 아래까지 후퇴를 했지.

하지만 미국을 비롯해 오스트레일리아·벨기에·캐나다·콜롬비아·프랑스·그리스·에티오피아·룩셈부르크·네덜란드·뉴질랜드·필리핀·태국·터키·영국·남아프리카공화국의 열여섯 개 나라가 유엔군으로 전쟁에 참여해 우리나라를 도와주었단다.

그렇게 우리 국군은 유엔군과 힘을 모아 서울을 빼앗긴 지 3개월 만인 9월 28일에 서울을 되찾고 북으로 밀고 올라갔어. 하지만 이내 중공군(중국 군대)이 인민군을 도와주면서 국군과 유엔군은 또 쫓겨 내려와 서울을 빼앗겼다가 다시 반격해 38도선을 사이에 두고 치열한 전투를 벌였지. 마침내 1953년 7월 27일 남북은 휴전을 맺고 전쟁을 멈추기로 했어.

의장대가 공연도 벌입니다. 군악과 국악 연주, 판굿, 전통 검법, 여군 의장대와 국군 의장대 시범이 화려한 모습을 뽐내지요. 더구나 2010년부터는 이 모든 것들을 입장료 없이 즐길 수 있습니다. 도자기, 물레, 황토 염색, 핸드 페인팅 같은 여러 가지 체험 활동 프로그램까지 마련해 놓았다고 하니, 전쟁기념관이 성큼 가까워진 느낌이지요?

베트남 전쟁
공산주의와 민족주의를 내세운 북베트남이 식민 지배에서 벗어나려고 프랑스와 치른 1차 독립 전쟁(1946~1954), 미국의 지원을 받는 남베트남과 치른 2차 통일 전쟁(1960~1975)으로 나뉘어요. 우리나라는 2차 전쟁 때 8년간 모두 32만 명을 파병해 남베트남과 미군 편에 서서 싸웠어요.

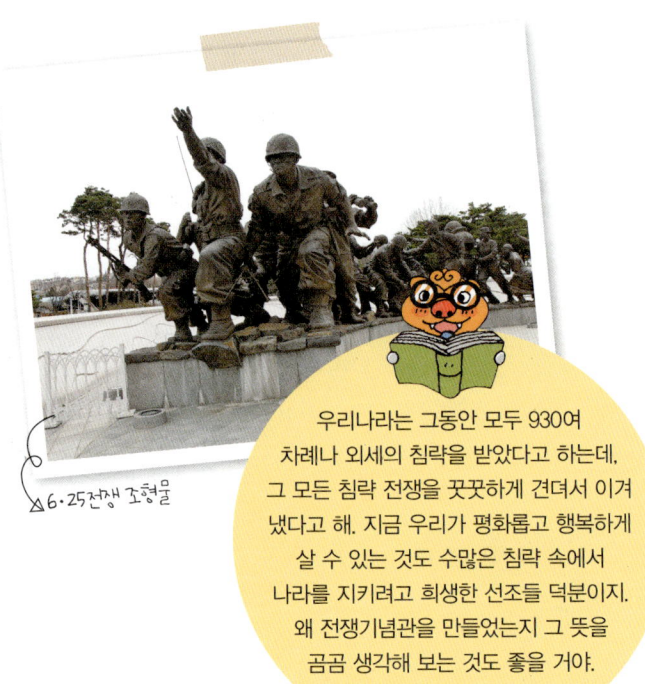

6·25전쟁 조형물

우리나라는 그동안 모두 930여 차례나 외세의 침략을 받았다고 하는데, 그 모든 침략 전쟁을 꿋꿋하게 견뎌서 이겨 냈다고 해. 지금 우리가 평화롭고 행복하게 살 수 있는 것도 수많은 침략 속에서 나라를 지키려고 희생한 선조들 덕분이지. 왜 전쟁기념관을 만들었는지 그 뜻을 곰곰 생각해 보는 것도 좋을 거야.

이야기 정거장 돋보기

유엔군 전사자 명단

형제의 상

전쟁기념관 • 1990년 옛날 육군본부 자리에서 공사를 시작해 1994년 문을 열었어요. 베르사유 궁전을 본떠 만든 지하 2층, 지상 4층 건물에 3만 2천 점에 가까운 전쟁 유물을 전시, 보존하고 있지요. 해마다 관람객이 늘어나 2009년에는 100만 명이 넘게 다녀갔다고 해요.

전쟁기념관은 실내 전시실과 바깥 전시실로 나뉩니다. 실내 전시실은 호국추모실, 전쟁역사실, 6·25전쟁실, 해외파병실, 국군발전실, 대형장비실과 같은 6개 전시실로 나뉘어 있어요.

호국추모실에는 호국 인물들의 흉상과 기념물이 전시되어 있고, 전쟁역사실에서는 시대별 병기류와 군복, 장비 따위를 볼 수 있어요. 6·25전쟁실에는 전쟁의 진행 과정과 남북한 군사작전 일지, 피난민과 전사 장병들의 유품, 탱크·야포·항공기·총기류와 같은 군사 장비들을 진열해 전쟁을 못 겪고 자란 세대들이 전쟁의 참상을 느낄 수 있게 했습니다.

바깥 전시실에서는 전차, 야포, 항공기, 장갑차, 함포, 잠수함, 레이더 같은 전투 장비를 전시하고 있습니다. 건물 양쪽 회랑에는 6·25전쟁과 베트남전에서 전사한 국군과 경찰관 17만 명과 유엔군 전사자 3만 8천 명의 이름을 새긴 명비(名碑)를 세웠고, 영상실에는 전투 장면을 담은 필름을 상영하고 있지요.

이 밖에 뮤지엄 카페에서는 둘레 소나무 숲과 연못, 분수, 회랑 같은 경치를 즐길 수 있고, 매점·식당·기념품점·수유실 같은 편의 시설도 잘 갖추어 놓았습니다.

호국추모실의 흉상들

21

짧은 삶, 뜨거운 피를 조국에 바치다

국립서울현충원

"우리나라가 옛날에 힘든 일을 참 많이 겪었다는 거 알지? 고통스러운 일제 강점기와 6·25전쟁, 그 밖에 많은 사건들을 겪으면서 얼마나 많은 분들이 조국을 위해 목숨을 버리셨는지……. 여기 한강이 한눈에 보이는 언덕에 자리한 국립서울현충원은 나라를 위해 목숨을 바친 호국 영령들이 잠든 곳이란다. 빼어난 자연 환경으로 참배객뿐 아니라 보통 시민들한테도 사랑받는 공원이지. 우리한테 조국이란 과연 무엇인지 현충원에 가서 생각해 보자."

알아두기

- **주소** | 서울시 동작구 현충로 65
- **교통** | 지하철 4호선 동작역, 9호선 동작(현충원)역
- **보는 시간** | 오전 6시~오후 6시
- **더 볼 곳** | 노량진 수산시장, 용양봉저정, 사육신 묘

나라에 목숨을 바친 호국 영령들의 영원한 안식처

해마다 현충일인 6월 6일 오전 10시가 되면 온 나라에 사이렌 소리가 울립니다. 1분 동안 경건한 마음으로 묵념을 올리는 시간이지요. 그 시간, 서울시 동작구에 있는 국립서울현충원에서는 나라를 위해 돌아가신 호국 영령들의 넋을 기리는 의식이 열립니다.

국립서울현충원은 관악산 기슭에 있어서 공기가 맑고, 바로 앞으로는 한강이 굽이쳐 흘러서 아름다운 풍경이 펼쳐집니다. 하늘에서 이곳 터를 보면 공작새가 날개를 펴고 있는 모습과 닮았다고 해요. 어떤 이들은 장군이 군사들을 거느리고 있는 모습이라고도 합니다. 넓이가 143만 제곱미터에 이르는데, 이는 여의도공원의 일곱 배 넓이예요. 구한말 의병들을 비롯해서 수많은 애국지사와 국가 유공자, 국군 장병, 경찰관과 같이 '나라를 위해' 돌아가신 분들이 잠들어 있습니다.

고통스러운 일제 강점기가 끝나고 광복의 기쁨을 누린 것도 잠시, 1950년에 일어난 6·25전쟁은 40만 명이 넘는 우리 국

△ 국립서울현충원의 묘역 전경

현충문. 안쪽에 보이는 것은 현충탑이에요.

군의 목숨을 앗아갔습니다. 전국 곳곳에 흩어져 있던 국군 장병들의 시신을 한곳에 모아 1955년 지금 자리에 국군묘지를 세웠지요.

  처음에는 전쟁에서 죽은 군인만 묻힐 수 있었는데, 1965년 국립묘지로 격을 높이면서 군인이 아니더라도 나라에 공로를 세운 사람들도 이곳에 잠들 수 있게 되었습니다. 국군묘지, 국립묘지, 국립현충원이란 이름을 거쳐 2006년부터는 '서울국립현충원'이라고 합니다.

무명용사탑 앞에 서면 누구라도 애국자

국립서울현충원에는 17만이 넘는 호국 영령들이 잠들어 있습니다. 국가 원수 묘역, 애국지사 묘역, 국가 유공자 묘역, 군인·군무원 묘역, 경찰관 묘역, 일반 묘역, 외국인 묘역으로 나뉘어 있지요. 일제 강점기에 나라 밖에서 독립운동을 하다가 목숨을 잃은 임시 정부 요인 묘역도 애국지사 묘역 위쪽에 있습니다.

국립서울현충원에 들어서면 바로 앞에 충성 분수탑이 우뚝 서 있어요. 금잔디가 깔린 광장을 지나면 현충문과 현충탑이 보이지요. 이 현충탑 안에는 11만이 넘는 무명용사 위패*가 있는 위패실과 납골당이 있고, 왼쪽에는 애국 투사상, 오른쪽에는 호국 영웅상이 있습니다.

위패 | 죽은 사람의 이름을 적은 나무패를 말해요.

△ 대한독립군 무명용사 위령탑

△ 팔도의용군 무명용사탑

이 밖에도 조선 중종의 후궁이자 선조의 할머니인 창빈 안씨의 묘소가 있는데, 서울특별시 유형 문화재 54호로 지정되어 있습니다.

또 하나 눈여겨볼 것은 두 개의 무명용사탑입니다. 하나는 일제 강점기에 만주와 연해주 쪽에서 독립운동을 하다가 이름 없이 사라져 간 독립군을 기리는 대한독립군 무명용사 위령탑이에요. 또 하나는 6·25전쟁 때 교복을 입은 채 전투에 나가 용감히 싸우다 목숨을 잃은 7천여 학생들을 기리는 학도의용군 무명용사탑입니다.

아빠, 이것이 궁금해요!

분향*을 할 때 보면 향을 세 번 넣는데, 그 까닭이 뭐예요?

그건 말이다. '천·지·인'이라고 들어 봤지? 하늘과 땅과 사람이 잘 어우러져야 한다는 뜻인데, 그 정신에 따라 조상님께 제사 지낼 때 하늘과 땅과 조상님께 감사하는 마음으로 향을 세 번 넣는 거란다.

분향 | 향을 피우는 것을 말해요.

김대중 전 대통령 묘소

호국 영령들께 잠시 묵념!

현충탑 안 납골당과 위패실

장군 묘역에서 바라본 동작대교와 반포대교

조국과 평화의 소중함을 깨닫게 하는 곳

　현충원에 가면 누구나 마음이 숙연해집니다. 분위기가 조용하고 곳곳에 추모비가 많아 자연스럽게 마음이 가라앉지요.
　푸른 잔디와 우거진 나무, 시원한 연못과 분수대가 있어 넓은 공원 같은 느낌도 듭니다. 묘소 사이가 모두 산책 길이라고 해도 좋을 만큼 정돈이 잘 되어 있어요.
　봄이 되면 수양버들 꽃이 피고, 개울에서는 흰뺨검둥오리가 새끼들을 데리고 노니는 모습도 볼 수 있습니다. 내다보이는 경치도 좋아서 장군 1묘역에 올라서면 동작대교와 반포대교 같은 한강 다리들이 한눈에 들어옵니다. 참배객들뿐만 아니라 누구나 쉬어 갈 수 있는 편안한 쉼터지요. 50년 넘게 사람을 못 드나들게 해서 자연 생태가 잘 살아 있는 숲은 여러 새와 동물들의 보금자리이기도 합니다.
　국립서울현충원에 가면 지금 우리가 이렇게 평화롭게 살아갈 수 있는 것이 목숨을 바쳐 나라를 지킨 분들 덕분이라는 것을 다시 한 번 깨닫습니다. 애국지사 묘역 제단에 적힌 글귀가 이곳을 찾는 모든 이들의 가슴에 잔잔한 울림을 안깁니다.
　"조국과 겨레는 나의 사랑, 나의 영광, 나의 힘, 나의 생명
　　그를 위해 짧은 일생을 바쳐 그와 함께 영원히 살리라."

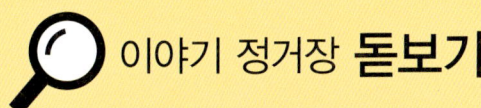
이야기 정거장 돋보기

현충탑

애국지사 묘역에 있는 조만식 묘소

국립서울현충원 • 1955년 7월 15일 국군묘지로 문을 열었다가 10년 뒤인 1965년 3월 30일 국립묘지로 승격되었어요. 구한말 의병들을 비롯해서 애국지사, 국가 유공자, 국군 장병과 경찰관, 전투에 참가한 예비군과 같이 나라를 위해 목숨을 바친 17만여 호국 영령의 묘소가 있지요. 또한 이승만 전 대통령과 부인 프란체스카, 박정희 전 대통령과 부인 육영수, 2009년에 서거한 15대 김대중 대통령의 묘가 자리하고 있습니다. 이 밖에 현충탑, 현충문, 충성 분수대, 현충지(연못), 현충관(영화관), 사진 전시관, 유품 전시관이 있어요.

1996년 6월 1일 국립묘지관리소에서 국립현충원으로 이름이 바뀌었고, 2006년에는 국립서울현충원으로 다시 한 번 바뀌었어요. 1955년부터 이어진 안장으로 더는 영령들을 안치할 자리가 없어져, 1979년 대전에 새로이 국립현충원*을 마련했어요.

국가 유공자 묘역에 있는 서재필 묘소

국립대전현충원 | 1979년 대전광역시 유성구에 새롭게 문을 연 국립현충원이에요. 국립서울현충원의 두 배가 넘는 땅에 1986년부터 나라를 위해 돌아가신 분들을 안장하고 있지요. 10대 대통령 최규하를 비롯해서 국립서울현충원과 마찬가지로 수많은 애국지사, 국가 유공자, 군인, 경찰과 같은 호국 영령들이 잠들어 있어요.

수원 가는 길, 정조의 휴게소

용양봉저정

아빠: 웅이야, 조선 22대 왕인 정조의 아버지가 누군지 알아?
웅이: 그럼요. 뒤주에 갇혀서 죽은 사도세자잖아요.
아빠: 녀석, 사회 시간에 졸지는 않았구나.
웅이: 아빠도 참! 그걸 모르는 초딩이 어디 있다고.
아빠: 그럼 오늘은 정조 임금이 아버지 사도세자 묘를 찾을 때마다 잠시 쉬었다 갔다는 '용양봉저정'에 가 보는 건 어떨까?
웅이: 용양봉저정이요? 무슨 뜻이에요?
아빠: 가 보면 알아!

알아두기

- **주소** | 서울시 동작구 본동 10-30번지
- **교통** | 지하철 9호선 노들역
- **보는 시간** | 오전 9시~오후 6시
- **더 볼 곳** | 사육신 묘, 노량진 수산시장, 국립서울현충원

아버지의 죽음을 지켜볼 수밖에 없던 정조

옛날 임금이 나라를 다스리던 시절에는 다음 왕의 자리에 오를 왕자를 '세자'라고 했어요. 그런데 조선 시대에는 세자로 책봉이 되어도 더러는 왕이 못 되기도 했어요. 사도세자가 바로 그런 왕자 가운데 하나입니다.

△ 용양봉저정

사도세자는 조선의 스물한 번째 임금인 영조의 아들입니다. 열네 살 때부터 아버지를 대신해 나랏일을 돌볼 만큼 영특했다고 하지요.

조선 시대에는 마치 오늘날의 정당처럼 신하들이 자신의 정치관에 따라 무리를 짓고 있었습니다. 이들은 서로 편을 나누어 중요한 나랏일이 생길 때마다 갈등을 빚기도 했는데, 심지어는 왕위를 이어받는 일에도 간섭을 했습니다.

영조는 노론*이라는 당파의 도움을 받아 왕위에 오른 탓에 노론의 입김에서 자유로울 수 없었습니다. 하

노론 | 조선 시대 붕당의 한 정파로, 동인 무리와 맞서던 서인에서 다시 갈라져 나온 당파예요.

지만 새로운 정치를 바라던 사도세자는 소론 편에 있었습니다. 사도세자를 눈엣가시로 여긴 노론과 정순왕후*는 영조와 사도세자 사이를 이간질했지요. 사도세자가 임금의 자리에 오르는 것을 막으려고 말이에요. 끝내는 정순왕후의 아버지 김한구와 그 일파들이 세자의 잘못을 적은 열 가지 항목을 영조한테 적어 올렸어요.

"세자가 기생과 승려를 도성 안으로 불러들이고 있습니다."

"세자가 역모를 꾸미고 있으니 속히 벌하셔야 합니다."

이 말을 듣고 고민하던 영조는 사도세자한테 스스로 목숨을 끊을 것을 명령했습니다. 세자는 맨발로 엎드린 채 용서를 빌었지만 영조는 세자를 쌀을 담아 두는 뒤주 속에 가두어 죽게 했습니다. 세자가 죽고 난 뒤에야 아쉬운 마음에 세자를 생각하며 슬퍼한다는 뜻의 '사도(思悼)'라는 칭호를 내렸지요. 그때 사도세자의 아들, 곧 세손(훗날 정조)은 열한 살밖에 안 된 어린아이였습니다.

뒤주 속에서 죽은 사도세자를 안타깝게 여긴 사람들이 훗날 그를 가리켜 '뒤주 대왕'이라고 말했대.

정순왕후 | 조선 영조의 두 번째 부인으로, 사도세자를 반대하는 벽파와 손을 잡고 반대파인 시파를 억눌렀어요.

아버지를 그리며 찾아가다 잠시 숨을 돌리던 곳

아버지의 억울한 죽음을 지켜본 정조는 왕위에 오르자마자 가장 먼저 "나는 사도세자의 아들이다."라고 말할 만큼 아버지를 애틋하게 생각했어요. 그리고 아버지가 그리울 때마다 경기도 양주(오늘날 서울 전농동)에 있는 아버지 무덤에 자주 찾아갔답니다. 자기가 죽으면 아버지 묘 옆에 묻어 달라고 할 만큼 효심이 지극했지요.

정조는 왕위에 오른 다음 아버지의 무덤을 풍수지리가 더 좋은 땅에 모시려고 했습니다. 그렇게 해서 찾아낸 땅이 바로 수원(오늘날 경기도 화성)입니다. 마침내 정조는 아버지 무덤을 옮기기로 마음먹지요. 사도세자가 양주에 묻힌 지 27년 만의 일이었습니다.

그런데 문제가 하나 있었습니다. 무덤이 옮겨 올 자리에 살던 백성들을 다른 곳으로 이사를 보내야 하는 것이었습니다. 조선 시대에는 왕의 무덤이 한 고을에 들어서면 그 마을에는 백성들이 살 수 없었거든요. 정조는 백성들을 어떻게 했을까요?

△ 정조가 만든 수원 화성. 유네스코 세계문화유산으로 등록되었어요.

"백성들 마음이 즐거워야 내 마음도 편하다. 삶의 터전을 옮기는 백성들한테 어려움이 없도록 하라."

정조는 대대로 고향에 뿌리 내리고 살던 백성들이 피해를 안 입게 땅값을 보상해 주고 새 집 지을 돈도 넉넉히 주었습니다. 그리고 백성들이 옮겨 갈 새로운 도시를 만들었는데, 이것이 바로 지금의 수원 화성입니다. 백성들은 감격스러운 눈물을 흘리며 정조의 어진 마음을 우러렀다고 합니다. 정조는 아버지의 무덤을 수원 화산으로 옮긴 뒤, 아버지를 그리워하는 시를 짓기도 했습니다.

> 혼정신성* 다하지 못한 어버이 사모하여
> 오늘 또 화성을 찾아와 보니
> 원침*엔 가랑비 부슬부슬 내리고
> 재전*에서 배회*하는 그리운 마음 깊구나.

한양과 수원 화산을 오가려면 한강을 건너야 했습니다. 하지만 한강에는 다리가 없었습니다. 배를 옆으로

혼정신성 | 저녁에는 잠자리를 살피고 아침에는 일찍이 문안을 드린다는 뜻으로, 부모에게 효도하는 도리를 뜻하는 말이에요.
원침 | 왕세자나 세자의 부인 또는 왕의 친척의 산소를 말해요. 여기서는 아버지 사도세자의 무덤을 뜻하지요.
재전 | 무덤이나 사당 옆에 제사를 지내려고 지은 집을 말해요.
배회 | 아무 목적도 없이 어슬렁거리며 이리저리 돌아다니는 것을 말해요.

아빠, 이것이 궁금해요!

조선 시대에는 왜 한강에 다리를 안 놓았죠?

한양의 남쪽을 길게 가로지르는 한강은 외적의 침입을 막아 주는 물 울타리 구실을 했단다. 북방에 사는 흉노족이나 몽골족 같은 기마 민족이 쳐들어오면 강에 막혀서 주춤하는 사이 지방에서 원군을 불러 모을 시간을 벌 수 있었지.

한강에 말과 수레가 쉽게 오갈 수 있는 다리를 만든다는 것은 적들에게 남쪽으로 쳐들어올 수 있는 길을 제 손으로 터 주는 거나 다름없었어. 이런 까닭으로 조선 시대 임금들은 번거롭기는 했지만 필요할 때만 배다리를 만들어서 한강을 건넜단다.

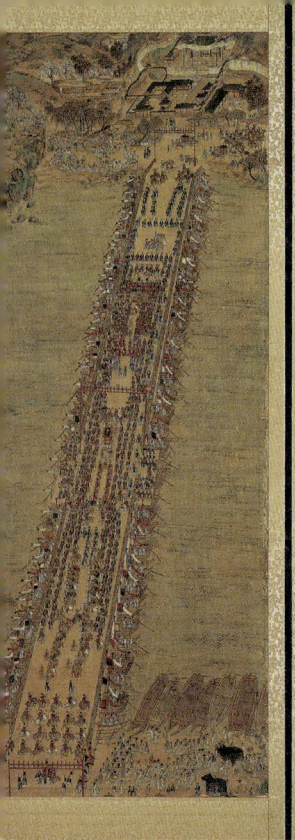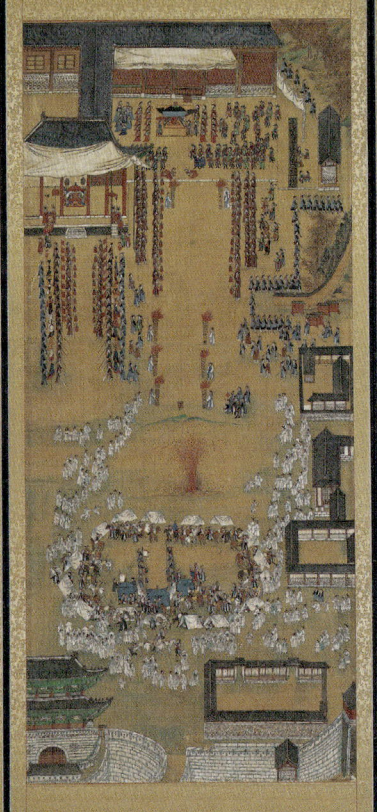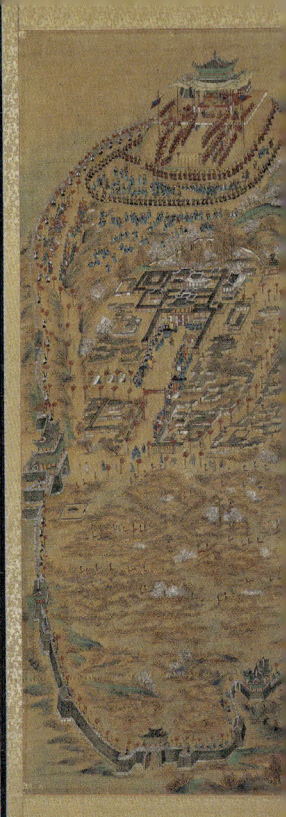

길게 이어 다리처럼 만들어 건너는 수밖에 없었지요. 이런 것을 배다리*라고 합니다. 배다리를 놓으려면 시간이 꽤 많이 걸렸는데, 그 시간에 정조가 쉬었다 가던 곳이 바로 노량진 한강대교 가까이 있는 용양봉저정입니다. 점심을 먹던 곳이라 '주정소'라고도 했지요. 정조가 이름을 지은 용양봉저정은 '용이 뛰놀고 봉황이 높이 난다.'라는 뜻처럼 꽤나 운치 있는 곳이었답니다. 이 정자가 있는 곳은 오늘날 동작구 본동인데, 강 언덕의 푸른 수풀 사이로 한강의 맑은 물결이 내려다보이고, 남산과 북악산 사이에 펼쳐지는 서울 풍경도 한눈에 들어옵니다.

그러나 용양봉저정은 1930년 '이케다'라는 일본 사람 손에 들어가면서 망가지고 말았습니다. 이케다는 몇몇 건물을 없애고 그 대신 둘레 땅에 온천·욕장·운동장·식당 같

배다리 | 작은 배를 한 줄로 여러 척 띄워 놓고 그 위에 널판을 건너질러 깐 다리를 말해요.

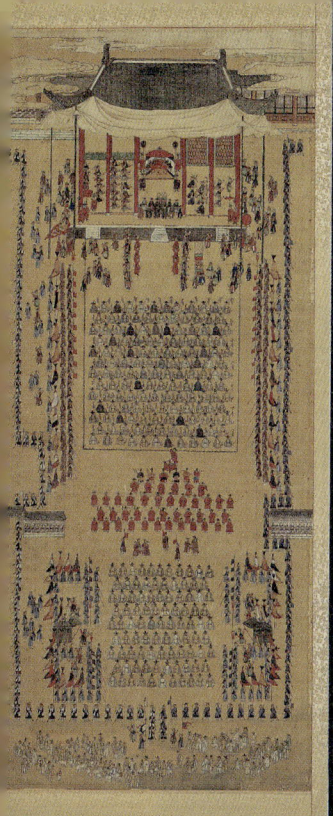
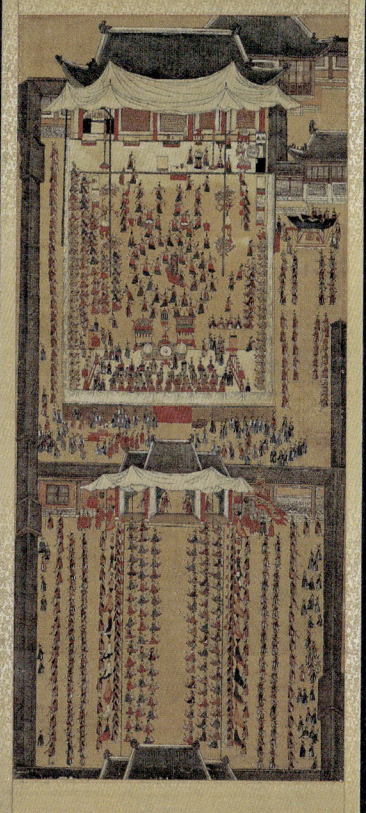
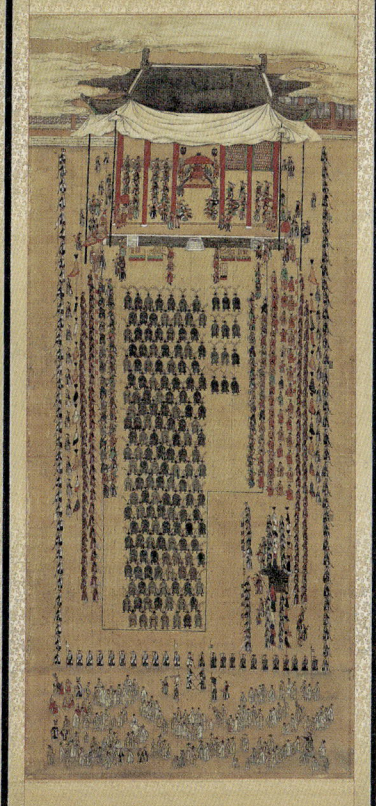
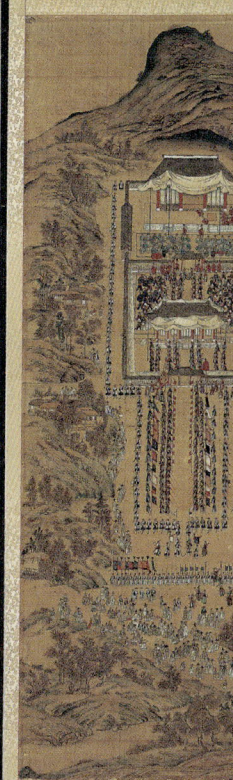

정조가 아버지 사도세자의 무덤에 가는 모습을 그린 여덟 폭짜리 병풍 그림 「화성능행도」

은 시설을 지었어요. 이름도 '용봉정'으로 바꾸어 버렸습니다. 일제 강점기를 지나 광복이 된 뒤에야 비로소 일본 사람들이 세운 오락 시설을 뜯어내고 원래 이름을 되찾아 주었지요.

하지만 그 뒤로도 용양봉저정은 문화재에 걸맞은 대접을 제대로 못 받았습니다. 둘레에 제멋대로 건물이 들어서고 관리도 꼼꼼히 안 한 탓에 오늘날에는 정자 하나만 덩그렇게 남아 있지요. 원래는 건물 두세 채쯤이 더 있었다고 하는데, 하늘에 있는 정조가 이 모습을 본다면 얼마나 가슴이 아플까요?

정조는 사도세자의 묘를 화성으로 옮긴 뒤 모두 열세 차례 참배를 했다고 합니다. 그때마다 용양봉저정에 들러 한강을 바라보았을 거예요. 용양봉저정에 올라 깊고 그윽하게 흐르는 한강 물을 보며 아버지를 그리던 정조의 마음을 여러분도 한번 헤아려 보세요.

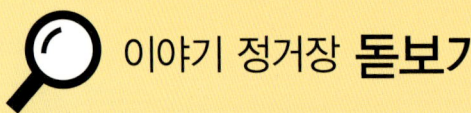
이야기 정거장 돋보기

용양봉저정 현판

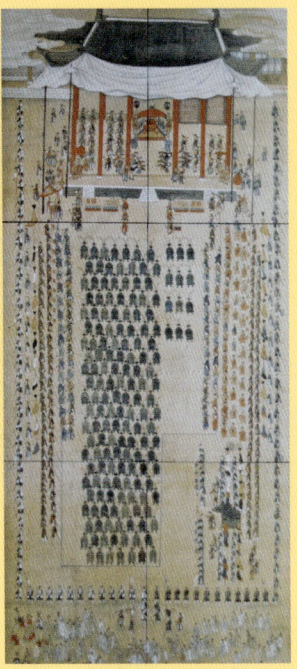
용양봉저정 가는 지하도에 붙어 있는 「화성능행도」

용양봉저정 • 조선 22대 왕인 정조는 아버지 사도세자의 원통한 죽음을 슬퍼해서 아버지 묘가 있는 경기도 수원 화산 현륭원에 자주 갔어요. 정조는 현륭원에 갈 때마다 한강에 배다리를 놓고 건넜는데, 시간이 많이 걸렸기 때문에 잠시 쉬었다 가려고 지은 정자가 용양봉저정이에요. 정조가 쉬면서 점심을 먹었다고 해서 주정소라고도 했지요.

204쪽에 있는 「화성능행도」 맨 왼쪽 그림을 보면 정조가 아버지의 묘소인 현륭원으로 참배를 갈 때 노량진에 배다리를 놓아 한강을 건너는 모습이 그대로 그려져 있어요. 이 그림의 위쪽에 그려져 있는 건물이 바로 용양봉저정입니다.

용양봉저정은 정조 13년(1789)에 짓기 시작해서 2년 뒤에 공사를 마쳤어요. 원래는 정문과 누정을 비롯해 두세 채 건물이 있었다고 해요. 1972년 5월 25일 서울특별시 유형 문화재 6호로 지정되었어요.

정조가 배다리를 건너는 모습을 재현한 행사

Jump! 역사 속으로

한강에 처음 놓인 다리는 무엇일까요?

한강에 처음 놓인 다리는 용산구 이촌동과 동작구 노량진동을 잇는 한강철교입니다. 한강철교는 에이(A)·비(B)·시(C) 세 개 선으로 이루어져 있는데, 이 가운데 가장 먼저 놓인 것이 에이(A) 선이에요. 1897년 3월에 다리를 놓기 시작해서 1900년 7월에 공사를 마쳤어요.

한강철교는 처음에 미국 사람인 제임스 모스가 고종한테서 서울과 인천을 잇는 경인철도 부설권을 얻어서 공사를 시작했다가, 중간에 돈이 모자라자 경인철도합자회사로 모든 권리를 넘겼어요.

비(B) 선은 1911년 7월에 다리를 놓기 시작해 1912년 9월에 공사를 마치고, 시(C) 선은 1930년대 초에 공사에 들어갔지만 자재가 모자라 공사를 멈추었다가 1944년 6월에야 공사를 마쳤어요. 그러나 6·25전쟁이 일어나면서 1950년 6월에 세 개 선을 모두 폭파하고 말았습니다.

그 뒤 1957년 7월에 시(C) 선을 먼저 복구하고, 1969년 6월에는 세 개 선을 모두 복구했어요. 한강철교가 놓인 곳은 바로 정조 때 배다리를 놓기에 가장 알맞은 곳으로 손꼽은 노들나루가 있던 곳이기도 합니다.

6·25전쟁으로 폭파된 한강철교

오늘날 한강철교

23 사육신 묘
충신은 두 임금을 섬기지 않는다

"노량진 쪽 한강 둘레에는 우리가 꼭 들러 봐야 할 곳이 있단다. 바로 '충신은 두 임금을 섬기지 않는다.'며 죽으면서까지 단종한테 절개를 지킨 사육신들이 묻힌 묘란다. 그때는 역적으로 몰렸지만, 이들의 진심을 후대 사람들이 못 본 척하지 않았다는 증거가 이곳 사육신 묘지. 그럼, 한강에 얽힌 가슴 아픈 역사 속으로 들어가 볼까?"

알아두기

주소 | 서울시 동작구 노량진1동 185-2번지
교통 | 지하철 1호선 노량진역, 9호선 노들역, 노량진역
보는 시간 | 오전 9시~오후 6시(사당 바깥은 24시간 개방)
더 볼 곳 | 용양봉저정, 63빌딩, 노량진 수산시장

 갖은 고문에도 뜻을 안 굽힌 여섯 충신

세조 2년(1456), 궁궐 안에는 고문을 받아 비명을 지르는 소리와 불에 달군 인두*에 살이 타는 냄새로 가득했어요. 세조는 매서운 눈초리로 잡혀 있는 신하들한테 소리쳤습니다.

"어찌하여 이 같은 반역을 꾀하였는가?"

"나리, 저는 임금의 신하이지 나리의 신하가 아닙니다. 충신이 어찌 두 임금을 섬기겠습니까?"

"뭣이? 임금한테 감히 나리라고 지껄이다니……. 아직도 네가 지은 죄를 모르는구나! 저놈을 불로 지져라!"

"음, 나리! 불에 달군 인두의 열이 다 식었소. 다시 달구어 오시오."

충신들은 살가죽을 벗기고 불로 달군 인두로 지지는 끔찍한 고문을 받으면서도 끝내 자신의 뜻을 굽히지 않았어요. 이들은 모두 세조의 뜻대로 자백을 하면 죄를 용서해 주겠다는 말을 물리치고 모진 형벌을 당했지요. 이처럼 세조에 맞서 단종을 지키려다 목숨을 잃은 충신 여섯 사람을 '사육신'이라고 합니다.

세종대왕은 세상을 떠나기에 앞서 집현전의 신하들한테 어린 손자(훗날 단종)를 잘 부탁한다는 유언을 남겼습니다. 큰아들인 세자(훗날 문종)의 몸이 약해서 오래 못 살 것을

예감했기 때문이지요. 게다가 혈기왕성한 둘째 아들 수양대군(훗날 세조)이 세자와 어린 손자한테 해를 끼치지 않을까 걱정도 되었습니다. 아니나 다를까, 세종대왕에 이어 임금의 자리에 오른 문종은 오래지 않아 시름시름 앓다가 죽고 말았습니다. 그러자 세종대왕이 걱정하던 일들이 현실로 일어났어요. 문종에 이어 임금의 자리에 오른 어린 단종을 삼촌인 수양대군이 강제로 폐위*시키고 자기가 왕의 자리에 오른 것입니다. 그러자 문종과 단종을 잘 보살피라는 세종대왕의 명을 받은 신하들의 분노는 이만저만이 아니었지요. 마침내 이들은 세조를 죽이고 단종을 복위*시킬 계획을 세웠습니다.

"6월 1일에 명나라 사신을 환영하는 연회가 창덕궁에서 열린다고 합니다."

"이것은 하늘이 준 기회요."

사육신 가운데 하나뿐인 무신 유응부가 세조를 암살하는 임무를 맡았어요. 그러나 일

인두 | 불에 달구어 옷의 구김살을 눌러 펴는 데 쓰는 기구예요.
폐위 | 왕이나 왕비 자리에서 몰아내는 것을 말해요.
복위 | 쫓겨난 왕이나 왕비가 다시 그 자리에 오르는 것을 말해요.

이 탄로 날 것을 두려워하던 김질이 세조한테 몰래 이르는 바람에 궁궐에는 피바람이 몰아닥쳤습니다.

　세조는 온갖 잔인한 고문으로 충신들의 마음을 돌리려고 했지만 헛수고일 뿐이었어요. 성삼문은 시뻘겋게 달군 쇠로 다리를 꿰고 팔을 잘라내는 고문에도 굴하지 않고 세조를 '전하'가 아닌 '나리'라고 불렀습니다. 박팽년, 유응부, 이개, 하위지도 끝까지 뜻을 안 굽히고 맞서다가 단근질*과 참형*으로 처참하게 목숨을 잃었지요. 유성원은 잡히기에 앞서 아내와 함께 집에서 스스로 목숨을 끊고 말았습니다.

단근질 | 불에 달군 쇠로 몸을 지지는 형벌을 말해요.
참형 | 목을 베어 죽이는 형벌을 말해요.

△ 새롭게 만들어 세운 추모비

죽어서도 절개를 지키다

사육신은 하나같이 세종대왕의 아낌없는 신임을 받던 신하들이었어요.

성삼문은 훈민정음을 반포하는 데 커다란 공을 세운 집현전의 학사였지요. 형을 당한 뒤 그의 집을 살펴보니, 세조가 준 곡식이 고스란히 쌓여 있고 방에는 아무 물건도 없이 바닥에 거적자리만 깔려 있었다고 해요.

성삼문의 무덤

집현전 학사와 사관으로 일한 하위지는 대신들이 조금이라도 잘못을 하면 그 자리에서 서슴없이 꾸짖을 만큼 성품이 곧고 강직한 사람이었어요. 하위지 또한 세조가 주는 쌀을 먹는 것을 부끄럽게 여겨, 세조가 왕이 된 해부터 받은 곡식을 따로 한 방에 쌓아 두고 먹지 않았다고 해요.

유응부는 활을 잘 쏘는 장군이었어요. 효성이 지극하고, 관직에 있을 때에도 가끔 양식이 떨어질 만큼 성품이 청렴했다고 합니다.

박팽년은 형조참판이자 집현전의 학사였습니다. 세조

절개 | 자신이 믿는 생각과 의리 따위를 굽히지 않고 지키는 꿋꿋한 태도를 말해요.

가 그의 재주를 몹시 아껴서 반역 사실을 숨기면 살려 주겠다고 말했을 때도 웃음만 지을 뿐 대답하지 않았다고 해요.

이개 또한 집현전의 학사였습니다. 이개의 삼촌이 세조와 친했기에 세조는 어떻게든 이개의 마음을 자기 쪽으로 돌이키려고 애써 보았지만 다른 신하들과 같이 꼿꼿한 죽음을 맞이했습니다.

세조의 암살 계획을 이끌다 죽음을 맞이한 사육신 말고도 이 일에 발을 담근 수많은 사람들이 죽거나 노비가 되었어요. 그 과정에서 신숙주* 같은 신하는 마음을 바꾸고 세조의 편에 서기도 했지요.

그때 처형을 당한 시체들은 새남터*에 그대로 버려졌답니다. 이를 안타깝게 여긴 매월당 김시습*이 시체들을 거두어 지금의 사육신 묘 자리에 몰래 묻어 주었습니다.

세조의 손에 목숨을 잃은 사육신 여섯 신하와는 달리, 김시습처럼 수양대군(세조)이 단종을 내몰고 왕위에 오르자 벼슬길에 안 오르고 절개를 지킨 신하 여섯을 가리켜 생육신*이라고 합니다. 김시습은 다섯 살 때 세종대왕 앞에서 글을 지어 올려 비단을 받을 만큼 신동으로 알려졌지만, 세조의 부름을 마다하고 평생 글을 지으며 전국 곳곳을 떠돌아 다녔습니다.

세조는 사육신이 죽은 다음 아예 집현전의 문을 닫아 버리고 말았습니다. 그리고 '단종이 궁궐에 머물고 있으면 또다시 이런 일이 생기겠지.' 하는 생각에 단종을 한양에서 멀

신숙주 | 조선 초기 문신이에요. 영의정을 지냈고, 네 차례나 공신의 반열에 오른 사람이지요.
새남터 | 조선 시대에 죄인들의 사형을 집행하던 곳이에요. 서울 신용산 철교와 인도교 사이에 있었지요. 천주교 순교지로도 널리 알려져 있습니다. (다음 장의 '새남터 순교 성지'를 참고하세요.)
김시습 | 우리나라 첫 한문 소설인 「금오신화」를 지은 사람이기도 해요.
생육신 | 세조가 단종의 왕위를 빼앗자 벼슬을 버리고 절개를 지킨 김시습, 원호, 이맹전, 조려, 성담수, 남효온 여섯 신하를 가리키는 말이에요.

리 떨어진 강원도 영월로 유배를 보냈지요. 그 뒤 단종은 왕족에서 평민으로 신분이 내려 갔다가 다시 사약을 받고 열일곱 살밖에 안 된 꽃다운 나이로 죽음을 맞이했습니다.

　죽음으로 충성을 다한 사육신은 1691년 숙종 때 명예를 되찾았습니다. 숙종은 '민절서원'을 세우고 사육신의 충성심을 기리는 제사를 지내게 했지요. 정조 6년(1782)에는 신도비*를 세우기도 했습니다.

　오늘날 사육신의 묘는 서울특별시 유형 문화재 8호로 지정되어 공원으로 만들어졌습니다. 꽃과 나무가 우거져 자라 사람들의 발길이 잦은 곳이지요. 이곳에서는 해마다 10월 9일이면 사육신한테 제사를 올립니다. 수백 년이 지난 오늘날까지도 사육신의 충정과 절개는 세상 사람들한테 뜻 깊은 본보기가 되고 있습니다.

신도비 | 죽은 사람이 평생 이룬 업적을 기록하여 묘 앞에 세우는 비석이에요.

사육신의 위패를 모신 의절사 앞에서 졸업 사진을 찍고 있는 아이들

아름다운 공원으로 거듭난 사육신 묘

🔍 이야기 정거장 돋보기

신도비각

사육신 묘 입구에 있는 홍살문

사육신 묘•사육신 묘는 한강대교와 노량진역 사이 높은 언덕에 자리하고 있어요. 조선의 여섯 번째 임금인 단종을 힘으로 내쫓고 왕위를 빼앗은 세조에 반대하다가 끔찍하게 목숨을 잃은 성삼문, 박팽년, 하위지, 이개, 유성원, 유응부, 김문기와 같은 모두 일곱 충신의 묘가 있습니다. 『조선왕조실록』을 보면 그때 사육신으로 꼽힌 사람은 성삼문, 박팽년, 하위지, 이개, 유성원, 김문기였어요. 그런데 생육신의 한 사람인 남효온이 지은 『육신전』에는 성삼문, 박팽년, 하위지, 이개, 유성원, 유응부 여섯 사람을 사육신으로 꼽고 있지요.
원래 사육신에는 안 꼽힌 성승 장군의 묘가 함께 모셔져 있었는데 임진왜란을 거치면서 성승 장군의 묘가 없어지고 유응부, 이개, 박팽년, 성상문의 묘만 남는 우여곡절도 있었어요. 1977년 서울시에서 사육신의 묘역을 다시 손질하면서 하위지, 유성원, 김문기의 가묘*를 새롭게 만들어 지금처럼 모두 일곱 충신의 묘가 들어서게 됐어요. 오늘날 사육신 묘 둘레엔 수많은 꽃과 나무가 우거져 있어 사람들의 발길이 끊이지 않고 있습니다.

사육신 묘 전망대에서 바라본 63빌딩

가묘 | 시신 없이 임시로 만들어 놓은 묘를 말해요.

Jump! 역사 속으로

숙주나물이란 이름이 신숙주 때문에 생겼다고?

우리가 흔히 반찬으로 먹는 숙주나물이란 이름은 조선 시대 때 처음 생겼다고 해요. 전해지는 이야기로는, 세조 때 신숙주가 단종한테 충성을 맹세한 여섯 신하(사육신)를 배신해서 죽음에 이르게 한 사건이 있었는데, 그 뒤로 백성들이 신숙주를 미워해서 나물에 '숙주'라는 이름을 붙였다는 거지요. 우리가 즐겨 먹는 만두에 숙주나물이 들어가는데, 숙주나물로 만두소를 만들 때는 짓이겨서 하거 때문에 신숙주를 이 나물 짓이기듯 하라는 조롱의 뜻을 담아 이렇게 불렀다는 거예요.

또 다른 얘기로는, 숙주나물은 금방 쉬어서 못 먹는 일이 많기 때문에 충성심과 절개를 쉽게 저버린 신숙주를 비꼬느라 숙주나물이란 이름을 붙였다고도 해요. 우리 조상들의 풍자와 해학이 참 뛰어나지요? 한편으로 생각하면 신숙주도 저승에서 조금은 억울해할지도 몰라요. 여러 가지 훌륭한 업적도 남겼는데, 훗날 사람들은 절개를 버린 사람으로만 기억하고 있으니 말이에요.

신숙주 영정

24 새남터 순교 성지

목숨을 바쳐 믿음을 지킨 천주교 신자들

"서울의 남쪽 한강변에는 세계에서도 손꼽히는 천주교 순교 성지가 있단다. 풀과 나무를 뜻하는 예쁜 이름과는 달리, 종교로 인정을 못 받고 온갖 박해에 시달린 천주교 신자들의 뜨거운 피가 뿌려진 새남터 순교 성지가 바로 그곳이란다. 그들이 생각한 신과 믿음이란 게 대체 무엇이기에 자기 목숨까지 바쳐 지키려고 했는지 함께 가서 들어 보자꾸나."

알아두기

주소 | 서울시 용산구 이촌동 199-1번지
교통 | 지하철 1호선, 중앙선 용산역,
　　　　 4호선 신용산역
보는 시간 | 오전 10시~오후 5시
더 볼 곳 | 용산신학교, 국립중앙박물관,
　　　　　　 전쟁기념관

아름답고 평화로운 세상을 꿈꾼 천주교 순교자*들이 잠든 곳

△ 서양을 물리치고자 세운 기념비

기차나 전철을 타고 용산역을 지나다 보면 말끔하게 꾸민 커다란 기와집이 눈에 들어옵니다. 높다란 아파트 숲에 둘러싸인 이 기와집이 바로 새남터 성당이에요.

보통 성당이 서양식 건물인 것에 견주어, 새남터 성당은 우리 옛 건물 모습으로 지어졌습니다. 안에 들어가면 한복 차림을 한 성모상과, 조선 시대 왕비와 왕세자 차림을 한 성모와 예수의 벽화를 볼 수 있습니다.

원래 새남터는 한강에 있던 모래벌판 이름이었습니다. 새남터는 '새나무터'의 준말이라고 해요. '새'는 억새에서 나온 말로 풀을 뜻하고, 나무는 말 그대로 나무를 말하지요. 이렇게 아름답고 평화로워 보이는 이름과 풍경과는 달리 이곳에는 슬픈 역사가 서려 있습니다.

조선 시대 초기부터 새남터는 나라에 반역한 죄인들을 처형하는 곳이었어요. 그때는 죄인의 잘못을 널리 알리려고 일부러 사람이 많이 모인 곳에서 죄인을 처형했어요. 다른

순교자 | 자기가 믿는 신앙을 지키려고 목숨을 바친 사람을 뜻하는 말이에요.

사람들이 그와 같은 죄를 못 짓게 하려고 그랬지요. 그래서 장터 같은 곳에서 처형을 자주 했는데, 한강 물길을 따라 상인들이 많이 모이던 새남터는 주로 죄가 무거운 사람들을 처형하는 곳이었습니다.

조선 시대 말 서양 종교인 천주교를 탄압하며 벌인 신유박해 때 중국인 신부 주문모가 처형 당한 뒤로 새남터는 주로 천주교 신자들의 순교지가 되었습니다. '박해'는 원래 못살게 굴어 해롭게 한다는 뜻인데, 조선 말 천주교 신자들을 탄압한 사건을 흔히 이르는 말이기도 합니다. 신유박해는 신유년인 1801년, 기해박해는 기해년인 1839년에 벌어진 천주교 신자 박해 사건을 뜻하지요. 박해 사건 때 처형 당한 사람들 가운데에는 조선의 첫 신부인 김대건*을 비롯한 성직자 열한 사람도 들어 있어요.

김대건 | 우리나라 첫 천주교 신부예요. 1839년 기해박해 때 새남터에서 순교했어요.

순교 성인 김대건 동상

목숨과 맞바꿔 믿음을 지킨 한국 천주교의 역사

우리나라에 천주교가 들어온 것은 200여 년 전이에요. 처음에는 청나라를 오가는 상인들이 믿음을 전하다가 사람들 사이에 조금씩 퍼지고, 나중에는 서양의 학문을 뜻하는 '서학'을 연구하는 학자들을 중심으로 빠르게 전파되었지요. 1784년, 이승훈*이 북경에서 조선 사람으로는 처음으로 세례를 받고 돌아와 주일마다 천주교 종교 집회(미사)를 열고 사람들한테 세례를 해 주었습니다.

세계 천주교 역사에서 우리나라는 참으로 놀랍고 독특한 나라라고 합니다. 외국인 선교사가 천주교를 전한 것이 아니라 우리 겨레 스스로 천주교를 받아들였다는 사실 때문입니다. 우리나라 말고는 세계 어느 나라에도 없는 일이라고 해요. 양반이든 천민이든 여성이든 차별하지 않고 모두 '형제자매'로 평등하게 대하는 사상 덕분에 천주교를 믿는 사람은 매우 빨리 늘어났습니다. 하지만 같은 까닭으로 조선의 지배 계층은 천주교 신자

이승훈 | 조선 후기의 천주교 신자로, 우리나라에서 처음으로 세례를 받았어요.

들이 나라의 풍속을 어지럽히는 무리들이라고 생각했습니다.

"저들은 조상님께 제사도 안 지내고, 남녀가 한데 어울려 예배를 보니 참으로 망측하다."

그런데 그때 조선의 임금이던 정조는 처음에 천주교를 그리 나쁘게만 보지는 않았습니다. 책 읽기를 남달리 좋아한 정조는 천주교 책도 즐겨 본 까닭에 천주교를 단순한 종교가 아닌 서양 학문의 한 부분으로 여긴 것이지요. 그래서 신하들과 회의를 할 때 이렇게 말한 적도 있었답니다.

"성리학*이 바로 서면 천주교는 저절로 사라질 것이니 너무 염려치 마시오."

하지만 정조가 죽고 어린 순조를 대신해 정순왕후*가 수렴청정을 하면서 곧 엄청난 박해가 몰아닥쳤습니다.

"천주교는 어버이도 임금도 없어서 인륜을 무너뜨린다. 천주교를 믿는 사람 가운데 마음을 돌이키지 않는 자는 모두 없애 버려라."

정순왕후는 천주교 금지령을 내리고, 천주교도를 잡아들이려고 오가작통법을 썼습니다. 오가작통법이란 원래

한복을 입은 성모상

천주교를 가르친 책인 「신명초행」

성리학 | 중국 송나라 때 유학의 한 계통으로, 우리나라에는 고려 말기에 들어와 조선의 통치 이념이 되었어요.
정순왕후 | 조선 21대 왕인 영조의 두 번째 부인이에요. 정조와 정조의 아버지인 사도세자를 반대하는 벽파 무리와 손을 잡고, 반대파인 시파를 억눌렀어요.

△ 김대건 신부가 직접 쓴 편지

다섯 집을 한 통으로 묶어서 이웃에 도둑이나 강도가 못 들게 서로 감시하고 보호해 주는 법이었어요. 정순왕후는 이 법으로 다섯 집끼리 서로 천주교도가 있는지 감시하고 고발하게 했습니다. 한 집에서라도 천주교 신자가 나오면 다섯 집이 모두 화를 입게 되었지요. 이 때문에 수많은 사람들이 죽었는데, 천주교 신자가 아닌데도 억울하게 죽은 사람이 많았습니다.

살아남은 천주교 신도들은 산속으로 숨고, 외국인 신부들은 얼굴을 가리고 상복을 입고 다니며 포교* 활동을 이어나갔습니다. 그래서 오히려 천주교는 전국 방방곡곡 더 멀리 퍼져 철종 말기인 1860년대 초에는 신도 수가 2만 3천여 명에 이르렀습니다.

우리나라에서 신앙의 자유가 법으로 보장된 것은 1866년 조불수호통상조약*이 체결되면서였습니다. 그 뒤 천주교 신도 수는 꾸준히 늘어 1969년에는 김수환* 대주교가 동양에서는 처음으로 추기경*이 되기도 했습니다.

자신의 믿음을 지키려고 목숨을 바친 천주교 신자들의 순교 정신을 기리는 뜻으로 세운 새남터 성당과 기념관에 가면, 조선 말 우리나라에 들어온 천주교의 유래와 고난의 역사를 생생하게 느낄 수 있습니다.

포교 | 종교를 널리 펴는 것을 말해요.
조불수호통상조약 | 프랑스인 신부들이 순교한 병인양요가 빌미가 되어 1886년(고종 23년) 조선과 프랑스가 맺은 통상 조약이에요. 천주교의 자유로운 포교와 신앙을 허용하는 내용이 들어 있어요.
김수환 | 1951년 신부가 된 뒤, 1969년에 한국은 물론 동양 사람으로는 처음으로 추기경이 되었어요. 지난 2009년 2월에 돌아가셨어요.
추기경 | 로마 가톨릭 교회에서 교황 다음가는 성직자를 말해요. 이 추기경들이 모여서 교황을 뽑아요.

이야기 정거장 돋보기

새남터 기념 성당

새남터 순교 성인들

새남터 순교 성지 • 새남터 순교 성지는 서소문 밖에 있는 당고개와 함께 천주교 순교자가 가장 많이 나온 곳이에요. 1839년 기해박해 때는 이곳에서 앵베르, 모방, 샤스탕 같은 외국인 신부와 우리나라의 첫 신부인 김대건이 처형당했어요. 또 1866년의 병인박해 때는 베르뇌 주교, 브르티니에르, 볼리외, 도리, 푸르티에, 프르티니콜라 같은 프랑스 신부 여섯 사람과 수많은 천주교인들이 순교했어요.

순교 상황을 재현한 모형

새남터 순교 기념 대성전 • 한국 천주교에서는 1956년 새남터로 알려진 곳에 '가톨릭 순교 성지'라는 기념탑을 세우고, 1960년쯤 이곳을 사들여 순교 기념 지역으로 지정했어요. 그리고 1986년에 새남터 순교 기념 대성전을 세웠지요.
이때 서양 교회 건축 양식이 아닌 우리나라 전통 한옥 양식으로 설계한 뒤 우리나라에서 나는 자재로만 건물을 지었어요. 종탑의 종은 가톨릭 해외 전도 단체인 파리 외방전교회 순교 성인의 후손들이 만들어 보내 준 것이라고 해요. 김대건 신부를 비롯한 아홉 성인의 유해가 모셔져 있지요.

새남터 순교 기념 대성전의 내부 모습

25 우리나라의 첫 근대 신학교

용산신학교 (원효로성당)

"우리나라에 서양 성직자가 처음 들어온 게 언제일까? 임진왜란 때 고니시 유키나가라는 왜군 장수가 천주교 신자여서 에스파냐에서 온 예수회 신부를 데리고 왔다는구나. 정확한 기록은 알 수 없지만, 그때 일본에 포로로 끌려간 조선 사람 가운데 많은 이들이 천주교 신자가 되었다고 해. 그 뒤로 천주교가 제대로 들어온 건 지금으로부터 200년 전쯤이야. 하지만 우리나라에서는 천주교 신자들을 억누르기만 했지. 믿음을 지키려다 목숨을 잃은 순교자도 많이 나왔어. 1866년 조불수호통상조약으로 신앙의 자유를 얻고 나서, 예수교에서 새남터 순교 성지가 바라보이는 곳에 땅을 사서 지은 것이 용산신학교와 원효로성당이란다."

알아두기

주소 | 서울시 용산구 원효로 4가 1번지
교통 | 지하철 1호선 남영역, 4호선 숙대입구역
보는 시간 | 오전 9시~오후 7시
더 볼 곳 | 국립중앙박물관, 새남터 순교 성지, 전쟁기념관

천주교의 역사를 보여주는 용산신학교와 원효로성당

용산신학교와 원효로성당은 서로 다른 건물이지만 같은 주소를 쓰고 있어요. 원래 이곳은 용산강을 굽어보던 함벽정 터였어요. 믿음을 지키려다 수많은 천주교 신자들이 목숨을 잃은 한강변 새남터가 가까이 바라보인다고 해서, 고종 24년(1887)에 천주교회에서 이곳 땅을 사서 1892년에 용산신학교를 세웠습니다.

벽돌로 지은 용산신학교는 성직자를 탄생시키려고 세운 우리나라의 첫 신학교 건물이

성심기념관으로 쓰이고 있는 옛날 용산신학교 건물

성심기념관 복도

에요. 원래 경기도 여주에서 예수성심신학교로 연 것인데, 프랑스가 조선에서 천주교를 전파할 수 있는 권리를 얻은 뒤로 용산에 새로 건물을 지어 옮겨 왔지요. 용산신학교는 반지하 1층, 지상 2층의 벽돌 건물로, 가운데에 현관과 지하로 들어가는 문을 두고 양옆으로 현관에 이르는 계단을 만들었어요. 학교 건물답게 앞쪽은 창을 넓고 크게 만들었는데, 둥근 아치형으로 꾸민 모습이 참 독특하지요.

용산신학교에 딸린 성당으로 세운 원효로성당은 언덕을 그대로 살려 지은 까닭에, 다른 건물과 달리 주로 드나드는 문이 한가운데가 아니라 한쪽으로 치우친 독특한 모습을 하고 있어요. 앞에서는 3층으로 보이지만 옆에서 보면 2층이고, 뒤편은 1층으로 보입니다. 원효로성당은 언덕 위에 세운 까닭에 실제 건물의 크기는 작지만 무척 웅장한 느낌이 드는 성당입니다. 건물 안은 제단과 예배석만 있는 단순한 교회 형식이지만, 뾰족한 아치로 된 창문이나 지붕 위의 작은 뾰족탑은 유럽의 고딕 양식을 따르고 있지요. 언덕 위

건물 뒷면은 붉은 벽돌로 지었고, 사이사이에 잿빛 벽돌이 섞여 있습니다. 이러한 바깥벽과 아치 모양 창문 때문에 예스러운 멋과 연륜이 묻어나는 건물이지요.

오늘날 성심여자중고등학교 안에 있는 용산신학교와 원효로성당은 가톨릭 교회에서뿐만 아니라 건축 역사에서도 무척 뜻이 깊은 건물로 인정받아 1977년에 사적 255호로 지정되기도 했어요.

이 건물에는 우리나라에서 처음으로 신부가 된 김대건의 영문 머리글자인 'A. K.' 곧 안드레아 김(Andreas Kim)과 생존 연대(1821~1846)가 기록되어 있어요. 1942년까지 김대건 신부의 유해가 안치되어 있었다고 해요.

성심기념관 안에 있는 전시물

이곳은 우리나라 천주교의 역사를 보여 주는 매우 의미 있는 곳이지.

원효로성당 뒤편에 있는 성모 마리아상

목숨을 걸고 믿음을 전하려 조선으로 온 선교사들

용산신학교 건물을 보면 어디선가 많이 본 듯한 느낌이 듭니다. 바로 명동성당* 주교관이에요. 벽돌 빛깔과 아치형 창문 같은 것들이 비슷한 분위기를 풍깁니다. 두 건물이 닮은 까닭은 둘 다 프랑스 사람인 코스트 신부가 설계했기 때문이에요.

용산신학교는 1892년, 원효로성당은 1902년에 세워졌습니다. 코스트 신부는 명동성당과 약현성당*도 설계한 개화기 한국 건축 역사에서 빼놓을 수 없는 중요한 사람입니다.

이 두 건물을 설계한 코스트 신부가 속해 있던 파리 외방전교회에서는 천주교를 전파하려는 뜻으로 신부 170여 명을 조선으로 보냈습니다. 그때 신앙의 자유가 없던 조선으로 선교하러 간다는 것은 죽으러 간다는 말과도 같았지요.

선교사 | 외국에 나가 종교를 널리 알리려고 애쓰는 사람을 일컫는 말이에요.
명동성당 | 서울시 중구 명동 2가에 있는 천주교 대성당이에요. 조선 광무 2년(1898)에 공사를 마친 고딕 건축물로, 경내에 서울 대교구 교구청이 있어요.
약현성당 | 서울시 중구 중림동에 있는 천주교 성당으로 우리나라의 첫 근대 건물이에요.

아빠, 이것이 궁금해요!

파리 외방전교회가 뭐예요?

파리 외방전교회는 프랑스에서 아시아 지역으로 선교사를 파견하는 선교 단체야. 우리나라에 처음 선교사들이 들어온 것은 1827년 9월 1일이지. 성직자를 요청하는 조선 교우들의 편지를 접한 교황이 파리 외방전교회에 선교사를 파견해 달라고 요청해서 들어오게 되었단다. 그러나 그때 조선에서는 외국인을 못 들어오게 했기 때문에, 조선 선교는 곧 고난과 순교를 뜻했다는구나. 우리나라에 온 선교사들이 많이 죽은 것은 알고 있지?
그 뒤 1886년 조불수호통상조약이 체결되면서 파리 외방전교회의 선교사들은 선교의 자유를 보장받게 된 것이지. 한마디로 파리 외방전교회는 우리나라 천주교와 고난의 길을 함께 걸어 왔다고 볼 수 있어.

1839년 기해박해 때 순교한 모방, 앵베르, 샤스탕 신부 또한 파리 외방전교회 소속이었습니다. 이들은 교회 사람들과 함께 노래를 부르고 마지막 포옹을 나누며 조선으로 떠났습니다. 20대 청년이던 신부들은 조선에서 조선 사람들과 똑같이 살면서 조선 사람들한테 천주교를 전하려고 갖은 애를 다 썼지요. 그러나 다시 자신의 조국으로 돌아갈 수는 없었습니다.

"친구들이여, 이번 삶에서는 안녕을……. 언젠가는 천국에서 다시 만날 것이오."

짧게는 석 달, 길게는 여섯 달 뒤 파리 외방전교회 본부로 이들의 순교 소식이 날아들었습니다. 파리 외방전교회 소속 프랑스 신부들의 희생이 있은 뒤 우리나라 천주교 신자들의 순교도 잇따랐지요. 이러한 순교를 바탕으로 우리나라 천주교는 오늘날 더욱 단단한 뿌리를 내리게 되었습니다.

코스트 신부가 설계한 명동성당

이야기 정거장 돋보기

성심기념관으로 쓰이고 있는 용산신학교

성심기념관 내부에 있는 전시물들

용산신학교 · 파리 외방전교회는 조불수호통상조약이 체결된 해인 1887년 조선에 신학교를 세우기로 했어요. 그래서 1891년 5월 6일 한양의 모든 신부들이 모인 가운데 신학교의 건축을 널리 알리고, 드디어 1892년 6월 25일에는 건물을 다 짓고 축성식을 열었지요. 1928년 신학교가 종로구 혜화동으로 옮겨 가면서 이곳은 성직자 휴양소로 쓰였어요. 그리고 1956년 성심수녀회가 한국에 들어오면서 수녀원 건물로 쓰게 되었지요. 우리나라 첫 신학교 건물이에요.

원효로성당 · 용산신학교의 부속 성당이에요. 성당 건물은 언덕에 있어서 성심학교에서 보면 3층, 수녀원에서 보면 2층으로 보입니다. 유럽의 전통 건축 양식인 로마네스크와 고딕 양식이 보기 좋게 섞여 있어서 예스러운 멋을 느낄 수 있지요. 우리나라 첫 천주교 신부인 김대건의 유해가 1942년까지 이곳에 안치되어 있었어요.

원효로성당

원효로성당 내부

26 서울이 한눈에 보이는 황금빛 마천루
63빌딩

웅이: 헉헉, 아빠 서울이 이렇게 넓은 줄 몰랐어요. 좀 쉬었다 가요.
아빠: 맞아. 그러고 보니까 서울을 한눈에 볼 수 있는 곳이 있는데.
엄마: 당신, 63빌딩 말하려고 했죠?
아빠: 그래! 투명 엘리베이터를 타고 올라가서 서울과 한강을 보는 것도 참 멋지지 않을까?
웅이: 아빠도 참, 그런 게 있으면 진작 좀 보여 주시지!

60층 전망대에서 한강과 인천 앞바다를 한눈에 보다!

63빌딩은 지금 우리나라에서 세 번째로 높은 건물입니다. 1985년 처음 지어질 때는 아시아에서 가장 높은 건물이었지요. 지상 60층과 지하 3층을 더해 모두 63층인 63빌딩은 서울 남산과 비슷한 높이입니다. 60층 전망대에 오르면 서울 시내를 한눈에 내려다볼 수 있는데, 날씨가 좋은 날이면 멀리 인천 앞바다까지 보이지요.

밤이 되면 자동차 불빛과 어우러진 서울의 밤 풍경이 눈부시게 펼쳐집니다. 전망대로 올라가는 투명 엘리베이터는 놀이 기구를 타는 것만큼이나 짜릿하지요. 지하 1층에서 60

63빌딩 전망대에서 바라본 한강철교와 한강대교

63빌딩과 원효대교의 밤 풍경

층까지 40초밖에 안 걸리는 '빠른' 엘리베이터와, 밖이 내다보이는 1분 20초짜리 '느린' 엘리베이터를 골라서 탈 수 있습니다.

그런데 이렇게 높은 빌딩은 바람이 세게 불면 흔들린다는 사실을 알고 있는지요? 지진이나 태풍을 만났을 때 곧게 서 있기만 하면 건물이 부러질 위험이 있기 때문에, 63빌딩은 바깥 자극에 탄력성 있게 움직일 수 있게 설계되어 있습니다. 바람이 심한 날에는 옆으로 40센티미터까지 흔들리지만, 워낙 큰 건물이기 때문에 안에 있는 사람은 실제로 건물이 흔들리는 것을 느낄 수 없답니다.

63빌딩이 황금 빛깔로 보이는 까닭은 건물 바깥이 황금빛 반사 유리로 둘러싸여 있기 때문입니다. 그래서 햇빛이 환히 비치는 날에는 건물이 통째로 반짝거리는 것을 볼 수 있지요. 이 황금빛 유리는 초속 40미터의 센 바람과 기압에도 견딜 수 있게 만들어져 어른 남자가 힘껏 의자로 내려쳐도 안 깨질 만큼 단단하다고 합니다.

볼거리, 먹을거리, 즐길 거리가 가득한 곳

지은 지 20년이 넘어가면서 63빌딩은 시설이 점점 낡아져 한때 사람들 발길이 뜸해지기도 했어요. 하지만 몇 해 전에 말끔하게 새로 꾸며 다시 한 번 서울의 관광 명소로 거듭나고 있습니다.

63빌딩 안으로 들어가면 사무실과 놀이 공간이 나뉘어 있습니다. 4~19층, 23~37층, 40~53층은 일을 하는 사무실이고, 나머지는 아이맥스 영화관, 전망대, 수족관 같은 놀이 시설입니다.

지하 1층에 있는 '씨월드'는 해양 생물 2만여 마리가 살고 있는 커다란 수족관입니다. 이렇게 커다란 수족관이 생긴 것도 우리나라에서는 63빌딩이 처음이었지요. 펭귄, 전기뱀장어, 피라니아, 곰치, 수달, 철갑둥어, 악어, 물총고기 같은 여러 가지 동물과 물고기를 볼 수 있습니다. 산 위의 별이 물고기가 되었다는 전설로 잘 알려진 산갈치*와 살아

커다란 수족관 씨월드

있는 화석이라 일컬어지는 실러캔스*도 박제로 전시하고 있습니다. 물개 쇼, 바다표범 쇼, 펭귄 쇼, 수중 싱크로나이즈드 쇼와 같은 공연도 날마다 펼쳐집니다.

"앗, 비행기가 나한테 날아오는 것 같아!"

"괴물이 화면 밖으로 튀어나오고 있어!"

아이맥스 영화관은 영화 속에 나오는 물체들이 실제로 눈앞에 다가오는 것 같은 느낌이 드는 입체 영화관입니다. 7층 높이나 되는 어마어마한 스크린 크기 때문에 화면 속 물체들이 실물 크기로 보이는 것은 물론이고, 보는 사람이 실제 그 안에 들어가 있는 것처럼 느껴지기도 합니다.

전망대까지 오르면 세계에서 가장 높은 곳에 자리한 미술관인 '63 스카이 아트 뮤지엄'이 있습니다. 한강 풍경과 현대 미술을 함께 감상할 수 있는 멋진 곳이지요. 미술 작품을

산갈치 | 이악어목 산갈치과의 바닷물고기예요. 몸 길이는 4.6미터쯤이고, 둘레는 60센티미터에 이를 만큼 큰 것도 있으며, 빛깔은 은빛을 띠어요. 길이 1미터쯤인 붉은 줄이 아가미 옆에 다섯 개가 있고, 아가미와 몸통 안쪽은 짙은 붉은 빛깔이에요.

실러캔스 | 실러캔스목의 바닷물고기예요. 몸 길이는 1.5미터쯤이고, 가슴지느러미와 배지느러미가 큽니다. 고생대 데본기에서 중생대 백악기까지 살던 바닷물고기로 알려져 있었는데, 1938년 남아프리카 공화국의 동해안에서 산 채로 발견되었어요. 원시 동물의 특징을 지니고 있어서 살아 있는 화석이라 말해요.

박제한 산갈치

박제한 실러캔스

관람하다가 창밖으로 눈을 돌리면 한강과 서울 시내를 한눈에 볼 수 있습니다.

볼거리와 함께 빠질 수 없는 것이 먹을거리겠지요? 63빌딩에는 우리나라에서 가장 큰 뷔페 레스토랑이 있습니다. 한식, 양식, 일식, 중식, 샐러드, 디저트와 같은 일곱 코너에서 200여 가지 세계 여러 나라의 요리가 펼쳐집니다.

63빌딩 구경을 마치고 난 뒤에는 바로 앞에 있는 노들나루*에서 한강 유람선을 타 보는 것도 좋습니다. 유람선에서 바라보는 저녁노을은 오래도록 기억에 남을 아름다운 광경이지요. 붉게 물든 노을과 황금빛 빌딩이 어우러진 풍경은 21세기 대한민국의 힘찬 발전을 보는 것 같아 절로 마음이 흐뭇해지기도 합니다.

노들나루 | 서울 동작구에 있는 노량진의 조선 시대 이름이에요. 노들나루는 한강 교통의 중심 나루터 가운데 하나로, 서울과 과천·시흥을 이어 주었어요.

이야기 정거장 돋보기

마포대교 북쪽에서 바라본 63빌딩

63빌딩 • 여의도에 있는 건물로, 정식 이름은 (주)한화63시티입니다. 1980년 2월에 공사를 시작해 1985년 5월에 공사를 마쳤어요. 높이 249미터로, 2010년 오늘날 도곡동의 타워팰리스(263.7미터)와 목동의 하이페리온(256미터)에 이어 우리나라에서는 세 번째로 높은 건물이에요.

바깥 벽은 보통 유리 14,182장, 특수 유리 13,516장의 황금 빛깔 반사 유리로 둘러싸여 있어요. 황금빛 이중 반사 유리는 반사율이 45퍼센트, 투과율이 17~21퍼센트로 보온과 단열 기능이 뛰어나 30퍼센트에 이르는 에너지 절약 효과가 있다고 해요. 또한 초음파 검사로 양옆으로 40센티미터까지 탄력을 지니게 설계해서 초속 40미터의 센 바람과 진도 7의 지진에도 견딜 수 있어요. 아이맥스 영화관(63 아이맥스), 전망대(63 스카이 아트), 수족관(63 씨월드) 같은 다양한 시설들을 갖추고 있습니다.

63 계단 오르기 대회 • 63 계단 오르기 대회는 우리나라에서 가장 높은 63빌딩을 뛰어오르며 체력의 한계에 도전해 보는 독특한 마라톤 대회예요. 편평한 땅에서 하는 보통 마라톤과 달리, 계단을 따라 빌딩을 오르며 펼쳐지기 때문에 수직 마라톤 대회라고도 하지요. 1995년 63빌딩 개관 10주년 기념행사로 시작되었어요.

63 계단 오르기 대회는 1층 로비에서 60층 '63 스카이 아트'까지 나 있는 계단 1,251개를 누가 빨리 올라가는가를 겨룹니다. 이 대회는 경쟁 기록 부문과 단체 부문으로 나누어 열립니다. 참가하고 싶은 사람은 63시티 누리집(www.63.co.kr)에서 신청하면 되는데, 먼저 신청한 사람 1천 명만 참가할 수 있답니다.

63 계단 오르기 대회에 참가한 사람들

27 버려진 모래밭의 놀라운 탈바꿈
여의도공원

"조선 시대까지만 해도 여의도에는 사람이 안 살았단다. 그러다 일제 강점기 때 넓은 모래밭 덕분에 비행장으로 쓰였다는구나. 1970년대에 들어서야 우리한테 익숙한 여의도로 개발이 되었지. 여의도는 이렇게 끊임없이 탈바꿈에 탈바꿈을 거듭해서 오늘날 사람들의 쉼터로, 자연 생태 공원으로, 정치·금융·증권의 중심지로 발전할 수 있었단다. 자, 그럼 여의도가 또 다른 모습으로 바뀌기 전에 서둘러 여의도공원으로 떠나 볼까?"

모래밭에서 비행장으로, 비행장에서 커다란 광장으로

옛날 여의도는 모래밭이었어요. 오랜 세월 한강물의 퇴적 작용으로 만들어진 기다란 고구마처럼 생긴 섬으로, 비만 오면 물에 잠겼답니다. 여의도는 조선 시대까지만 해도 사람이 아무도 안 사는 무인도였어요. 양이나 염소를 기르던 방목장으로 쓰여 궁중이나 나라 제사에 필요한 제물을 제공했습니다.

이름도 지금과는 달랐습니다. 한강 물이 안 높을 때는 밤섬과 여의도가 붙어 있어서 두 섬을 묶어 '잉화도'라 했지요. 밤섬에 사는 사람들이나 강 건너 마포 사람들이 건너와서 땅콩 같은 것을 심기도 했답니다. 그러다가 일제 강점기에는 여의도의 드넓은 모래밭이 비행장으로 쓰였습니다.

"우아, 저것 좀 봐."

"저 큰 쇳덩이가 어떻게 하늘을 날지?"

1922년 12월, 여의도에서 우리나라의 첫 비행사 안창남이 처음으로 비행 시범을 선보였습니다. 태어나 처음 비행기를 보는 사람들이 5만 명이나 몰려들었다고 해요. 나중에 김포공항이 만들어질 때까지 여의도는 서울의 관문 구실을 했습니다.

1945년 상하이 임시정부*의 광복군과 백범 김구를 태운 수송기가 내리고, 초대 대통령 이승만이 처음 우리나라에 내린 곳도 여의도였어요. 1970년대에 개발을 시작하면서 홍

수가 날 때마다 강물이 넘쳐 올라오는 것을 막으려고 섬 둘레를 따라 둑을 쌓았습니다. 고운 모래밭이 아름답던 밤섬이 폭파된 것도 이 무렵이었지요. 물막이 공사가 끝나고 여의도 땅을 돋우려다 보니 돌과 흙이 많이 필요했기 때문이에요.

그렇게 해서 만들어진 것은 검은 아스팔트가 깔린 커다란 광장이었습니다. 북경의 천안문 광장*이나 모스크바의 붉은 광장*보다 더 넓었지요. 사방이 뻥 뚫린 아스팔트 광장에서는 국군의 날과 같은 나라의 큰 행사가 열리기도 했고, 주말이나 휴일이면 시민들이 자전거와 롤러스케이트를 즐기는 놀이터이자 쉼터가 되었습니다.

> 여의도 한강시민공원은 서강대교 남쪽에서 여의도 샛강 상류에 걸쳐 있는 공원이야. 축구장, 배구장 같은 여러 가지 운동을 즐길 수 있는 체육 시설과 자연 학습장, 자연 실습장이 잘 갖춰져 있어 많은 사람들이 찾아오는 곳이지.

상하이 임시정부 | 1919년 3·1운동이 있은 뒤 조국의 광복을 되찾으려고 독립 운동가들이 중국 상하이에 꾸린 임시정부예요.
천안문 광장 | 중국 베이징 시내 중심에 있는 광장이에요. 50만 명이나 되는 사람이 들어갈 수 있을 만큼 세계에서 가장 큰 시내 광장이지요.
붉은 광장 | 원래는 '아름다운 광장'이라고 했어요. 15세기 말 크렘린 성벽이 완공되면서 만들어졌어요. 러시아에서 열리는 중요한 행사는 모두 이곳에서 열린다고 해요.

체험 학습과 휴식, 관광을 한꺼번에!

여의도의 모습은 빠르게 바뀌었습니다. 아파트 숲이 들어서고, 1975년에는 서울 한복판 세종로에 있던 국회의사당이 여의도로 옮겨 왔어요. 증권거래소가 문을 열면서 서른개 증권사들이 들어섰고, 한국방송(KBS)·문화방송(MBC) 같은 방송국과 63빌딩이 줄줄이 문을 열면서 여의도는 정치와 금융, 증권 일번지로 자리 잡았습니다.

검은 아스팔트로 뒤덮인 여의도 광장이 푸른 식물로 뒤덮인 여의도공원으로 탈바꿈한 것은 1999년 무렵이에요. 초록 숲이 우거지면서 여러 가지 행사와 잔치도 많이 열렸어요. 그 가운데에서도 벚꽃잔치와 세계불꽃잔치가 가장 널리 알려졌지요.

왕벚나무들이 활짝 꽃망울을 터뜨릴 무렵이면 여의도는 이른 아침부터 늦은 밤까지 사람들로 가득 찹니다. 보통 때는 나라를 움직이는 중요한 일들이 날마다 일어나는 곳이

△ 마포대교 북쪽에서 바라본 여의도공원

여의도의 가을 하늘을 수놓는 세계불꽃잔치

여의도의 벚꽃 길

라 조용하고 낯선 느낌이 들기도 하지만, 한 해에 한 번 한강벚꽃잔치가 펼쳐지는 기간에는 서울 어느 이름난 곳 못지않게 사람들이 북적거리면서 들뜬 기분에 흠뻑 취할 수 있습니다.

여의도 벚꽃 길은 밤이 되어도 아름다운 조명을 비추어 낮과는 또 다른 화려함을 자랑합니다. 한강을 따라 줄지어 선 벚꽃나무 1천6백여 그루가 만드는 '꽃터널'과 개나리, 진달래, 목련, 살구나무, 산수유가 활짝 핀 모습이 한강과 어우러져 낭만 가득한 거리로 탈바꿈하지요.

2000년부터 해마다 벌어지는 세계불꽃잔치는 10월의 가을바람과 함께 서울 하늘을 아름답게 수놓습니다. 아무도 사는 사람이 없던 모래밭 여의도는 이처럼 눈부신 발전을 거듭하며 휴식과 놀이를 모두 즐길 수 있는 서울의 대표 쉼터로 튼튼히 자리 잡고 있습니다.

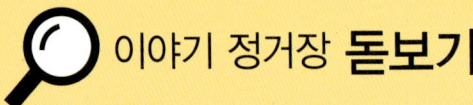
이야기 정거장 돋보기

빌딩 숲과 어우러진 여의도공원

여의도공원 입구

여의도공원 • 1999년 여의도 광장의 아스팔트를 걷어내고 만든 공원이에요. 자연 생태의 숲, 잔디 마당, 한국 전통의 숲, 문화의 마당으로 이루어져 있지요. 1970년대에 생긴 여의도 광장은 처음엔 5·16광장이라고 했는데, 나중에 여의도 광장으로 이름을 바꿨어요. 1997년부터는 이곳을 공원으로 만들기 시작해서 1999년에 여의도공원으로 새롭게 문을 열었습니다. 1984년 5월 6일 교황 요한 바오로 2세가 이곳에서 김대건 신부를 비롯한 한국인 순교자 103위를 성인으로 선포하는 시성식이 열리기도 했어요.

여의도 샛강생태공원 • 1997년 9월 25일 우리나라에 처음 생긴 생태 공원이에요. 여의도 둘레에 제멋대로 어지럽혀 있던 샛강을 깨끗하게 보살피고 다듬어 생태 공원으로 꾸몄지요. 이곳은 원래 버드나무, 갈대, 억새가 떼를 지어 자라던 곳이었어요. 습지성 식물인 부들, 미나리, 물옥잠을 심어 물을 깨끗이 하고, 지하철에서 나오는 지하수를 끌어와 폭포와 연못도 만들었어요. 이곳에 공원을 꾸민 뒤 버드나무·갈대·억새풀·나도개풀·환상덩굴·돼지풀·망초·쑥·돌피·미국개기장이 모여 자라고 있지요. 천연기념물 323호인 황조롱이를 비롯해 참새·까치·딱새·촉새·박새·왜가리 같은 새들도 이곳에 터를 잡았다고 해요. 여러 가지 곤충과 민물고기, 양서류도 수가 점점 늘고 있고요.

여의도 샛강생태공원에서는 이러한 자연 생태를 관찰로와 관찰마루에서 살펴볼 수 있어요. 단, 동물들이 알을 낳는 철에는 갈 수 없는 곳도 있어요. 여의도 한강시민공원과 이어져 있고, 터키의 풍물이 가득한 앙카라 공원도 가까이 있어요.

여의도 샛강생태공원

Jump! 역사 속으로

여의도의 원래 이름이 '너의섬'이었다고?

조선 시대 잉화도 또는 나의주라고 일컫던 여의도는 큰비만 오면 물에 잠겨 오갈 수 없는 쓸모없는 모래밭이었어요. 그런데 이곳이 홍수에 휩쓸렸을 때에도 그 가운데 가장 높은 곳인 양말산*만은 머리를 쏙 내밀고 물에 잠기지 않아서 사람들이 '나의섬' 또는 '너의섬' 하고 말장난을 했는데, 이 가운데 '너의섬'을 우리말 발음을 딴 이두*로 표기하면서 여의도라는 이름이 되었다는 말이 있습니다. 이제는 높은 빌딩 숲과 푸른 공원이 어울린 섬으로 탈바꿈한 여의도를 생각하면 정말 옛날 얘기 같지요?

양말산 | 오늘날 국회의사당 자리에 있던 산을 말해요. 이곳에 목장을 만들어 양과 말을 길렀기 때문에 '양말산'이라고 했어요.
이두 | 한자의 음과 뜻을 빌린 우리말 표기법이에요. 신라에서 발달했다고 해요.

28 국회의사당

우리나라 민주주의의 전당

알아두기

주소 | 서울시 영등포구 여의도동 의사당로 1번지
교통 | 지하철 9호선 국회의사당역
보는 시간 | 오전 9시~오후 6시
더 볼 곳 | 밤섬, 여의도공원, 63빌딩, 선유도

"'서울이 위험에 빠지면 국회의사당 지붕 뚜껑이 열리면서 로봇 태권브이가 나온다.'는 말을 한 번쯤 들어 보았겠지? 이런 우스갯소리 덕분에 국회의사당이 우리와 좀 더 친숙해졌는지도 몰라. 안 그러면 국회의사당은 그저 딱딱하고 어려운 곳으로만 보였을 텐데 말이야. 국회의사당은 국민을 대신해서 나랏일을 맡아 하는 국회의원들이 일하는 곳이야. 이곳 구석구석에는 우리나라 민주주의 발전의 흔적들이 하나하나 녹아 있단다."

대한민국 민주주의를 상징하는 곳

▲ 국회의사당 안에 있는 평화와 번영의 상

우리나라는 국민 누구나 나라의 주인인 민주주의 국가입니다. 그래서 헌법 1조가 "대한민국의 주권은 국민에게 있고, 모든 권력은 국민으로부터 나온다."라고 되어 있지요.

서울시 영등포구 여의도동에 있는 국회의사당은 국민이 투표로 뽑은 국회의원들이 모여 국민의 뜻을 대신해 나랏일을 돌보는 곳입니다. 국회의원들은 이곳에 모여 나라의 중요한 살림살이를 챙기고 정책을 결정합니다.

지금은 열아홉 살만 넘으면 성별과 직업, 종교, 재산에 관계없이 누구나 대통령과 국회의원을 뽑는 선거에 참여할 수 있지요. 하지만 옛날에는 왕족이나 귀족 같은 지배 계급 사람들만이 나라의 주인 노릇을 할 수 있었어요.

옛날 거의 모든 나라들은 왕이 죽으면 왕의 아들이 그 자리를 물려받는 왕정 체제였고, 사람들은 신분에 따라 차별을 받았습니다. 엄청난 세금과 굶주림에 시달리던 국민들의 불만이 절정에 달할 때를 즈음해 일어난 프랑스 대혁명*은 '자유'와 '평등'이란 개념을 온 세계로 퍼뜨리며 민주주의가 뿌리내리는 발판이 되었습니다.

그렇다면 세계에서 처음으로 국회가 생긴 나라도 프랑스일까요? 정답은 그리스입니다. 고대 그리스에는 '아고라'라는 곳이 있었는데, 지금의 광장이나 시장처럼 사람들이 많이 모이는 곳이었지요. 그리스 사람들은 아고라에 모여서 정치나 사상 토론하는 것을 좋아했어요. 그러다 보니 자연스럽게 민회*라는 것이 생겨나 나라의 중요한 일을 정하게 되었지요. 기원전 6세기에 아테네는 모든 시민이 민회에 나오게 하는 법을 만들었습니다. 민회에서 지금의 국회와 같은 일을 한 것이지요.

프랑스 대혁명 | 1789년에 프랑스에서 일어난 시민 혁명이에요. 프랑스 왕 루이 16세에 맞서 온 국민의 자유와 평등을 요구했어요.
민회 | 고대 그리스와 로마의 도시 국가에서 하던 정기 시민 총회예요. 직접 민주제의 한 형태로, 그리스에서는 국가의 정책을 결정하는 으뜸 의사 결정 기관이었어요.

→ 국회의사당

통일 뒤에도 국회로 쓸 수 있는 건물

우리나라에 의회가 처음 생긴 것은 1948년이었습니다. 8·15 광복 뒤 한반도가 남북으로 나누어진 상황에서 처음으로 대한민국 헌법을 만든 제헌 국회가 탄생한 것이지요. 제헌 국회는 1948년 7월 1일, 나라의 이름을 대한민국으로 정하고 이승만 의장을 대통령으로 뽑았습니다. 국회의사당은 일제가 조선총독부로 쓰던 건물을 그대로 물려받았지요.

6·25전쟁 때는 대구와 부산에 있는 극장을 임시 국회의사당으로 썼어요. 전쟁이 끝난 뒤에는 오늘날 서울시의회 건물인 서울시민회관 별관을 국회의사당 건물로 쓰다가, 1975년 여의도에 지금의 국회의사당을 세웠습니다.

국회의사당 정문에 있는 두 개의 해태상 아래에는 백포도주가 36병씩 묻혀 있다고 해. 국회의사당을 지은 지 100주년이 되는 2075년에 '국회와 민주주의의 발전'을 축하하는 뜻으로 그 술병을 연다나 뭐라나.

국회의사당 앞에 있는 해태상. 정문 양쪽에 두 개가 있어요.

국회의사당은 한 나라의 민주주의와 국민의 권리를 상징하는 건물이기 때문에 어느 나라든지 그 나라의 역사와 문화를 나타내는 위엄 있고 웅장한 모습으로 만듭니다. 우리나라 국회의사당도 여의도 땅의 8분의 1을 차지할 만큼 크고 넓게 지었지요.

국회의사당 건물은 전통과 현대를 아우르고, 언젠가 남북통일이 된 뒤에도 쓸 수 있게 깊이 생각해서 만들었다고 해요. 국회의사당 건물에는 작은 부분마다 숨은 뜻이 담겨 있습니다. 둥근 지붕은 국민의 의견을 찬반을 통해 하나로 결론을 낸다는 뜻이고, 밖으로 드러난 기둥 스물네 개는 국민의 다양한 의견을 나타냅니다.

보통 사람들이 국회의사당을 참관할 때 가장 먼저 보는 곳은 4층에 있는 전시실입니다. 우리나라 국회의 역사와 여의도 국회의사당에서 일어난 크고 작은 일들을 전시하고 있지요.

국회의사당은 우리나라 정치를 이끌어가는 곳이자, 잘 다듬어진 환경과 웅장하고 무게 있는 화강석 건물이 조화를 이루어 해마다 20만 명이 넘는 관광객들이 찾는 서울의 대표 관광지이기도 합니다. 국회의사당은 국회의원 말고도 의원 보좌관과 비서, 사무처 직원과 같은 2천 명 넘는 사람들이 일을 하고 있는데, 견학을 신청하면 누구나 안에 들어가 관람할 수 있습니다.

🔍 이야기 정거장 돋보기

국회의사당 2회의장 모습

국회의사당 • 여의도 국회의사당은 본관과 도서관, 의원 연수원, 의원회관, 그 밖의 부속 건물들이 10만 평이나 되는 넓은 땅에 들어서 있습니다.

둥근 돔 모양의 지붕으로 잘 알려진 본관 건물은 높이가 30미터도 넘는 커다란 돌기둥 스물네 개를 세워서 만들었는데, 이는 경복궁의 누각인 경회루를 받치고 있는 돌기둥 모양을 본뜬 것이라고 합니다. 지붕은 밑지름이 64미터에 이르는 커다란 돔으로 되어 있어요. 지금 우리나라의 국회는 단원제이지만 미국이나 일본과 같은 양원제

의원회관

로 운영될 것을 준비해, 민의원 회의장과 참의원 회의장을 따로따로 마련해 두었어요. 지금 쓰고 있는 본회의장은 민의원 회의장으로 만든 곳으로, 북한과 통일을 이룬 뒤 의석이 늘어날 것을 준비해 400석까지 넓힐 수 있게 했습니다.

국회의사당을 상징하는 것들

해태상

해태상은 국회의사당 어귀에 세워져 있어요. 해태는 상상 속의 동물인데 선과 악을 구별하는 재주가 있다고 해서 조선 시대부터 궁 안에 두었지요. 해태의 꼬리에 먼지를 털어내듯 나쁜 것을 털어낸다는 뜻이 있어서 관리들은 꼬리를 한 번씩 만지고 궁으로 들어섰다고 합니다. 이처럼 해태가 '정의의 동물'로 상징되는 까닭에 국회 안에도 놓이게 되었지요.

이순신 장군 동상과 세종대왕 동상

국회의사당 한가운데 문 양쪽에 높이가 5미터에 이르는 이순신 장군 동상과 세종대왕 동상이 세워져 있습니다. 나라 사랑을 상징하는 이순신 장군 동상과 세종대왕 동상은 날마다 이곳을 오가는 국회의원들한테 "자기 자신이 아닌, 나라의 이익을 위해 일하라."는 뜻을 던지며 위엄을 드러내고 있지요.

해태상

국회도서관

해태상 옆에 국회도서관이 있습니다. 세계 어디에 내놓아도 자랑할 만한 전자 도서관 시설을 갖추었고, 200만 권이 넘는 책이 있습니다. 국회의원들의 공부방으로 쓰이는 것은 물론 보통 시민들도 들어가서 책을 볼 수 있어요.

국회도서관

29 밤섬

철새들아 모여라! 자연이 되살린 기적의 섬으로

"한강에 있는 섬 가운데 사람들이 일부러 폭파해 버린
섬이 있는데 그 섬이 자연스럽게 되살아났단다.
이걸 한강의 기적이라고 해야 할까?
한강이 흐르면서 섬 둘레에 부지런히 흙과 모래를
옮겨 놓았기 때문이지. 지금은 철새들이 많이 살아서
도심 속 철새들의 낙원이라고 하는 섬이야.
자연의 위대한 힘을 구경해 볼까?"

알아두기

주소 | 서울시 영등포구 여의도동 84-8번지
교통 | 지하철 5호선 여의나루역, 6호선 광흥창역
※섬에 들어갈 수 없어요. 여의도 순복음교회 앞 한강 조망대에서 섬을 관찰할 수 있어요.
더 볼 곳 | 여의도공원, 국회의사당, 63빌딩, 선유도

한강 속에 꽁꽁 숨어 있는 철새들의 낙원

높은 건물과 아파트, 자동차로 빽빽한 서울 안에 철새들의 낙원이 있을까요, 없을까요? 정답은 '있다!'입니다. 조금은 믿기 힘들겠지만 서울 한강에 진짜 그런 곳이 있습니다. 바로 마포와 여의도 사이에 있는 밤섬이에요. 밤섬이란 이름은 섬의 모양이 마치 밤을 까놓은 것처럼 생겼다고 해서 붙여진 것이에요.

밤섬에는 천연기념물인 흰꼬리수리를 비롯해 버드나무와 물억새 같은 신기하고 희귀한 동식물들이 아주 많이 살고 있어요. 해마다 철새 5천 마리가 찾아오는 이름난 철새 도래지이기도 하지요. 그래서 오늘날에는 사람들이 살 수 없을뿐더러 함부로 들어갈 수도 없습니다.

그런데 1968년, 섬이 폭파되기 전까지 밤섬은 오늘날 여의도처럼 사람들이 많이 사는 섬이었습니다. 지금보다 크기

△ 높은 건물과 큰길에 둘러싸인 밤섬의 저녁노을

도 훨씬 더 컸지요. 옛날 밤섬에 사는 사람들은 배를 만들거나 고기잡이를 하고 뽕나무와 약초 따위를 길렀습니다. 전기나 수도가 안 들어와 살기 어려운 곳이었지만 조상 대대로 이웃과 한 식구처럼 사이좋게 지냈습니다.

밤섬은 고려 시대에 죄인을 귀양 보내던 섬이기도 했어.

자연 생태계 보전 지역으로 거듭난 밤섬의 기적

"펑!"

커다란 폭발 소리가 들리자 흙먼지와 함께 매캐한 연기가 솟아올랐습니다. 귀청을 찢는 듯한 그 소리에 강가에 나와 있던 밤섬 주민들은 모두 눈물을 흘렸지요. 1968년 2월, 깨끗한 모래밭과 버드나무 숲이 우거진 밤섬이 사라지는 순간이었어요.

밤섬이 한강 물길을 막아 강물이 여의도까지 넘친다는 까닭으로 섬을 폭파해 없애 버린 것이었어요. 밤섬에 있던 흙은 여의도로 실어 가 둑을 쌓고 아파트를 짓는 데 썼답니다. 500여 밤섬 주민들도 다른 동네로 뿔뿔이 흩어져야만 했어요. 하루아침에 흔적을 잃어 버린 밤섬은 그렇게 사람들의 기억 속에서 사라져 가는 듯했습니다.

아빠, 이것이 궁금해요!

장마 때 비가 많이 와서 밤섬이 잠기면 그 많은 새들은 어디로 가요?

장마 때 밤섬이 잠기면 밤섬에 살고 있는 황조롱이, 청둥오리, 원앙, 해오라기 같은 수많은 새들은 국회의사당 뒤편에 있는 여의도 샛강생태공원이나 가까운 한강변으로 옮겨 가지 않을까? 날개가 있으니 살 만한 곳으로 알아서 몸을 숨길 거야. 그러니 너무 걱정하지 마.

하지만 한강은 쉬지 않고 흐르며 밤섬 둘레에 흙과 모래를 옮겨 왔습니다. 그렇게 한강이 조금씩, 아무도 눈치 못 채게 밤섬을 다시 만들어 나간 것이지요. 어쩌면 더는 서울과 한강에 살 곳이 없어진 철새들의 슬픈 울음소리를 들었는지도 모릅니다.

"이제 우리가 살 땅은 동물원밖에 없을까?"

"사람들 발길이 안 닿는 땅이 조금이라도 남아 있다면……."

철새들의 한숨과 원망에 한강이 이렇게 말했는지도 모릅니다.

"티끌 모아 태산이란 말 알지? 곧 너희가 알을 품어 새끼를 키울 수 있고, 모래밭에는 조개들이 보이는 땅이 생겨날 거야."

얼마 안 지나 기적 같은 일이 눈앞에 펼쳐졌습니다.

여의도 순복음교회 앞 한강변에 철새를 관찰할 수 있는 한강 조망대가 있어. 섬으로 들어갈 순 없지만 자세히 볼 수는 있겠지?

20년 동안 퇴적물이 차곡차곡 쌓이면서 밤섬이 다시 만들어진 것이에요. 밤섬을 폭파할 때 물 아래에 남아 있던 바위가 모래를 불러 모으는 데 큰 구실을 했어요. 강가에 식물들이 하나 둘 자라나면서 다시 새들이 날아들었습니다. 밤섬에 살던 사람들은 모두 뿔뿔이 흩어졌지만 그 자리에 동식물들이 터를 잡고 사는 새로운 밤섬이 생겨났지요.

　1999년 8월, 밤섬은 자연 생태계 보전 지역으로 지정되었습니다. 밤섬은 해가 지날수록 점점 더 커지고 있답니다. 한강의 물살이 밤섬에 흙과 모래를 자꾸 쌓고 있기 때문이

자연 생태계 보전 지역으로 지정된 밤섬

황조롱이

청둥오리

흰꼬리수리

원앙

해오라기

지요. 1970년대 어느 날부터인가 물 위로 땅을 조금씩 보이더니 1985년엔 5만 평이 넘어섰고, 다시 20년이 지난 2005년엔 8만 평 가까이 되었습니다. 해마다 평균 4천2백 제곱미터씩 넓어지고 있지요.

원래 밤섬은 폭파된 뒤 작은 섬 두 개로 나누어졌는데, 2000년 무렵 자연스레 두 섬이 이어지면서 섬 가운데에는 호수도 생겨났습니다. 오늘날 풀과 나무가 가득한 푸른 숲으로 바뀐 밤섬에는 원앙, 흰뺨검둥오리, 개개비, 해오라기, 꼬마물떼새 같은 새와 버드나무, 갯버들, 용버들, 물억새 같은 식물 그리고 붕어, 잉어, 뱀장어, 누치, 쏘가리 같은 물고기가 살고 있습니다. 사람들이 함부로 드나들 수 없어서 자연의 모습을 그대로 지키고 있지요. 홍수가 나면 아직도 물에 잘 잠기는 곳이라 천적 동물인 포유류도 거의 없어서 새들이 마음 놓고 알을 낳습니다.

한편, 자신들의 뜻과는 상관없이 고향을 떠난 밤섬 주민들은 해마다 마포에 모여 굿판을 벌입니다. 밤섬의 부군당굿*은 수백 년 동안 치러진 마을의 큰 행사였지요. 원래 마을과 나라의 안녕을 비는 굿이었지만 지금은 옛 추억을 되살리고 같이 살던 이웃들을 만나 반갑게 어울리는 데 뜻을 둔 행사로 자리 잡았습니다.

밤섬은 앞으로 어떤 모습으로 남게 될까요? 지금처럼 아름다운 자연의 보물 창고로 남을지, 아니면 또다시 사람들의 선택에 따라 사라져 버릴지, 그 해답은 아마도 밤섬을 바라보는 우리 마음속에 들어 있을 것입니다.

부군당굿 | 부군당은 서울과 경기도에서 주로 한강변을 따라 들어선 마을에 있는 신당을 말해요. 부군당굿은 이 부군당에서 마을 사람들이 수호신인 부군신에게 복을 비는 굿을 말해요.

△ 밤섬의 부군당굿

밤섬이 고향인 사람들은 지금도 자주 만나 소식을 나누고, '밤섬보존회'라는 모임을 만들어 옛 풍습을 이어오고 있어. 음력 1월 2일에는 밤섬을 떠나서 처음 이사한 곳인 창전동 와우산 기슭에 모여서 마을 수호신에게 올리는 제사도 지낸다고 해. 2002년부터는 추석을 앞두고 2년마다 한 번씩 밤섬으로 들어가서 '귀향제'라는 제사도 지내고 있지.

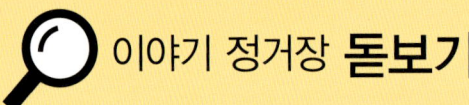
이야기 정거장 돋보기

63빌딩 전망대에서 바라본 밤섬

밤섬 • 밤섬에는 조선 시대부터 1960년대까지 5백 년 동안이나 배를 만드는 기술자들이 마을을 이루며 살았어요. 전기나 수도가 안 들어오는 어려운 환경에서도 1967년까지 62세대가 살다가 여의도를 개발할 때 마포구 창전동으로 이주했지요. 그때 밤섬에는 임씨, 선씨, 석씨와 같은 성을 쓰는 사람들이 많이 모여 살았다고 합니다. 이들은 거의 고기를 잡거나 배 만드는 일을 했어요. 그때 한강에 떠다니는 배들은 거의 다 밤섬에서 만들어졌고, 배 만드는 일을 배우러 오는 사람들도 많았다고 합니다.

여의도를 개발할 때 한강의 흐름을 좋게 하고 여의도 제방을 쌓는 데 필요한 흙과 막돌을 얻으려고 1968년 2월 밤섬을 폭파했어요. 그때 섬 가운데 부분이 주로 많이 파헤쳐져 윗밤섬과 아랫밤섬으로 나누어졌지요. 그 뒤 윗밤섬에는 2~30년 동안 다시 한강의 퇴적물이 쌓이면서 오늘날 4만 7천 평에 이르는 자연 공간이 생겼어요. 이곳에 나무와 풀이 다시 우거지고 새들이 모이면서 도심 속의 철새 도래지로 널리 알려졌습니다.

해질 무렵의 밤섬

Jump! 역사 속으로

지금은 사라진 섬, 저자도 실종 사건

옛날 한강에는 지금보다 훨씬 더 섬이 많았습니다. 세월이 흘러 물길이 바뀌면서 하나 둘 자취를 감추어 버렸지요. 그 가운데 하나가 바로 오늘날 동호대교와 성수대교 사이에 있던 모래섬인 '저자도'입니다.

닥나무가 많이 자라서 저자도라는 이름이 붙여진 이 섬은 넓은 밭과 집들이 들어선 아름다운 곳이었다고 해요. 흰 모래와 갈대숲 그리고 물새들이 어우러져 노니는 경치가 좋아서 옛날부터 왕실 사람들이 별장을 짓거나 놀이터로 자주 찾았고, 다른 많은 사람들도 이곳에 찾아와서 자연을 벗 삼아 풍류를 즐기고는 했지요.

오랜 세월 동안 많은 사람들한테 사랑을 받아온 저자도는 한강 언저리의 수많은 문화재가 그런 것처럼 1925년 큰 홍수가 난 뒤 그 모습이 크게 바뀌었어요. 큰 홍수로 모래와 자갈만 쌓여 더는 농사를 지을 수 없는 땅이 된 것입니다. 비록 모양새가 조금 바뀌었을망정, 이때까지만 해도 저자도는 여전히 섬으로 남아 그 자리를 지키고 있었습니다.

그런데 1970년대 초, 압구정 둘레에 커다란 아파트 촌을 지으면서 저자도는 끝내 자취를 감추고 말았습니다. 아파트를 짓느라 저자도의 흙을 파내면서 섬이 흔적도 없이 사라져 버린 것이지요. 한강이 넘칠 때마다 물에 잠기던 압구정동은 저자도의 흙을 가져다 메운 뒤로는 잘 안 잠기게 되었다고 합니다.

30 선유도

'물의 공원'으로 바뀐 신선들의 놀이터

"한강에는 섬 아닌 섬들이 많단다. 선유도도 원래는 섬이 아니었어.
일제 강점기 때 일본이 한강변에 제방을 쌓는다고
선유봉이란 산봉우리를 허물어서 흙과 돌을 가져갔고,
나중에 한강을 개발하면서 둘레에 물길이 생기다 보니 섬이 된 거야.
다행히 이제는 아름다운 생태 공원으로 꾸며 놓았지만,
옛 모습을 그대로 두었으면 얼마나 좋았을까 하는
생각이 들기도 해."

알아두기

주소 | 서울시 영등포구 양화동 95번지
교통 | 지하철 9호선 선유도역
보는 시간 | 오전 6시~밤 12시
더 볼 곳 | 국회의사당, 여의도공원, 밤섬, 63빌딩

신선이 노닐던 봉우리가 물의 공원으로 바뀌다

한강 남쪽인 영등포구 양평동과 북쪽의 마포구 합정동을 잇는 다리인 양화대교 아래에 있는 선유도는 한마디로 '물의 공원'이에요. 한강에서 끌어올린 물을 깨끗하게 걸러서 정원의 풀과 꽃들 사이를 돌아다니게 만들었으니까요.

오늘날 이토록 멋진 모습을 하고 있는 선유도공원은 사실 낡고 오래된 정수장 위에 만들어졌습니다. 선유도에 있던 정수장은 서울 시민들한테 수돗물을 공급하는 곳이었어요. 2000년에 정수장 문을 닫고, 그로부터 2년 뒤 시민들의 쉼터와 생태 공원으로 새롭게 태어났습니다.

선유도는 원래 '신선이 노닐던 봉우리'라는 뜻인 선유봉, 그러니까 작은 산봉우리였어요. 높이가 40미터밖에 안 돼 산턱에 집들도 30채쯤 있었다고 해요.

하지만 1925년 대홍수가 있은 뒤 일제는 이곳에 살던 주민들을 강제로 이주시켜 버렸어요. 한강 둘레에 제방을 쌓으려고 이곳의 돌과 바위를 마구 깎아 냈지요. 그토록 아름답던 선유도는 이렇게 흔적도 없이 사라지게 되었습니다. 여기에 1980년대 들어와 한강 개발을 시작하고 한강변에 큰 길이 뚫리면서 선유도는 끝내 물길에 둘러싸인 섬으로 바뀌고 말았습니다. 게다가 이곳에 정수장이 들어서면서 선유도는 사람들의 기억 속에서 점점 더 잊혀졌지요.

인왕산, 남산, 북한산, 도봉산을 볼 수 있는 선유정

    2000년대 들어 정수장이 문을 닫으면서 정수장 시설을 재활용한 정원과 식물원이 이곳에 들어섰어요. 선유도 섬이 통째로 공원으로 다시 태어난 것이에요. 선유도는 다시 사람들의 발길을 붙잡는 곳으로 탈바꿈했어요. 옛 모습에 버금가는 한 폭의 멋진 풍경화가 펼쳐진 셈이지요. 공원으로 탈바꿈한 오늘날에도 정수장 시설은 고스란히 남아 있어요. 빛 바랜 느낌의 옛 정수 시설들과 자연이 함께 어우러져 이제는 진짜 신선들의 놀이터가 된 듯합니다.

물길 따라 걷다 보면 물과 환경의 소중함을 깨닫는 곳

선유도공원에 가려면 양화 한강시민공원 쪽에서 반달같이 생긴 선유교를 지나가거나 양화대교 한가운데 있는 공원 출입구로 들어가야 합니다. 선유도공원과 선유교가 만나는 곳에 세워진 전망대에서는 탁 트인 둘레 경치를 감상할 수 있어요. 선유도와 북쪽으로 펼쳐진 월드컵공원이 한눈에 들어옵니다.

선유교에는 냄새 나는 자동차 매연도 없고, 시끄러운 자동차 경적 소리도 들리지 않아요. 사람만 다닐 수 있는 다리이기 때문입니다. 밤에는 조명을 비춰 무지갯빛을 내는 까닭에 '무지개다리'라고도 합니다. 옛날에는 달빛에 비친 선유봉이 볼거리였다면, 지금은 무지개다리가 고운 밤의 불빛을 대신하고 있습니다. 무지개다리에서

> 양화 한강시민공원은 여의도 샛강 하구에서 강서구 가양대교 사이 한강 남쪽에 꾸민 공원이야. 둔치에 넓게 자리 잡은 잔디밭에서 바라보는 탁 트인 전망이 정말 아름다워. 선유교를 건너면 바로 선유도공원이 나온단다.

선유교

녹색 기둥의 정원

△ 수생 식물원

△ 원형 소극장

우아! 신기한 식물들이 물 위에 떠 있네.

한강을 바라보면 월드컵 경기를 기념해서 만든 월드컵분수가 보입니다. 202미터나 되는 물줄기가 하늘로 치솟는 광경은 보기만 해도 가슴을 시원하게 해 주지요.

선유도공원 안에는 높고 낮고, 넓고 좁은 여러 갈래의 길이 있습니다. 낱낱의 길은 서로 다른 주제를 지닌 공간과 이어져 있지요. 모든 생명의 근원인 물을 바탕으로 살아가는 여러 가지 식물들이 물길을 따라 주제별로 펼쳐져 있습니다.

선유도공원에서는 한강역사관을 비롯해 수질 정화원, 환경 물놀이터, 녹색 기둥의 정원, 시간의 정원, 수생 식물원과 같은 다양한 시설들과도 만날 수 있어요.

이 가운데 한강역사관에서는 말 그대로 한강의 역사와 풍경 그리고 옛 모습을 한눈에 볼 수 있는 영상물과 사진들을 전시하고 있어요.

녹색 기둥의 정원은 정수된 물을 담아 두던 정수지의 기둥에 담쟁이덩굴을 심어서 조용히 책을 읽거나 쉴 수 있게 한 곳이지요.

환경 물놀이터

시간의 정원

 수질 정화원에서는 수생 식물로 물을 맑게 거르는 과정을 보여 주고 있어요. 이곳에서 깨끗하게 걸러낸 물은 환경 물놀이터와 수생 식물원에 그대로 들어갑니다. 환경 물놀이터는 물이 얕아서 어린이들이 마음 놓고 신 나게 물놀이를 즐길 수 있습니다.

 시간의 정원은 정수장이 가장 온전하게 보전된 곳입니다. 건물은 점점 낡아가는데 식물들은 자꾸 새싹을 틔우고 자라나 서로 반대로 흐르는 듯한 시간을 느낄 수 있습니다.

 정원을 따라 흘러내린 물은 다시 물탱크로 보내져서 새롭게 정원 안을 돕니다. 이렇듯 선유도공원은 '물'로 시작해서 '물'로 끝나는 과정이 되풀이되는 '물의 공원'입니다. 물길을 따라 걷다 보면 물과 환경의 소중함을 저절로 깨닫게 되지요.

이야기 정거장 돋보기

선유도공원의 수생 식물원

수질 정화원

선유도 · 선유도는 본래 선유봉이란 작은 봉우리였어요. 일제 강점기 때 홍수를 막는 제방을 쌓고, 길을 포장하려고 돌을 캐내면서 깎여 나갔지요. 이곳은 1978년부터 2000년까지 서울 서남부 쪽에 수돗물을 공급하는 정수장으로 쓰였어요. 2000년 12월 정수장이 문을 닫은 뒤 서울시에서 164억 원을 들여 선유도공원으로 새롭게 꾸몄어요.

선유도공원 · 선유도공원은 선유도에 지어진 정수장 건물을 재활용해서 만든, 우리나라의 첫 환경 재생 공원이에요. 여러 가지 식물과 숲을 볼 수 있어서 자연을 그대로 체험할 수 있는 생태 공원으로 이름이 높습니다. 한강역사관, 수질 정화원, 환경 물놀이터, 녹색 기둥의 정원, 시간의 정원, 수생 식물원, 원형 소극장, 카페테리아 같은 시설이 있어요. 양화 한강시민공원과 이어진 선유교를 비롯해 안개분수와 월드컵분수와 같은 아름다운 한강의 모습도 두루 살펴볼 수 있지요. 아침 6시부터 밤 12시까지 문을 열어요.

선유교

선유교 · 영등포구 양평동과 선유도공원을 잇는 다리로, 우리나라와 프랑스의 수교 100주년을 기념하는 뜻으로 프랑스의 이름난 건축가인 루디 리찌오띠가 설계해 만들었어요. 무지개 모양을 하고 있으면서 밤이면 실제로 무지갯빛 조명으로 반짝이기 때문에 '무지개다리'라고도 하지요. 길이는 120미터쯤으로, 한강에서는 처음으로 만들어진 차 없는 보행자 전용 다리예요.

31 꿈에 나타나 짓게 한 사당
공민왕 사당

"우리가 역사책에서 본 고려의 왕들 가운데 가장 널리 알려진 사람은 누굴까? 아빠는 고려를 세운 왕건과 원나라에 맞서 싸운 공민왕이라고 생각해. 우리가 오늘 갈 곳은 공민왕을 모시면서 지금도 정성껏 제사를 치르고 있는 공민왕 사당이야. 공민왕은 살아 있을 때도 이곳에 정자를 짓고 자주 찾아와 한강을 바라보며 시와 그림을 즐겼다고 해. 그래서인가? 세상을 떠난 뒤에도 이곳을 못 잊고 머무는 것을 보면 이곳 공민왕 사당이 아주 특별한 곳이라는 느낌이 들어."

알아두기

주소 | 서울시 마포구 창전동 42-17번지
교통 | 지하철 6호선 광흥창역
※1~2일 전에 마포문화원(312-1100)으로 예약 후 방문
더 볼 곳 | 광흥창 터, 절두산 성지, 외인묘지, 망원정, 월드컵공원

꿈에 나타나 사당을 짓게 하고, 마을을 지키는 수호신이 되다

△ 공민왕 사당

고려의 31대 왕인 공민왕은 오늘날 마포구에 있는 와우산 동남쪽 산기슭에 정자를 짓고 자주 찾았다고 합니다. 공민왕은 이곳에서 한강을 바라보며 시를 짓고 그림 그리는 것을 즐겼다고 해요.

시간이 흘러 고려는 역사 속으로 사라지고 새로운 나라 조선이 일어선 지 얼마 안 지났을 때였어요. 와우산 기슭에 곡물을 보관하는 창고를 짓는다는 소문이 돌았습니다. 그러던 어느 날 와우산 아랫동네에 살던 한 노인의 꿈속에 공민왕이 나타났습니다.

"이곳은 전에 내가 자주 찾던 곳이니 사당을 짓고 나에게 해마다 제사를 지낸다면 모든 일이 순조롭게 풀릴 것이다. 하지만 이를 실천하지 못하면 큰 화가 있을 것이다."

노인은 자리에서 벌떡 일어났습니다. 그저 꿈이라고 하기엔 너무 생생했기 때문이에요. 귀에서는 여전히 근엄하면서도 또렷한 공민왕의 목소리가 울리는 듯했습니다. 노인은 이튿날 아침 눈을 뜨자마자 새로 창고를 짓는다는 곳을 찾아갔어요.

"아니, 이것은 임금의 영정*이 아닌가?"

바위 밑에서 나무 상자가 하나 나왔는데, 열어 보니 공민왕 부부를 그린 그림이 들어 있었어요. 노인은 이 사실을 동네 사람들한테 알리고, 그 자리에 창고 대신 공민왕을 위한 사당을 짓자고 설득했지요.

마침내 사람들은 공민왕의 사당을 짓고, 해마다 10월 1일 밤에 공민왕을 기리는 제사를 정성껏 지냈습니다. 그런데 제사를 소홀히 할 때면 창고에 불이 나거나 곡식을 실은 배가 부서지거나 하는 안 좋은 일이 잇따랐어요. 이런 일들이 자꾸 일어나자 사람들은 더욱 정성스럽게 공민왕을 모시게 되었답니다.

공민왕 사당 안. 왼쪽부터 최영장군, 공민왕, 노국공주 영정

영정 | 제사나 장례를 지낼 때 위패 대신 쓰는, 사람의 얼굴을 그린 족자 그림이에요.

31 | 공민왕 사당 279

죽어서도 나라를 지키는 왕

공민왕은 왜구*를 아주 싫어한 왕이었다고 해요. 일제 강점기에는 사당 가까이 일본 사람이 얼씬거리는 것조차 용서하지 않았다고 합니다. 그때 어떤 일본 사람이 우연히 사당 앞을 지나게 되었는데, 갑자기 창자가 뒤틀리고 온몸에서 식은땀이 났습니다.

"이놈, 너는 우리나라를 빼앗은 왜인이로구나. 여기서 썩 물러가지 못할까?"

그 일본 사람은 잠시 정신을 잃었는데, 긴 수염에 금빛 옷을 입은 노인이 나타나 뺨을 치면서 호통을 쳤다고 해요. 얼마 뒤 정신을 차려 보니 어느새 병원에 실려와 있었다고 합니다.

"급성 맹장염입니다. 빨리 수술해야 합니다."

일본 사람은 의사의 말에 따라 치료를 받고 병이 나았지만 호통을 치던 노인의 얼굴이 머릿속에서 떠나지 않았습니다. 몇 달 뒤, 그 일본 사람은 호기심에 못 이겨 다시 사당으로 가보았는데, 아니나 다를까 또다시 배가 아파서 데굴데굴 굴렀다고 해요. 그 뒤로 그 사람은 다른 일본 사람들한테 자신이 겪은 신비한 일을 전했습니다.

"일본 사람들은 공민왕 사당 쪽에는 절대 얼씬도 하지 마시오!"

공민왕은 원나라*에 빼앗긴 왕실의 권위와 옛 고구려의 땅을 다시 찾으려고 애쓴 왕이기도 했어요.

공민왕이 태어났을 때 고려는 원나라에게 모든 것을 짓밟히고 간섭받던 시절이었습니다. 열두 살 때 원나라에 볼모로 잡혀간 공민왕은 힘없는 나라의 슬픔을 뼈저리게 느끼면서 글을 배우고 갖가지 문물을 익혔습니다. 그곳에서 위왕의 딸 노국공주와 혼인하고, 1351년에 고려에 돌아와 왕위에 올랐지요.

그때 고려는 원나라의 부마국이었어요. 부마는 임금의 사위를 말해요. 그러니까 부마국은 '사위의 나라'라는 뜻이지요. 고려는 원나라의 강요로 충렬왕 때부터 원나라의 공주를 왕비로 맞아야 했습니다. 그리고 그 사이에서 태어난 아들만이 왕위에 오를 수 있었지요.

공민왕은 비록 원나라의 사위 자격으로 왕이 되었지만, 우리 겨레의 자주성을 회복하려고 애쓴 훌륭한 왕이었습니다. 원나라의 지배에서 벗어나고자 과감한 개혁 정치를 펼치고, 원나라의 힘이 약해진 틈을 타 북쪽 땅 몇몇 곳을 되찾기도 했습니다.

공민왕은 고려의 마지막 등불 같은 왕이었지만, 사랑하는 왕비가 죽자 나라도 돌보지 않고 슬픔에만 빠져 지냈어요. 이때부터 나라가 어지러워져서 공민왕은 끝내

왜구 | 우리나라 해안가에 나타나 약탈을 일삼던 일본 해적을 일컫는 말이에요.
원나라 | 13세기 중반부터 14세기 중반에 이르는 1세기 사이, 중국 본토를 중심으로 동아시아 거의 모든 땅을 지배한 몽골족의 왕국(1271~1368)이에요.

아빠, 이것이 궁금해요!

공민왕은 어떤 왕이었어요?

고려 시대 왕들 가운데 태조 왕건 다음으로 잘 알려진 왕이 31대 공민왕(1330~1374, 재위 1351~1374)일 거야. 열두 살 때 원나라에 볼모로 잡혀간 공민왕은 힘없는 나라의 슬픔을 뼈저리게 느끼면서 글을 배우고 갖가지 문물을 익혔어. 그곳에서 위왕의 딸 노국공주와 혼인하고, 1351년에 고려에 돌아와 왕위에 올랐단다.

공민왕은 비록 원나라의 사위 자격으로 왕이 되었지만 우리 겨레의 자주성을 회복하려고 애쓴 훌륭한 왕이었단다. 원나라의 지배에서 벗어나고자 과감한 개혁 정치를 펼쳤지. 고려의 마지막 등불 같은 왕이었지만, 나중에는 나라가 어지러워져 처참하게 살해당하고 말았단다.

공민왕은 그림과 글씨에도 뛰어난 재능을 보였다고 해. 사당 안에도 공민왕이 그린 그림이 있지. 또 사당 안에는 부인인 노국공주의 영정이 같이 있단다.

공민왕이 노국공주를 얼마나 사랑했는지 알겠지?

공민왕한테 제사를 지내는 모습

신하의 손에 처참히 살해당하고 말았습니다.

공민왕은 원나라의 관습과 문화를 내치고 고려의 본래 문화를 되살리려 안간힘을 쓴 개혁 군주였어요. 훗날 고려를 무너뜨리고 조선을 세운 이성계도 이러한 공민왕을 매우 존경해서 종묘*에 공민왕을 위한 사당을 따로 만들기도 했어요. 공민왕은 조선 시대의 곡물 창고인 광흥창과 마을을 지키는 수호신으로 높이 받들어졌고, 지금까지도 해마다 성대한 제사상을 받고 있습니다.

종묘 | 조선 시대 역대 임금과 왕비의 위패를 모신 왕실 사당이에요. 임진왜란 때 불에 타 버려서 광해군이 왕위에 오르던 해(1608)에 다시 세웠어요. 종로3가에 있는데, 1995년 유네스코 세계문화유산으로 지정되었어요.

이야기 정거장 돋보기

공민왕 사당 • 조선 시대 서강 쪽에 양곡 보관 창고를 지으려 할 때 동네 노인의 꿈에 공민왕이 나타나, 이곳에 사당을 짓고 해마다 제사 지낼 것을 계시하여 사당을 지었다고 해요. 6·25전쟁 때 무너진 것을 전쟁이 끝난 뒤 마을 사람들이 힘을 모아 다시 지었어요.

공민왕 사당 둘레에는 서울시 보호수로 지정된 느티나무 다섯 그루와 주민들이 한때 마실 물로 쓰던 우물이 남아 있어요. 민간 전통 건축술의 수준을 알 수 있는 가치가 있어서 2006년 3월 2일 등록문화재 231호로 지정되었지요.

공민왕 사당

사당 안에는 공민왕과 왕비인 노국공주와 더불어 최영 장군, 여러 왕자와 공주의 영정이 걸려 있어요. 공민왕 때 왜구에 크게 시달린 탓인지, 일본 사람들과 관련해 전해지는 이야기가 두드러지게 많습니다.

광흥창 터 표석

광흥창 터 • 공민왕 사당 앞에는 이곳이 옛날에 광흥창 터였음을 알리는 표석이 있습니다.

조선 시대 관리들도 일정한 기간마다 나라에서 일한 대가를 받았습니다. 오늘날과 다른 점이 있다면, 지금은 돈으로 받지만 그때는 쌀이나 콩 같은 곡식으로 받았지요. 이것을 '녹봉'이라고 합니다.

'태창'이라고도 일컫던 광흥창은 고려 충렬왕 때 세워져 조선 시대까지 중앙 정부 관리들의 봉급용으로 전국 곳곳에서 들어오는 곡식을 쌓아 두던 창고였어요. 경기도, 전라도, 충청도 같은 곳에서 들어오는 쌀을 쌓아 두었다가 정해진 날이 되면 관리들한테 나눠 주었지요. 녹봉은 숙종 때부터 달마다 25일에서 29일 사이에 지급했어요. 이 기간에 녹봉을 못 받아간 관리는 100일 안에 받아가는 것이 원칙이었어요. 마포구 창전동 와우산 기슭에 광흥창의 옛터가 남아 있고, 오늘날 이곳 가까이 지하철역이 생기면서 광흥창역이라고 이름 붙였습니다.

32 절두산 성지

잠두봉이 절두산으로 일컬어진 까닭은?

"예부터 합정동에 있는 잠두봉은 한강변의 으뜸 절경으로 손꼽혔단다. 그런데 잠두봉이 절두산이라는 무시무시한 이름으로 일컬어지게 된 사연이 뭘까?
조선은 유교 사회였는데 천주교가 백성들 사이에 점점 널리 퍼지자 이에 위협을 느낀 지배층들이 천주교 신자들을 박해하고 죽인 곳이 하필 이곳 잠두봉이었단다. 얼마나 많이 죽였으면 산 이름까지 '머리를 자르다.'는 뜻인 절두산으로 바뀌었을까? 아마 후손들도 잊지 말라는 뜻으로 그런 이름을 붙이지 않았을까?"

알아두기

주소 | 서울시 마포구 합정동 96-1번지
교통 | 지하철 2호선, 6호선 합정역
보는 시간 | 오전 9시 30분~오후 5시
더 볼 곳 | 외인묘지, 망원정, 공민왕 사당, 광흥창 터, 월드컵공원

민심을 돌리려고 천주교를 박해하다

△ 흥선대원군

1800년대 말, 조선은 마치 흔들리는 촛불처럼 위태로웠습니다. 오랜 세월 이어진 세도정치* 때문에 왕의 권위는 바닥으로 떨어지고, 나라의 살림살이마저 형편이 안 좋아 백성들은 헐벗고 굶주리기 일쑤였지요. 고종의 아버지 흥선대원군은 하루빨리 나라가 안정되길 바랐지만, 몰락한 왕족이었던 탓에 다시 권력을 잡기 전까지는 조용히 숨어 지낼 수밖에 없었어요.

그러다가 자신의 어린 아들이 왕의 자리에 오르자, 흥선대원군은 기다렸다는 듯 임금인 고종 대신 자신이 앞장서 나랏일을 돌보았어요. 대원군은 가장 먼저 당쟁과 세도정치의 뿌리가 되어 버린 서원*을 없애 버리라고 했어요.

"서원은 학문을 배우는 신성한 곳입니다. 없애다니 당치 않습니다."

"그렇사옵니다. 인재를 키우고 조상님께 제사를 지내는 서원을 어찌하여 없애려 하십니까?"

세도정치 | 어떤 가문이나 세력이 임금의 힘을 대신 누리며 정치를 하는 것을 말해요.
서원 | 지방에 있는 교육기관이자 그 지방에서 이름난 학자나 충신의 제사를 지내던 곳이에요.

대원군이 전국의 서원 수백 곳 가운데 마흔일곱 개만 남기고 모두 없애 버리자 곳곳에서 양반들의 상소가 빗발쳤습니다. 하지만 대원군은 끝까지 자신의 뜻을 굽히지 않았어요. 원래 서원은 좋은 뜻으로 지어졌지만 세월이 흐르면서 양반들이 당파를 짓거나 아무 때나 백성들을 불러다 일을 부려먹고 하면서 점점 피해가 커졌기 때문이에요.

대원군은 자기 멋대로 세금을 걷는 지방의 탐관오리들을 벌하고 양반들의 옷차림도 검소하게 할 것을 명령했습니다. 이런 정책들로 나라가 조금씩 안정을 되찾자 대원군은 무너진 왕권을 되찾으려는 뜻으로 경복궁을 다시 짓기로 했어요. 이 때문에 많은 백성들이 강제로 끌려 나와 일을 하거나 적지 않은 세금을 내야만 했어요.

"양반 나리들한테 벗어나는가 싶더니 이게 또 무슨 일인가? 예전보다 세금도 더 내고 일도 더 하게 생겼네."

다시 고된 노동에 시달리게 된 백성들의 원망이 점점 높아져 갔지요. 양반들은 양반들대로 개혁 조치로 특권을 잃어버려 대원군한테 등을 돌렸어요.

그 무렵 조선에는 서양에서 들어온 천주교를 따르는 사람들의 숫자가 빠르게 늘고 있었어요. 사실 대원군은 천주교를 그리 나쁘지 않게 생각하고 있었어요. 자신의 부인(고종의 어머니 민부대부인) 또한 천주교 교리를 공부하고 있었고, 딸인 이씨 부인과 고종의 유모 또한 천주교 신자였기 때문이에요.

"천주교 교리를 들어 보니 조상님께 제사를 안 지내는 것을 빼고는 모두 아름답고 참된 것 같소."

흥선대원군이 서양인을 배척하려는 뜻으로 세운 척화비

대원군은 이렇게 말한 적도 있을 만큼 처음에는 천주교에 별다른 간섭을 안 했어요. 하지만 얼마 안 지나 천주교를 크게 탄압했지요. 왜 그랬을까요?

천주교 신자들의 숫자가 눈에 띄게 늘어나자 유생들은 천주교가 조상님께 제사를 안 지내는 나쁜 종교라고 비판을 했어요. 청나라에서도 서양인 천주교 신부들을 사형에 처하고 있다는 소식이 들리자 조정의 대신들은 더욱 거세게 천주교를 금지할 것을 요구했습니다. 정치 세력이 약한 대원군은 이 같은 유생들의 불만을 잠재우고, 경복궁을 다시 짓는 일로 흉흉해진 민심을 다른 곳으로 돌리려고 천주교를 탄압하는 쪽으로 마음을 바꾸고 말았어요.

"천주교는 조선을 팔아먹으려 하는 서양 오랑캐의 것이다. 이제부터 천주교를 믿는 자들을 모두 처벌할 것이다."

천주교 신자들의 순교지에서 성지로 자리 잡다

곧 무서운 피바람이 불어닥쳤습니다. 전국 곳곳에서 천주교 신자들이 처형되거나 노비가 되고 재산도 모두 빼앗겼어요. 이 사건은 1866년 병인년에 일어났다고 해서 '병인박해'라고 합니다. 한강변 잠두봉에서 프랑스 신부들을 비롯한 8천여 천주교 신자들이 끔찍하게 목숨을 잃었지요.

천주교 신자들의 목을 조르는 고문 도구로 쓴 형구돌

원래 잠두봉은 누에 머리와 비슷하다고 해서 붙여진 이름이었어요. 그런데 프랑스 군함이 천주교 탄압을 빌미로 조선에 침입하자 화가 난 대원군은 이곳에서 보라는 듯이 천주교 신자들의 목을 베어 버렸지요. 그 뒤로는 잠두봉이라는 이름 대신 '머리를 자르다.'라는 뜻의 절두산이라고 일컬었습니다.

"천주교인들 때문에 오랑캐들이 여기까지 왔다. 천주교인들 때문에 우리 강물이 서양의 배로 더럽혀졌다. 천주교인들의 피로 이 더러움을 씻어내야 한다."

프랑스군의 침략으로 대원군은 더욱더 천주교를 탄압했고 나라의 문을 굳게 걸어 잠그는 쇄국정책*을 고집했습니다.

병인박해가 일어난 지 100년이 흐른 뒤, 한국 천주교회에서는 1967년 10월 이곳에 순교 기념관을 열었어요. 오늘날 절두산 성지 안에는 한국 천주교회 관련 사료와 유물·유

쇄국정책 | 외국과 교류하는 것을 모두 금지한 외교 정책을 말해요.

절두산은 조선 시대 지리서인 『동국여지승람』에는 가을두(加乙頭)라고 기록되어 있어. 옛날에는 한강변의 명승지로 그 풍경이 뛰어나서 문인들의 발길이 끊이지 않았다고 해. 중국 사신들이 오면 빼놓지 않고 다녀갈 만큼 아름답기가 빼어났다고 하지.

품 전시관, 순례 성당, 우리나라 첫 신부인 김대건의 동상과 임진왜란 때 일본으로 끌려가 순교한 성녀 주리아의 묘비가 있어요. 순교 기념관의 접시 모양 지붕은 순교자의 갓을, 수직 벽은 목에 채운 칼을 뜻한다고 해요.

정약종이 지은 첫 한글 교리 책인 『주요교지』와 초기 천주교 신자들이 꼭 읽어야 하던 『천주실의』 그리고 김대건이 손으로 쓴 편지도 볼 수 있지요.

절두산 성지는 생명을 바쳐서 자신의 믿음을 지킨 천주교 신자들의 순교 정신이 살아 숨 쉬는 뜻 깊은 곳입니다. 그래서 1984년 교황 요한 바오로 2세가 우리나라에 왔을 때 가장 먼저 방문한 곳이기도 합니다.

이야기 정거장 돋보기

절두산 순교 기념비

척화비와 석탑

절두산 성지 · 절두산은 조선 시대 양화나루 옆에 있던 언덕으로, 개화기 때 수많은 천주교 신자들이 처형된 곳이에요. 한강 쪽으로 뻗은 봉우리 모양이 누에 머리 같기도 하고 용의 머리처럼 보이기도 해서 잠두봉이나 용두봉 또는 가을두라고도 했지요.

잠두봉은 고종 3년(1866)에 일어난 병인양요 때 한강을 거슬러 온 프랑스 함대에 맞서 싸우는 방어 기지로 쓰이기도 했어요. 이 사건이 있고 나서 대원군이 1만에 가까운 천주교 신자들을 붙잡아 이곳에서 목을 잘라 처형한 뒤 절두산이라고 일컫게 되었습니다.

양화진 나루터 비

절두산 성지 안에 있는 순교 기념관은 병인박해 순교 100주년을 기념해서 1967년에 세웠어요. 절두산의 아름다운 자연을 그대로 살리는 데 많은 공을 들여 설계를 했다고 합니다. 순교 정신을 잘 상징해 표현하면서도 우리나라 전통의 아름다움을 살리는 데 초점을 맞추었다고 합니다.

성지 안에는 우리나라 순교 성인 103위 가운데 29위 성인과 이름을 알 수 없는 순교자 한 사람의 유해가 있고, 수많은 소장품을 지닌 전문 박물관이 들어서 있습니다. 서울시에서 뽑은 외국인을 위한 시내 주요 관광지에 들어 있을 만큼 서울의 대표 문화재라고 할 수 있어요. 1997년 11월 11일 양화나루터와 함께 사적 399호로 지정되었어요.

절두산 순교 박물관 별관에 있는 체험관

33 우리나라 사람보다 더 우리나라를 사랑한 외국인들의 안식처
외인묘지

"우리나라를 가장 사랑하는 사람은 누구일까? 물론 우리나라 사람들이겠지? 그런데 이곳 외인묘지에는 우리나라 사람들보다 더 우리나라를 사랑한 외국 사람들이 묻혀 있단다. 선교사, 외교관, 의사, 기자…… 직업과 태어난 나라는 달라도 우리나라를 사랑하는 마음만은 같아서 모두 우리나라에 묻히길 바랐다는 거야. 심지어 식구들까지도 말이야. 그래서 그런지 묘지가 무섭다는 느낌보다는 편안한 쉼터처럼 느껴지는구나."

알아두기

- **주소** | 서울시 마포구 합정동 144번지
- **교통** | 지하철 2호선, 6호선 합정역
- **보는 시간** | 오전 10시~오후 5시
- **더 볼 곳** | 절두산 성지, 망원정, 월드컵공원, 공민왕 사당, 광흥창 터

묘지라고 하지만 무섭지 않아

　마포구 합정동에 있는 양화진 외국인 묘지에는 조선 시대 말 고종 때부터 우리나라를 위해 많은 일을 한 외국인들이 묻혀 있습니다. 선교사들의 묘가 많아서 해마다 여러 기독교 단체에서 추모 행사를 열기도 하지요.

　묘지라고 하니 조금 무서운 느낌이 든다고요? 이곳은 100년이 넘은 아름드리 나무들이 우거져 있어서 우리가 보통 상상하는 묘지라기보다는 공원의 모습에 더 가깝습니다. 무덤은 모두 450여 개가 있는데, 그 가운데에는 어린아이나 몇 대에 걸친 식구 묘도 있습니다. 외국 사람들의 이름이 새겨진 비석들을 하나하나 둘러보면 이들이 과연 어떤 삶을 살았기에 머나먼 낯선 나라에 묻히게 되었는지 궁금해집니다.

우리나라 사람보다 더 우리나라를 사랑한 사람들이 잠든 곳

구한말 한국에 들어온 선교사이자 외교관인 미국인 호머 헐버트의 비석엔 이런 말이 써 있어요.

"나는 웨스트민스터 사원*보다도 한국 땅에 묻히기를 바라노라."

헐버트는 그만큼 우리나라를 사랑했어요. 우리나라의 첫 세계 지리 교과서를 만들고, 헤이그 만국평화회의*에서 우리나라의 독립을 호소하기도 했습니다. 일제에 강제로 쫓겨나 우리나라를 떠난 뒤에도 프랑스와 미국에서 우리나라의 독립을 돕는 일에 발벗고 나섰지요. 1949년, 여든여섯 살이 되어 광복을 맞이한 우리나라 땅을 되찾아 왔지만 겨우 일주일 만에 숨을 거두고 이곳에 묻혔다고 합니다. 헐버트가 지은 『대한제국 멸망사』라는 책의 첫 장에는 "악의에 찬 외세에 시달림만 받을 뿐, 옳은 평가를 받아 본 적이 없는 한 국가와 민족의 독자들한테 관심을 불러일으키고자 쓴 사랑의 열매"라고 쓰여 있습니다.

토머스 베델은 영국에서 온 기자였습니다. 베델은 「대한매일신보」와 「코리아 데일리

호머 헐버트 박사

웨스트민스터 사원 | 영국 런던에 있는 역사 깊은 묘지예요. 영국의 왕들과 처칠 같은 사람들의 묘가 있지요.
헤이그 만국평화회의 | 만국평화회의는 러시아 황제 니콜라이 2세가 제안해 세계 평화를 이루겠다는 뜻으로 연 국제회의입니다. 2차 회의는 1907년 네덜란드 헤이그에서 열렸어요. 고종은 이 만국평화회의에 이상설, 이위종, 이준을 보내 일본의 부당한 침략 행위를 폭로하고, 국제 여론의 도움을 얻어 조약을 파기시키려고 했지만 실패했어요. 일본은 이 사건을 구실로 고종을 물러나게 하고 순종을 왕으로 세웠지요.

뉴스」에 기사를 실어 우리나라를 식민지로 삼으려는 일본의 제국주의 정책을 비판했어요. 또한 일제의 만행을 고발하고 우리 겨레의 애국심을 높이는 글을 실었습니다. 당연히 일제는 베델을 쫓아내려고 온갖 방법을 다 썼지요. 끝내 우리나라에서 쫓겨났다가 다시 돌아왔지만 몸이 쇠약해진 나머지 그만 서른일곱 살밖에 안 된 젊은 나이에 세상을 떠나고 말았습니다.

그때 고종 황제는 "하늘도 무심하시지. 어째서 이다지도 급히 그를 데려갔단 말인가!"라며 탄식했다고 해요. 1910년 일제는 베델의 묘에 세워진 추모비의 내용을 칼과 망치로 지워 버리기까지 했어요. 원래 내용을 담은 새로운 비석이 세워진 것은 1964년이었습니다. 외국인 묘지 한쪽에는 홀, 언더우드, 아펜젤러, 에비슨의 집안 식구들이 묻혀 있는 묘도 있습니다. 그 가운데에서도 캐나다에서 온 홀 집안은 오늘날까지도 많은 사람들한테 존경을 받고 있지요. 홀의 집안은 우리나라에 들어와 2대에 걸쳐서 의료 봉사와 선교 활동을 했습니다. 홀의 집안 식구들 가운데 처음으로 한국에 들어온 윌리엄 홀은 평양에

언더우드 가족 묘지

셔우드 홀 묘지. 그는 부모님에 이어 우리나라에서 의료 봉사와 선교 활동을 했어요.

서 청일전쟁의 부상자들과 환자들을 치료하다가 전염병에 걸려서 죽음을 맞이했습니다. 한국에 들어온 지 겨우 3년 만이었지요.

그때 윌리엄 홀의 부인인 로제타 홀은 임신 7개월이었는데, 배 속에 있던 딸도 태어난 지 얼마 안 되어 병으로 죽었습니다. 하지만 홀 부인은 슬픔을 이겨내며 꿋꿋이 환자들을 돌보았어요. 여성 의사와 간호사를 키우며, 홀 부인을 도운 김점동(나중에 박에스더로 이름 바꿈)을 미국으로 데려가 의학 공부를 시키기도 했지요.

△ 한국 기독교 선교 기념관

박에스더는 우리나라 첫 여의사가 되어 홀 부인처럼 병자들을 위해 몸을 바쳤어요. 홀 부부의 외아들인 셔우드 홀도 부인과 함께 의료 봉사를 했지요. 셔우드 홀은 폐결핵 요양원을 세우고, 우리나라에서 처음으로 크리스마스 실(seal)을 만들어 결핵 환자들을 도왔습니다.

이 밖에도 외인묘지에는 머나먼 나라에 와서 자신을 희생한 많은 외국인들이, 그들이 사랑한 한국의 품에 고이 잠들어 있습니다.

"누가 나에게 천의 생명을 준다 해도 나는 그를 모두 한국에 바치리라."

어느 비석에 쓰인 이 글만 봐도 가슴이 뭉클해집니다.

🔍 이야기 정거장 돋보기

양화진에 자리한 외인묘지

외인묘지 • 1885년 6월 미국의 의료 선교사로 한국에 온 헤론이 1890년 전염병으로 세상을 떠났어요. 그러자 그때 우리나라에 들어와 있던 외국인들이 한강변 양화진에 외국인 공동묘지를 내 달라고 정부에 요청했지요. 그 뒤 양화진 외인묘지는 우리나라를 사랑하고 우리 땅에 묻히기를 바라는 외국인들의 영원한 안식처가 되었어요. 이 외인묘지의 정식 이름은 '양화진 외국인 선교사 묘원'입니다.

묘지에 묻힌 사람으로는 연세대학교를 세운 언더우드의 부인 홀튼 여사와 그 아들인 원한경 박사 부부, 이화학당을 세운 스크랜턴 부인, 배재학당을 세운 아펜젤러 2세(배재학당 5대 교장)와 딸 앨리스 아펜젤러(이화여전 초대 교장), 우리나라 첫 근대 병원인 제중원과 기독교서회를 세운 헤론과 같은 사람이 있어요. 6·25전쟁 때 이곳에서 치열한 전투가 벌어진 탓에 비석 곳곳에 총탄 자국이 남아 있기도 합니다.

총탄 자국이 남아 있는 묘비

34 망원정

아름다운 한강 경치를 내려다보며 아쉬움을 달래던 정자

"세종의 형 효령대군, 성종의 형 월산대군의 공통점은 동생이 왕이 됐다는 거야. 아무리 왕위에 욕심이 없었다고 해도 막상 동생이 왕이 되면 마음이 편치만은 않았겠지. 그래서 그들은 이곳 망원정의 아름다운 풍경과 우거진 나무 그늘 속에서 아쉬운 마음을 달랬다고 해. 한편으로 생각해 보면, 골치 아픈 나랏일에서 벗어나 이렇게 아름다운 정자에서 뛰어난 경치를 즐겼으니 이들이 더 팔자 좋은 사람 아니었을까?"

알아두기

- **주소** | 서울시 마포구 합정동 457-1번지(양화대교 옆)
- **교통** | 지하철 2호선, 6호선 합정역
- **보는 시간** | 오전 9시~오후 6시
- **더 볼 곳** | 월드컵공원, 절두산 성지, 외인묘지, 공민왕 사당, 광흥창 터

왕이 못 된 아쉬움을 아름다운 경치로 달래던 곳

추강*에 밤이 드니 물결이 차노매라
낚시 드리우니 고기 아니 무노매라
무심한 달빛만 싣고 빈 배 저어 오노매라

이 시조는 조선의 아홉 번째 임금인 성종의 형 월산대군이 쓴 것입니다.

월산대군은 세조의 맏손자로 태어났지만 동생인 자을산군(훗날 성종)이 왕위에 오르는 것을 지켜봐야 했어요. 자을산군의 장인이자 그때 권력을 한 손에 움켜쥐고 있던 한명회가 앞장서서 자을산군을 왕으로 밀었기 때문이지요.

권력에서 멀어진 월산대군은 궁궐을 떠나 자연과 벗하며 조용히 남은 삶을 살아갔어요. 그러던 어느 날, 지금의 마포구 망원동에 있던 희우정이란 정자에 흠뻑 반해 새롭게 고쳐 지은 뒤 '아름다운 경치를 바라본다.'라는 뜻으로 '망원정'이라 이름 붙였어요. 그리고 망원정에서 시조 가락을 읊으며 아쉬움을 달랬지요.

추강 | 가을 강을 말해요.

한강이 내려다보이는 망원정 안 모습

망원정

　원래 이 자리에 처음으로 정자를 지은 사람은 세종의 둘째 형인 효령대군이었어요. 효령대군 또한 월산대군처럼 아우인 충녕대군(훗날 세종)이 왕위를 물려받는 걸 지켜봐야 했지요.

　정치에 욕심이 없던 효령대군은 한강이 한눈에 내려다보이는 이곳에 별장과 더불어 정자를 지었다고 합니다. 효령대군이 자리를 잡은 오늘날의 망원동 한강변은 소나무와 버드나무가 우거져 머리를 식히기에는 더없이 좋은 곳이었어요. 효령대군은 아우인 세종을 비롯한 여러 사람들과 어울려 시를 짓는 모임을 열기도 했습니다.

　그러던 어느 해, 지독한 가뭄으로 여러 달 동안 비가 안 내리자 세종의 근심은 날로 더해 갔어요. 비가 안 내리면 농사를 지을 수 없기 때문에 온 나라가 한숨 소리로 가득했지요. 세종이 형 효령대군과 함께 정자에 올랐어요.

　"비가 안 내려서 정말 큰일입니다. 이렇게 하늘이 원망스러울 수가……."

세종이 효령대군한테 말을 하는 바로 그 순간, 하늘에서 갑자기 '후드득' 소리가 나더니 그토록 바라던 빗방울이 떨어져 내렸어요. 세종은 물론 정자에 있던 사람들 모두 크게 기뻐했지요.

"전하! 백성을 사랑하는 전하의 마음이 하늘에 닿은 것 같사옵니다."

"전하! 이제 백성들이 농사를 다시 지을 수 있으니 참으로 다행한 일이옵니다."

그러자 세종은 신하들을 바라보며 밝은 목소리로 말했습니다.

"이곳에서 반가운 비를 보게 되었으니 '기쁨의 비'라는 뜻으로 이 정자의 이름을 '희우정'이라 하면 어떻겠소?"

이렇게 해서 희우정이라는 이름이 붙은 효령대군의 정자를 훗날 월산대군이 망원정이라 고쳐 지은 것입니다.

망원정 안쪽에 있는 '희우정' 현판

망원정 뒤편 건물에서 바라본 강변북로와 한강

왕들의 쉼터로 자리 잡다

연산군*이 왕위에 오르면서 망원정에는 적지 않은 변화가 생겼습니다. 술 마시고 노는 것을 좋아한 연산군은 망원정을 1천 명도 넘는 사람이 들어가 앉을 수 있는 크고 화려한 정자로 탈바꿈시키려고 했어요. 그래서 이름도 제멋대로 '수려정'이라 바꾸었습니다.

"여봐라! 수려정에서 내려다보이는 건물들을 모조리 없애 버려라."

연산군은 아름다운 풍경에 거치적거리는 집들까지 모조리 허물어 버렸습니다. 양화진

연산군 | 조선의 10대 왕이에요. 무오사화, 갑자사화를 일으켜 많은 선비들을 죽였다가 폭군으로 몰려 중종반정으로 쫓겨났지요.

△ 건물 바깥쪽에 걸린 '망원정' 현판

망원정은 어린이들이 역사와 전통을 느끼기에 안성맞춤인 곳이야. 해마다 여름방학이면 초등학생들이 옹기종기 모여 판소리를 배우는 곳이기도 해.

에서 마포에 이르는 넓은 땅이 모두 빈터가 되어 버렸지요. 하지만 연산군은 이처럼 공을 들인 정자에서 아름다운 풍경을 제대로 즐겨보지도 못한 채 그만 왕위에서 쫓겨나고 말았습니다.

그 뒤 정자는 다시 망원정이라는 옛 이름을 되찾았습니다. 조선 시대 내내 망원정은 왕들의 쉼터로 꾸준히 사랑을 받았지요. 조선 말 병인양요*가 일어난 뒤 고종의 아버지 흥선대원군은 서양의 배가 다시 한강에 쳐들어오지 않는지 망원정에 올라 자주 살펴봤다고 해요.

망원정은 1925년 대홍수가 나는 바람에 그만 물속으로 사라지고 말았어요. 게다가 한강 둘레에 큰 길이 뚫리면서 흔적조차 찾기 힘들게 되었지요. 70년 가까운 세월이 지난 1989년에 이르러서야 망원정 터를 되찾아 옛 모습 그대로 다시 지었습니다. 오늘날의 행정구역인 마포구 망원동은 바로 이 망원정 때문에 붙여진 이름이에요.

병인양요 | 1866년(고종 3년) 대원군이 천주교 신자들을 탄압하고 죽이자 프랑스 함대가 강화도에 쳐들어온 사건을 말해요.

이야기 정거장 돋보기

옛날 망원정으로 들어가던 문. 지금은 드나들 수 없어요.

망원정 • '망원동'이란 이름의 뿌리가 된 망원정은 원래 세종대왕의 둘째 형인 효령대군의 별장이 있던 곳이에요. 왕위에 오른 세종대왕은 이곳에서 한강의 아름다운 풍경을 즐기고 효령대군과 우애를 나누었다고 합니다.

이 정자의 원래 이름은 세종대왕이 지은 '희우정'이었는데, 성종 14년(1484) 성종의 형인 월산대군이 정자를 크게 고쳐 지으면서 망원정으로 이름을 바꾸었어요. 성종은 월산대군과 함께 망원정에 올라 아름다운 한강 경치를 즐기기도 하고, 신하들한테 시를 지어 바치게 해서 잘 지은 사람한테는 상으로 활을 내렸다고 합니다.

연산군 12년(1506) 7월에 1천 명이 앉을 수 있는 크기로 건물을 뜯어 고치고 이름도 수려정으로 바꿨지요. 그러나 그 해 9월 중종반정이 일어나 연산군이 쫓겨나면서 정자는 다시 망원정이란 이름을 되찾았습니다. 경치가 매우 아름다워 중국 사신을 대접하는 연회장으로 쓰기도 했어요. 1925년 을축년 대홍수 때 빗물에 쓸려 내렸다가 1989년 10월 원래 모습으로 되살렸습니다.

선유도에서 바라본 망원정

Jump! 역사 속으로

이름만 남은 한강의 정자들

옛날에는 한강변에 정자들이 무척 많았습니다. 물 좋고 경치 좋은 언덕 위에는 으레 정자가 있었지요.
서강의 망원정, 본동의 용양봉저정, 압구정동의 압구정, 한남동의 천일정과 제천정과 같이 한강이 한눈에 들어오는 자리에 우리 조상들이 지어 놓은 정자는 모두 열두 곳이나 되었습니다. 오랜 세월이 흐른 지금 어떤 정자는 사라졌고, 어떤 정자는 높은 건물에 가려 한강을 볼 수 없게 되었어요. 그 옛날 정자들은 이름만 남기고 사라졌지만 그 안에 담긴 이야기는 아직도 흐르는 강물을 따라 전해져 내려옵니다.

겸재 정선이 그린 압구정

갈매기가 날던 호화로운 정자, 압구정

세조를 왕위에 오르게 한 일등 공신인 한명회는 호화로운 별장을 가진 것으로도 소문이 자자했는데, 그것이 바로 압구정이었습니다. 압구정이란 '세상 일 다 버리고 강가에 살며 갈매기와 친하게 지낸다.'라는 뜻인데, 정자가 얼마나 크고 화려하면서 둘레 경치까지 좋았는지 명나라에도 소문이 났다고 합니다. "압구정에 안 들르면 조선까지 온 보람이 없다."면서 명나라 사신들이 모두 압구정에 가 보고 싶어 했다고 해요. 오늘날 '압구정동'이란 이름도 바로 이 정자에서 나왔어요. 정자가 언제 없어졌는지는 확실하지 않아요. 외국 사신들까지 몰려들었다는 압구정이 있던 곳은 오늘날 서울의 가장 번화한 동네로 여전히 이름을 떨치고 있습니다.

하늘과 강물이 함께 어우러진 풍경, 천일정

천일정은 조선 성종 때 좌의정을 지낸 김국광이 지은 정자예요. '천일정'이란 이름은 당나라 시인이 지은 '가을 물빛이 하늘빛과 함께 길다.'라는 시에서 따온 것이라고 합니다. 이름처럼 하늘과 강물이 함께 어우러진 풍경이 정말 그림 같았다고 해요. 날씨가 맑은 날이면 한강의 물빛이 저 멀리 하늘 끝까지 파란빛으로 한데 어우러지고 압구정, 남한산, 잠실, 잠원동, 청계산, 관악산까지도 보였다고 해요. 천일정은 6·25전쟁 때 폭격을 맞아 없어지고 말았어요. 그 뒤 천일정

천일정 표석

이 있던 자리에 한남대교가 놓이고 강변북로가 뚫리면서 지금은 한남동 한구석에 조그마한 표석으로만 그 자취를 알 수 있습니다.

달구경으로 이름난 왕실의 별장, 제천정

제천정은 용산구 한남동 언덕에 있던 조선 왕실의 정자였습니다. 아름다운 경치로 한강변의 정자 가운데 왕이 가장 자주 찾은 곳이었다고 해요. 경치를 감상할 때는 물론 선릉이나 정릉에 제사를 지내고 돌아오는 길에 잠시 들러 쉬었다 가기도 했다니, 이름만 정자일 뿐 왕실의 별장이나 마찬가지였습니다. 달구경하기 좋은 곳으로 소문이 나서 한도십영*의 하나로 손꼽히기도 했습니다.

그렇다면 제천정은 언제 없어졌을까요? 1624년 이괄의 난이 터지자 피난길에 오른 인조 일행이 한강에 이르렀어요. 깜깜한 밤이어서 한강을 건너려면 불을 밝혀야 했지요.

"시간이 없구나. 제천정을 태워 불을 밝히도록 하여라!"

이렇게 해서 제천정은 왕이 도망가는 데 필요한 햇불용 땔감이 되었답니다.

한도십영 | 월산대군, 강희맹, 서거정 같은 선비들이 서울의 경치 좋은 곳 열 군데를 골라서 지은 시를 말해요.

35 쓰레기 더미에서 피어난 새로운 희망

월드컵공원과 난지지구

"꽃으로 가득한 향기롭고 예쁜 섬이 어느 날부턴가 쓰레기 산으로 바뀌었다면? 난지도는 원래 난초와 영지가 많은 섬이라고 해서 붙여진 이름이란다. 하지만 어느 날 갑자기 쓰레기 매립장이 되면서 세상에서 가장 더러운 곳으로 바뀌고 말았지. 그런 곳이 2002년 월드컵 대회를 앞두고 놀라운 모습으로 새롭게 탈바꿈을 했단다. 어떻게 그런 일이 일어날 수 있었는지 궁금하지? 월드컵의 함성이 살아 있는 곳으로 자, 출발!"

알아두기

주소 | 서울시 마포구 성산동 390-1번지
교통 | 지하철 6호선 월드컵경기장역
더 볼 곳 | 망원정, 외인묘지, 절두산 성지

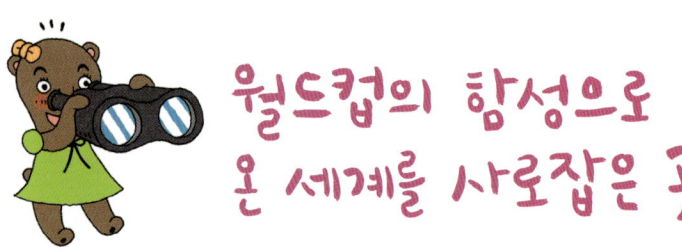
월드컵의 함성으로 온 세계를 사로잡은 곳

"오, 필승 코리아! 오, 필승 코리아!"

2002년 여름, 월드컵 축구 대회의 열기가 끓는 가마솥처럼 달아오르며 전국은 붉은악마의 함성으로 가득 찼습니다. 걸음마 뗀 아기부터 꼬부랑 할머니까지 나라가 온통 들썩거렸지요.

서울 마포구에 있는 월드컵공원에 가면 2002년의 환호성이 다시 들리는 듯합니다. 흔히 '월드컵공원'이라고 하는 상암지구 공원은 사실 평화의공원, 난지 한강시민공원, 난지천공원, 노을공원, 하늘공원, 이렇게 다섯 공원으로 나뉘어 있어요. 2002년 월드컵과 새로운 천 년을 기념하는 뜻으로 난지도 쓰레기 매립장을 메워서 만든 공원이지요. 이제 쓰레기는 간데없고 푸르

△ 붉은악마의 응원 모습

른 들판과 높은 하늘, 맑은 공기만 느껴질 뿐입니다.

'난지'란 은은한 향기가 나는 식물인 난초와 영지버섯을 뜻해요. 아름다운 것을 비유할 때 흔히 쓰는 말이지요. 이렇듯 원래 난지도는 이름처럼 꽃으로 가득한 향기롭고 예쁜 섬이었어요. 학생들이 소풍을 가거나 신혼부부들이 여행을 가고, 배우들이 영화를 찍기도 했지요.

난지도는 땅콩과 수수 농사로 이름난 곳이기도 했어요. 그때 집집마다 쓰던 수수 빗자루는 거의 다 이곳 난지도에서 만들어졌다고 해요.

쓰레기 매립장으로 버려진 아픈 기억의 섬, 난지도

이렇게 아름다웠던 난지도가 왜 쓰레기장이 된 것일까요?

그때 잠실과 장안동, 상계동에 있던 쓰레기 매립지가 가득 차 버리자 시내에서 멀리 떨어져 있고 교통이 편리하다는 까닭으로 난지도가 새로운 쓰레기 매립지로 뽑힌 것입니다. 이렇게 해서 1978년부터 15년 동안 이 향기로운 섬은 더러운 냄새가 진동하는 쓰레기 섬이 되고 말았습니다. 서울 시민들이 쓰고 버린 온갖 쓰레기가 이곳에 가득가득 쌓였지요.

난지도에는 꽃향기 대신 온갖 쓰레기에서 나는 악취와 먼지, 벌레들이 우글거렸어요. 사람들은 난지도 곁을 지날 때마다 코를 막고 눈살을 찌푸리기만 했습니다. 난지도가 쓰

하늘공원에서는 해마다 10월에 억새잔치를 열어. 잔치가 열리면 밤 10시까지 억새밭 오솔길을 걸을 수 있지. 보통 때는 야생 동물들이 자유롭게 지낼 수 있게 해가 떨어지면 들어갈 수 없어.

억새밭으로 뒤덮인 하늘공원

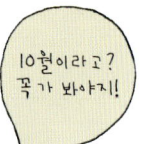

10월이라고? 꼭 가 봐야지!

쓰레기 동산이라고 해서 아예 사람이 안 살았던 것은 아니에요. 하루 종일 쓰레기 더미에서 쓸 만한 폐품을 찾아내 살아가는 사람들이 모여 마을을 이루기도 했지요. 사람들은 쓰레기 더미에서 나오는 가스 때문에 병에 자주 걸리고 언제 불이 날지 모르는 불안감에 떨면서 살아야 했습니다. 쓰레기는 하늘 높은 줄 모르고 높아지다가 마침내 더는 쌓을 수 없을 만큼에 이르러야 쓰레기 산은 자라는 것을 멈추게 되었어요.

그 뒤 난지도를 되살리려고 수많은 사람들이 애를 썼습니다. 시간이 흐르면서 마침내 썩은 물이 고여 있던 난지천이 맑은 물로 바뀌고, 갯버들과 갈대와 같은 식물들이 우거지게 되었어요. 쓰레기를 실어 나르던 트럭들의 먼지가 사라지자 자연은 어느덧 원래 모습을 되찾아 갔습니다.

쓰레기 산에서 환경 생태 에너지 공원으로 탈바꿈하다!

하늘 높은 줄 모르고 솟아오르던 쓰레기 산은 하늘공원과 노을공원으로 다시 태어났어요. 하늘공원은 291개인 하늘 계단을 따라 위로 올라가면 정말 하늘과 가까울 만큼 높은 곳에 다다릅니다. 북쪽으로는 북한산, 동쪽으로는 남산과 63빌딩, 남쪽으로는 한강, 서쪽으로는 행주산성이 보이지요. 가을이면 어린아이 키만 한 억새풀이 자라납니다. 해마다 하늘공원 억새잔치가 열리면 수십 만이나 되는 사람들이 억새를 보러 이곳에 옵니다. 또 다른 쓰레기 동산이었던 노을공원은 이름처럼 해가 지는 모습이 무척 아름다운 곳이지요.

이 밖에 평화의공원은 월드컵공원을 대표하는 곳으로, 월드컵 개막 전야제가 열린 곳이기도 합니다. 한강 물을 끌어와 만든 난지연못은 발을 담그고 놀 수 있어서 어린이들한테 인기가 많은 곳이에요. 연못에는 부들, 아기연꽃, 수련이 피어 있는데, 이 식물들은 물을 깨끗하게 해 줍니다. 연못 속에는 물고기가 떼를 지어 노닐고, 해오라기나 원앙새도 이따금 찾아와 먹이를 찾지요.

난지 한강시민공원은 수백 명이 들어갈 수 있는 캠핑장으로 잘 알려져 있어요. 2002년 월드컵 때 외국인 배낭 여행족을 위해 만들어졌지요. 한강시민공원

하늘공원의 멋진 지그재그 계단

난지 한강시민공원 안에 있는 캠핑장

에서 야영할 수 있는 곳은 이곳 하나뿐이라서 지금도 많은 사람들이 찾고 있습니다. 강바람을 맞으며 물놀이를 하고 강가를 돌아다니다 보면 저절로 자연 학습이 됩니다.

월드컵공원엔 잘 꾸며진 공원 말고도 캠핑장, 야구장, 잔디 마당, 수상 스키장, 요트장처럼 여러 가지 체험을 할 수 있는 곳이 아주 많아요. 쓰레기장에서 태어난 새로운 공간인 만큼 환경 보호에도 앞장서고 있어요. 전기차와 자전거를 빌려 주어 자동차에서 나오는 나쁜 가스가 안 나오게 하고, 끊임없이 땅을 깨끗하게 만들고 있답니다. 물론 아직도 난지도에서는 오염된 물과 가스가 조금씩 새어 나오고 있어요. 자연을 망가뜨리는 건 금방이지만 다시 살리는 데는 훨씬 시간이 오래 걸린다는 교훈을 안겨 줍니다.

이처럼 월드컵공원은 다시 태어난 땅 위에 자연과 사람이 조화를 이루어 세계 어디에 내놔도 자랑스러운 환경 생태 에너지 공원으로 발돋움하고 있습니다. 이곳에 가면 월드컵경기장 가득 울리던 함성 소리뿐만 아니라 새로운 생명을 얻은 자연의 노랫소리도 들리는 듯합니다.

이야기 정거장 돋보기

2002년 월드컵이 열렸던 서울월드컵경기장

하늘공원

상암 월드컵공원 • 상암동에 자리한 월드컵공원은 350만 제곱미터에 이르는 엄청난 크기를 자랑합니다. 2002년 한·일 월드컵 축구 대회를 기념해서 만들었지요. 이 공원은 쓰레기 산인 난지도 위에 세운 친환경 테마 공원입니다. 맑은 공기와 한강, 꽃과 나무가 어우러져 사람들한테 편안한 쉼터 구실을 해 주는 곳으로 해마다 수백 만 명이 찾고 있지요. 월드컵공원은 평화의공원, 난지천공원, 난지 한강시민공원, 하늘공원, 노을공원으로 이루어져 있어요. 이 가운데 하늘공원 억새잔치는 여러 가지 문화 공연과 도시에서 보기 힘든 억새밭이라는 특징으로 서울시를 대표하는 잔치 가운데 하나로 자리 잡았어요.

난지도 • 난지도는 원래 한강 하류에 있는 삼각주였어요. 삼각주란 강이 바다로 들어가는 어귀에 강물이 실어 온 모래나 흙이 쌓여 이루어진 편평한 지형을 말해요.
난지도는 철 따라 온갖 꽃이 활짝 피어나 '꽃섬'이라고 말할 만큼 아름다웠어요. 자연스러운 모양의 제방이 있어서 조선 시대 말까지 놀잇배가 머무는 곳으로도 쓰였지요.
한때 서울의 온갖 쓰레기가 모이는 땅이었지만 지금은 캠핑장, 야구장, 국궁장, 잔디 마당, 수상 스키장과 요트장 같은 시설을 갖추고 사람들한테 즐거움을 안겨 주고 있습니다. 난지 한강시민공원은 평화의공원, 하늘공원, 노을공원과 이어져 있지요. 다만, 땅 속에 있는 쓰레기가 자연에 가깝게 돌아가려면 아직도 적지 않은 시간이 더 필요하다고 해요.

쓰레기로 뒤덮인 옛날 난지도의 모습

오늘날의 난지도 전경

36 조선 시대의 소금 창고

염창 터

웅이: 엄마, 배고픈데 삶은 달걀 먹어요.

엄마: 그래. (도시락 가방을 열다가 놀라면서) 아이고, 소금을 깜빡했네.

웅이: 에이, 그럼 달걀을 어떻게 먹어요? 소금이 없으면 팥 없는 찐빵에 물 없는 오아시스 꼴인데……

아빠: 그러게 말이다. 삶은 달걀만 먹으려 해도 소금이 필요한데, 만약 이 세상에 소금이 없으면 어떻게 될까?

엄마: 어머, 무슨 그런 무시무시한 소리를……. 소금이 없으면 아마 한 달도 못 가서 세상이 망할지도 몰라요. 박테리아 같은 세균 때문에라도.

아빠: 어쨌든 삶은 달걀을 먹으려면 소금이 필요하니까, 우리 염창동에 있는 옛날 소금 창고 터에 가 볼까? 혹시 지금도 소금이 있을지 모르잖아.

웅이, 엄마: 네?

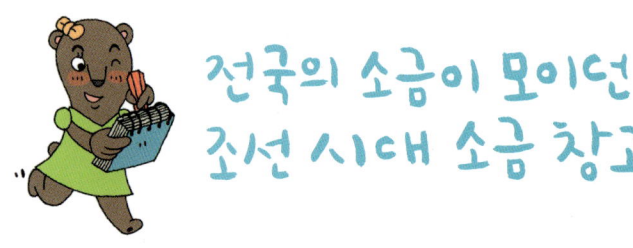

전국의 소금이 모이던 조선 시대 소금 창고

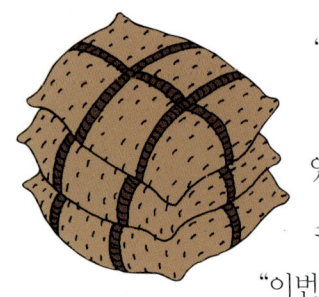

"배가 들어온다!"

누군가 크게 외치는 소리에 사람들이 우르르 나루터로 몰려들었습니다. 동네는 갑자기 시끌벅적거렸어요. 일꾼들은 배에서 소금 가마니를 내려 부지런히 창고로 날랐습니다.

"이번에는 가마니가 많은 걸 보니 물에 안 빠뜨리고 잘 왔나 보구먼."

"이게 다 한양, 경기 사람들이 먹을 소금이니 한 덩이라도 빠뜨리면 되겠소?"

무더운 여름날, 소금기와 땀에 절은 일꾼들은 힘든 줄도 모른 채 어깨에 가마니를 잔뜩 짊어지고 내달렸어요. 소금을 다 실어 나르면 시원한 막걸리 한 사발이 기다리고 있었으니까요.

"지난번에 그 많던 쌀이 강물에 퐁당 빠진 덕분에 그걸로 떡이랑 술을 빚은 게 아직도 많다네."

"어차피 물에 빠진 곡식은 우리 몫 아닌가? 자, 이리 와서 한잔 받게나."

이것이 조선 시대 한강변 증미산 아래, 그러니까 오늘날 강서구 염창동의 풍경이에요. 경기도, 충청도, 전라도에서 세금으로 거두어 올린 소금을 저장하던 소금 창고를 '염창'이라고 일컬었습니다. 소금은 서해 뱃길로 들여왔지요. 서울로 실어 나르는 소금배의

뱃길 어귀인 양천현 가운데에서도 지금의 강서구 염창동은 소금을 보관하기에 알맞은 곳이었습니다. 한강을 따라 더 올라가면 소금이 녹는 일이 많았기 때문에 이곳에 내려 보관하다가 뭍길로 실어 날랐지요. 염창으로 들여온 소금은 국가용과 군사용 그리고 일반용으로 나뉘어 보관되었습니다. 그때는 워낙 소금이 귀해서 '소금 더미 보기를 임금님 용안* 보듯 한다.'는 말도 있었다고 해요.

용안 | 임금의 얼굴을 높여 부르는 말이에요.

쌀도 건지고, 소금도 건지고?

옛날에는 소금이 매우 귀해서 나라에서 관리를 했습니다. 염창으로 운반된 소금이 많을 때는 창고 한 군데만으로는 쌓아 둘 곳이 모자랐지요. 그래서 나중에는 상염창, 중염창, 하염창 이렇게 세 곳으로 나누어 보관하기에 이르렀습니다.

소금 창고를 뜻하는 염창이 오늘날 지명으로 굳어진 염창동에는 증미산이란 산이 있습니다. 높이가 200미터쯤인 야트막한 산인데 염창산이라고도 하지요. 증미산에서 '증미'란 '쌀을 건지다.'라는 뜻이에요. 어떻게 해서 이런 이름이 붙었냐고요?

△ 증미산에서 바라본 한강

옛날에는 곡식을 잔뜩 실은 배가 한강을 타고 마포나 용산으로 들어오다가 난지도 맞은편의 험한 암초에 부딪쳐서 곡식을 강물에 빠뜨리는 일이 가끔 있었어요. 그러면 밤중에 이 동네 사람들이 몰래 곡식을 건져 갔지요. 그래서 산 이름이 증미산이 된 거래요.

지금은 염창이 모두 사라지고 없지만 염창동 29번지 쪽을 지나다 보면 이곳이 염창 터였음을 보여 주는 표석을 볼 수 있습니다.

이야기 정거장 돋보기

염창산이라고도 불리는 증미산

증미산 공원에서 운동하고 있는 사람들

염창 터 • 서울 강서구 한강변의 염창동은 소금 창고인 '염창'에서 지명이 나왔어요. 조선 시대에는 소금이 매우 귀했기 때문에 몰래 사고파는 일이 많았어요. 소금을 실어 나르는 도중 물에 녹아서 염전에서 출발할 때보다 소금 양이 줄어드는 일도 흔했지요. 염창에 소속된 관원이나 양천현의 관리들까지도 이런 일로 곤욕을 치르기 일쑤였어요.

이 때문에 조선 후기에는 양천현의 관리들이 골치 아픈 일이 많이 생기는 염창을 다른 곳으로 옮겨 줄 것을 자주 요청했어요. 숙종 때에 가서 마침내 이곳의 염창이 없어졌다고 합니다.

예전에 소금 창고가 있던 곳은 오늘날 염창동 66-9번지 우성 아파트 자리인데, 이 아파트 103동 후문 경비실 옆에 '염창 터'라고 새긴 표지석이 세워져 있지요.

염창 터 표석

37 광주암

하룻밤 사이에 나타난 바위

"『동의보감』을 지은 허준 선생은 강서구에서 태어나고 자라셨는데, 여기 구암공원에 그 분에 얽힌 자료나 이야기가 참 많이 있어. 또 공원 연못 한가운데 있는 광주암에도 재미있는 이야기가 전해 내려오지. 경기도 광주에 있던 큰 바위가 하룻밤 사이에 이곳으로 떠내려 왔는데 어떻게 여기까지 올 수 있었는지는 아직도 수수께끼래. 그 수수께끼를 우리가 한번 풀어 보는 건 어떨까?"

알아두기

주소 | 서울시 강서구 가양동 1471번지(구암공원 안 연못)
교통 | 지하철 9호선 가양역
더 볼 곳 | 공암진, 염창 터, 약사사

하룻밤 새 어디서 온 바위인고?

오늘날 강서구 가양동 구암공원에 있는 광주바위는 보는 사람마다 깜짝 놀랄 만큼 크고 신비로운 바위입니다. 이 바위에는 전설 같은 이야기가 전해지고 있지요.

"허허……, 참으로 해괴한 일이로다. 이토록 큰 바위가 대체 어디서 왔단 말이냐?"

어느 날 아침, 전날 밤까지만 해도 없던 커다란 바위 하나가 양천 고을 앞 한강에 우뚝 솟아 있었어요. 소식을 듣고 강가로 나온 양천 현감은 바위를 이리저리 살펴봤지만 어디에선가 떠내려 왔다는 것 말고는 아무것도 알 수가 없었답니다. 동네 사람들 또한 신비한 바위를 구경하려고 강가에 모여들었어요.

"저 바위에 있는 풀이랑 나무 좀 봐. 예사 바위가 아닐세."

양천 고을이 새로 나타난 바위로 떠들썩할 무렵, 경기도 광주 땅에서는 한바탕 난리가 났습니다. 간밤의 홍수로 광주의 자랑거리인 큰 바위가 없어졌기 때문이었어요. 광주 현

감은 당장 바위를 찾아오라고 야단이 났지요. 수소문 끝에 바위가 멀리 양천 고을까지 떠내려갔다는 소식을 들은 광주 현감은 한걸음에 양천까지 달려갔어요.

"이 보시오, 양천 현감. 이 바위는 원래 우리 마을에 있던 것이었소. 그러니 내가 다시 가져가리다."

양천 현감은 고개를 끄덕이며 순순히 그렇게 하라고 대답했어요. 하지만 크고 무거운 바위를 옮길 방법이 없었지요. 그냥 두고 가자니 아쉽고, 그렇다고 가져갈 수도 없으니 답답하고……. 고민 끝에 광주 현감은 한 가지 꾀를 냈어요.

"어험, 이 바위를 그냥 여기에 두고 갈 테니 대신 우리 마을에 세금을 내시오."

양천 현감은 광주 현감의 말을 거절하지 못하고 그렇게 하겠다는 다짐을 했습니다. 바위에서 자라는 싸리나무로 빗자루를 만들어 해마다 세 자루씩 광주현에 바치기로 했지

구암공원의 호수 안에 있는 광주암

요. 하지만 양천 현감은 시간이 갈수록 억울하다는 생각이 들었어요. 광주에서 바위를 일부러 가져온 게 아니었으니까요. 양천 현감은 다시 꾀를 내어 광주 현감한테 이렇게 편지를 보냈어요.

"광주 현감, 우리는 이제 세금을 낼 수 없으니 여기 와서 바위를 가져가든지 말든지 알아서 하시오."

바위를 다시 가져갈 방법이 없는 광주 현감은 더는 세금을 내라는 요구를 하지 못했지요. 바위는 그대로 양천 고을에 남게 되었어요.

이 바위는 높이가 12미터나 되고, 바위 꼭대기에 나무 한 그루가 나 있어 독특한 느낌을 자아냅니다. 광주에서 떠내려 온 바위라고 해서 '광주암'이라는 이름이 붙었지요. 이 바위가 있는 구암공원은 명의 허준 선생을 기념하는 공원입니다. 허준의 호인 '구암'을 따서 공원 이름을 지었어요.

허가바위 동굴에서 태어난 『동의보감』

구암공원에는 바위 동굴이 하나 있습니다. 이곳이 바로 허준이 『동의보감』을 지었다는 허가바위 동굴이에요. 조선 시대를 대표하는 명의 허준은 신분에 상관없이 찾아오는 환자들을 모두 따뜻하게 치료해 준 것으로 널리 알려져 있습니다.

허준 초상 벽화

허준이 16년 동안 애쓴 끝에 완성한 『동의보감』은 우리나라 사람의 체질에 맞는 치료법과 우리나라 땅에서 나는 약초를 연구해 조선 한방 의학 발전에 커다란 영향을 미쳤습니다. 18세기에 이르러서는 일본과 청나라에서도 이 책을 펴냈지요. 2009년에는 유네스코 세계기록유산으로 지정되기도 했습니다.

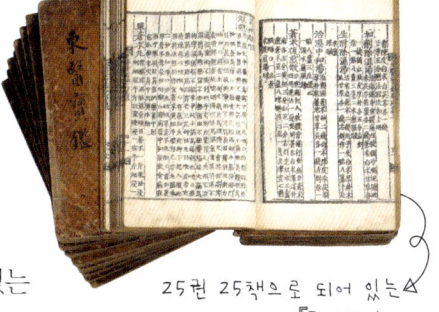

25권 25책으로 되어 있는 『동의보감』

구암공원에는 자애로운 얼굴로 아이를 안고 있는 허준 동상이 광주바위를 내려다보는 곳에 자리하고 있습니다. 원래 한강 물속에 있던 광주바위는 오늘날 한강변에 새로운 길이 깔리면서 공원 호수가 되어 버린 이곳에 자리 잡게 되었지요. 전해지는 이야기처럼 광주암은 정말로 저 멀리 광주 땅에서부터 한강 물길을 따라 떠내려온 것일까요? 그 비밀은 오늘도 말없이 제 자리를 지키고 있는 커다란 바위만이 알고 있을 거예요.

 이야기 정거장 **돋보기**

구암공원 안에 있는 놀이터

공암나루가 있었음을 알려 주는 표석

구암공원 · 구암공원은 강서구 가양동에 있는 허준 기념공원이에요. 양화대교가 놓이기 전까지만 해도 이곳에는 한강 하류를 건너는 공암나루가 있었어요. 올림픽대로가 뚫리면서 한강 한쪽이 잘려 나와 호수처럼 되었고, 공원 둘레에는 아파트가 하늘 높이 솟아 병풍처럼 두르고 있지요. 공원은 그리 안 크지만 허준 동상, 광주암, 허가바위, 음악 분수 그리고 가까이 있는 허준박물관 같은 여러 가지 볼거리가 있습니다.

광주암 | 구암공원 안에 있는 인공 호수에 자리 잡고 있어요. 낙타의 쌍봉처럼 생긴 데다 구멍이 뚫려 있고, 나무와 풀이 우거져 있어서 신비로운 느낌을 자아내요.

허준이 머물며 『동의보감』을 썼던 허가바위

허가바위 | 옛날 석기 시대 사람들이 한강 언저리에서 조개와 물고기를 잡아먹고 살 때 아마도 이런 곳에서 살지 않았을까 싶은 동굴이에요. 오늘날 영등포공업고등학교 앞에 있는데, 올림픽대로가 놓이면서 한강에서 멀어진 것이지요.
이 굴에서 양천 허씨의 시조 '허선문'이 태어났다는 설화가 있어서 이 굴을 양천 허씨의 발상지라고도 합니다. 강서구의 원래 지명은 '재차파의현'인데, 이는 '제사 드리

허준박물관 입구

허준박물관 전시실의 모형

는 바위'라는 뜻이에요. 따라서 강서구의 첫 지명이 이곳 허가바위에서 나왔음을 알 수 있지요. 굴은 가로 6미터, 세로 2미터쯤이고 길이는 5미터쯤으로 열 사람 넘게 들어갈 수 있는 크기예요. 임진왜란과 병자호란, 가깝게는 6·25 전쟁에 이르기까지 나라에 큰일이 있을 때마다 많은 사람들이 이곳에 몸을 숨겼다고 해요. 조선 시대 허준이 이곳 허가바위 굴속에 머물면서 『동의보감』을 썼다고 합니다.

허준 동상

허준 동상 | 아픈 아이를 진료하는 인자한 허준의 모습을 나타낸 동상으로, 호수 한가운데 있는 광주암을 내려다보고 있어요.

허준박물관 | 구암공원 바로 옆에 있는 허준박물관은 위대한 명의 허준의 삶과 업적을 기념하려는 뜻으로 2004년에 문을 연 한의학 박물관이에요. 허준기념실과 약초·약재실, 의약기실, 체험공간실로 이루어져 있지요. 박물관 옥상에는 약초 공원도 있어서 우리 몸에 약이 되는 신기한 약초와 나무들을 한자리에서 볼 수 있어요.

허준박물관 전시실

 **Jump! 역사 속으로**

공암나루에 전해 내려오는 금을 버린 형과 아우 이야기

행주대교는 서울을 가로질러 흐르는 한강 서쪽 끝에 있습니다. 여기서 가까운 곳에 조선 시대 한강 남쪽의 양천과 북쪽의 행주를 잇는 공암나루(공암진)가 있었습니다.
'공암'은 구멍난 바위라는 뜻이에요. 이곳 가까이 있는 탑산의 절벽에 구멍 뚫린 바위가 있어서 붙은 이름이지요. 공암나루는 한강변 나루터 가운데에서도 가장 하류에 있어서 강화도 쪽으로 가는 사람들이 주로 드나들었습니다. 하지만 이웃한 양화나루를 찾는 사람들이 훨씬 더 많아서 그리 붐비지는 않았다고 해요. 공암나루터에는 고려 시대 의좋은 형제에 얽힌 이야기가 전해 내려옵니다.

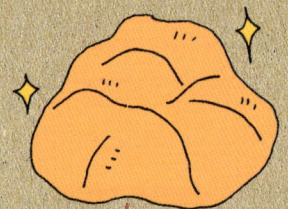

"앗, 황금이다!"
형과 함께 길을 지나던 동생이 우연히 금덩이 하나를 주웠습니다. 동생은 자기가 먼저 봤기 때문에 금덩이를 자기가 가져야 한다고 생각했어요. 그러나 형의 눈치를 보며 금덩이를 형한테 내밀었습니다.
"형님, 같이 길을 가다 이 금덩이를 주웠으니 형님이 가지세요."
"그게 무슨 소리냐? 네가 주웠으니 이건 네 것이다."
형은 동생한테 손사래를 치며 한사코 금을 안 받으려 했지만, 동생이 막무가내로 떠넘기는 바람에 못 이기는 척 받아 두기로 했지요. 다시 길을 걷던 두 형제는 왠지 서로 멋쩍어 말이 없어졌습니다.
'형과 같이 안 왔으면 저 금덩이를 내가 가졌을 텐데.'
동생의 머릿속에는 아깝다는 마음이 떠나질 않았습니다. 그런데 한참을 가다가 또 다른 금덩이 하나를 줍게 되었어요. 형제는 매우 기뻐하며 사이좋게 금덩이 하나씩을 나눠 가지고 배에 올라탔지요. 그런데 별안간 동생이 금덩이를 한강 속으로 던져 버렸습니다.
"아니, 이게 무슨 짓이냐?"

형은 깜짝 놀란 얼굴로 동생을 바라봤습니다.
"형님이 없었더라면 제가 이 금덩이 두 개를 모두 가질 수 있을 거라는 생각이 들었습니다. 형님을 미워하는 마음이 생기느니 차라리 버리는 게 낫습니다."
동생의 말을 들은 형은 얼굴이 빨개졌어요. 사실 형도 동생 것을 빼앗아 금덩이 두 개를 모두 갖고 싶다는 생각을 했기 때문이었지요. 형 또한 자신의 금덩이를 물속으로 던져버렸습니다. 그리고 두 형제는 서로 끌어안으며 잘못을 뉘우쳤답니다.
이처럼 흐뭇한 이야기가 전해 내려오는 까닭에 사람들은 공암나루 앞을 가리켜 투금강이라 말했다고 해요. 투금강이란 '금을 던진 강'이란 뜻이지요.
오늘날 공암나루터에는 시끌벅적 사람들이 오가던 나루 대신 이곳이 나루터였음을 알려 주는 표지석만 남아 있습니다. 표지석 옆에는 허가바위와 구암공원 그리고 허준박물관이 자리하고 있습니다.

38 돌부처와 석탑이 있는 명당
약사사

"한강 둘레는 경치도 아름답지만 군사 작전을 펼치기에 중요한 곳도 참 많은 것 같아. 약사사가 있는 개화산이 바로 그래. 개화산에 오르면 한강과 임진강이 만나서 이루는 뛰어난 경치가 한눈에 들어오지. 옛날 나라에 급한 일이 일어났을 때 소식을 전하는 봉화대도 있었고, 또 6·25전쟁 때는 북한군과 치열한 싸움을 벌인 곳이기도 해. 지금은 약사사의 돌부처와 석탑과 약수가 널리 알려져 있어. 산이 야트막해 동네 사람들한테는 가벼운 등산길과 쉼터로도 사랑받고 있다는구나. 명당이란 바로 이런 곳을 가리키는 말이 아닐까?"

알아두기

주소 | 서울시 강서구 개화동 332-2번지
교통 | 지하철 5호선 방화역, 9호선 개화역
보는 시간 | 새벽 4시~오후 7시
더 볼 곳 | 염창 터, 광주암, 공암진

인자하게 웃음 짓는 돌부처님이 계신 곳, 소원을 말해 봐!

△ 개화산에서 바라본 임진강

행주산성과 마주 보는 개화산 북쪽 기슭에는 약사사라는 절이 있습니다. 처음에는 산의 이름을 따서 개화사라 일컬었다고 해요. 산의 모양이 한 송이 연꽃과 같다고 해서 개화산이라는 이름이 붙었습니다.

약사사가 있는 개화산 꼭대기에 오르면 삼각산(북한산)과 도봉산을 한눈에 바라볼 수 있고, 한강과 임진강*이 만나는 시원한 풍경도 볼 수 있어서 예부터 아름다운 경치로 이름이 높았습니다. 조선 후기 화가인 겸재 정선이 이 절과 둘레 풍경을 그린 그림을 남기기도 했지요.

약사사가 세워진 배경에는 다음과 같은 이야기가 전해져 내려옵니다. 신라 시대, 스

임진강 | 함경남도 덕원군 마식령에서 샘솟아 개성시 판문군과 경기도 파주시 사이에서 한강으로 흘러드는 강이에요. 삼국 시대부터 고구려, 백제, 신라의 국경 지대로 싸움이 잦았어요.

약사사 전경

스로 주룡 선생이라고 말한 어느 도인이 살았어요. 주룡 선생은 해마다 9월 9일이 되면 뜻이 맞는 친구 두셋과 함께 높은 곳에 올라가 술을 마시길 즐겼습니다. 세월이 흘러도 주룡 선생은 세상 밖으로 안 나오고 끝내 산에서 늙어 죽었는데, 지금의 약사사가 주룡 선생이 살던 옛터라고 합니다.

조선 후기에 쓰인 『양천읍지』에는 약사사가 신라 시대에 지어진 것으로 나오지만 정확한 시기는 알 수 없습니다. 조선 시대인 1773년에는 좌의정 송인명이 약사사를 크게 고쳐 지었다는 기록이 남아 있어요. 송인명이 가난하던 어린 시절, 약사사에서 극진한 대접을 받으며 공부한 것에 보답한 것이지요.

그 뒤 송인명의 후손인 송백인이 또 한 차례 절을 고쳐 지었는데, 원래 이름인 개화사에서 약수암, 약수사, 약사사로 이름이 자꾸 바뀌었습니다. 아마도 절에서 솟아나는 약수와 법당에 있는 부처님과 관계가 있는 것 같아요.

이 절에 모신 부처님은 돌로 깎아 만든 것인데, 고려 말 무덤 앞 양쪽에 잡귀를 막으려고 세워 놓던 석인상*과 비슷한 모습을 하고 있어요. 그래서 석인상을 만들던 사람이 약사사의 석불도 만들지 않았을까 짐작하고 있지요. 이 돌부처님께 정성껏 기도를 올리면 병이 낫고 소원을 들어준다고 해서 사람들의 발길이 끊이지 않습니다.

포동포동한 볼에 두툼한 눈, 인자하게 웃음 짓고 있는 돌부처는 코와 볼이 조금 깎여 나가긴 했어도 원래 모습이 잘 남아 있는 편이에요. 3미터가 넘는 크기에 두 손을 앞가슴에 모아 연꽃을 들고 있습니다.

이 돌부처는 원래 아래쪽이 땅속에 묻혀 있었는데 지금은 받침대를 만들어 대웅전 안에 모시고 있어요. 머리에는 큰 돌 갓을 쓰고 있는데, 그 밑부분에 많은 글자가 새겨져 있지요. 하지만 안타깝게도 닳아서 없어지는 바람에 읽을 수는 없습니다.

석인상 | 돌로 만든 사람의 형상을 말해요.

꾸밈없는 모습이 친근한 약사사 석탑

약사사에는 석불 말고도 꼭 봐야 할 문화재가 하나 더 있어요. 바로 고려 시대에 세워진 삼층석탑입니다. 이 탑은 고려 후기에 탑 모양이 어떻게 바뀌었는지 알려 주는 귀중한 자료예요. 높이는 4미터로 석불보다 높고, 화강암으로 만들어졌어요. 오래된 세월 탓인지 꼭대기 부분은 사라지고 모서리가 낡아 둥글둥글해졌지만 오히려 그래서 더 정이 가는 모습입니다.

오늘날 약사사에는 석불과 석탑 말고는 오래된 건물이나 유물을 하나도 찾아볼 수 없어요. 이곳이 군사 작전을 펼치기에 매우 중요한 곳이었기 때문에 임진왜란과 6·25전쟁을 겪으면서 부서지거나 불에 타 버린 것이지요.

약사사가 자리 잡은 개화산은 일제 강점기 즈음에 사람들이 땔감 나무를 마구 베어 민둥산이 되기도 했지만, 이제는 제법 숲이 우거져 주민들한테 싱그러운 쉼터 구실을 하고 있습니다.

개화산 가까운 곳에는 1971년 여의도공항이 문

약사사 삼층석탑

약사사 석불 입상

개화산에서 바라본 김포공항

김포(개화산) 지구 전투 기념비

개화산 이름의 유래 가운데 산 꼭대기에 있었다는 봉화대에서 그 뜻을 따와 불 화(火) 자를 써서 개화산(開火山)이라 했다가 그 뒤에 개화산(開花山)이라고 했다는 이야기도 있어.

약사사의 또 다른 쉼터인 약사사 약수터에 서면 한강이 한눈에 내려다보인단다.

을 닫으면서부터 오랫동안 우리나라의 관문이 되어 주던 김포공항이 있습니다. 2001년 인천국제공항이 생긴 뒤로는 주로 국내선 비행기가 이곳을 오가고 있지요. 개화산 자락에는 6·25전쟁 때인 1950년 6월 28일부터 30일까지 북한군에 맞서 비행장을 지키다 목숨을 잃은 천 명이 넘는 무명용사들을 기리는 '김포(개화산) 지구 전투 기념비'가 세워져 있습니다. 산꼭대기에 오르면 조선 시대 봉화대 터도 볼 수 있습니다.

이야기 정거장 돋보기

약사사 • 서울시 강서구 개화동 개화산 중턱에 자리 잡고 있는 오래된 절이에요. 처음에는 산의 이름을 따서 개화사라고 했습니다. 개화사는 산의 모양이 연꽃처럼 생겼다 해서 붙여진 이름입니다.

절 안에 있는 석불 입상과 삼층 석탑이 고려 시대 중기 이후 만들어진 것으로 보아 700~800년쯤 역사를 지닌 절이 아닐까 짐작하고 있습니다. 조선 시대 후

약사사 가는 길

기까지 별다른 역사 기록을 안 보이다가 1773년(영조 13년)에 좌의정 송인명이 절을 크게 고쳐 지었다는 이야기가 『양천읍지』에 전해 내려오지요. 옛날부터 약수가 이름나 있어, 지금도 약수를 떠가려는 사람들이 많이 드나들고 있습니다.

약사사는 임진왜란과 6·25전쟁 때 부서지거나 불에 타, 지금은 석불과 석탑 말고는 오래된 유물이나 유적을 하나도 찾아 볼 수 없습니다.

약사사 삼층석탑은 1980년 6월 11일 서울특별시 유형 문화재 39호로 지정되었어요. 또한 약사사 석불 입상은 같은 날 유형 문화재 40호로 지정되었습니다.

약사사 감로당 건물

약사사 내부

39 행주산성

승리의 구원 투수, 화약 무기와 행주치마

알아두기

주소 | 경기도 고양시 덕양구 행주내동 산26-2번지
교통 | 경의선 행신역
보는 시간 | (3~10월) 오전 9시~오후 6시
　　　　　　(11~2월) 오전 9시~오후 5시
더 볼 곳 | 선인장 시험장, 호수공원, 서오릉

"엄마들이 설거지할 때 쓰는 행주치마 알지? 그거 우습게 보면 안 돼. 행주치마에 돌을 주워 담아 성 밖으로 떨어뜨린 덕분에 임진왜란 때 적군을 물리칠 수 있었으니까. 물론 세계에서 가장 성능이 뛰어난 화약 무기가 함께 있었기에 그럴 수 있었지만, 행주치마의 힘이 얼마나 셌기에 그 성의 이름도 행주산성이고 그 전투의 이름도 행주대첩일까?"

천하무적 화약과 행주치마가 만나 왜군을 물리치다

행주산성은 임진왜란 때 권율 장군이 이끄는 3천여 군사와 백성들이 3만이 넘는 왜군을 물리친 곳입니다. 전투가 벌어진 지 겨우 12시간 만에 왜군의 참패로 끝이 났지요. 왜군 숫자는 우리보다 열 배나 더 많았는데 어떻게 해서 이런 기적 같은 승리를 이룰 수 있었을까요?

그때 조선의 화약 무기는 세계 으뜸 수준이었습니다. 고려 말 최무선이 개발한 화약은 조선 시대로 기술이 이어져 세종대왕 때는 세계 첫 다연발 로켓포인 '신기전'을 만들 만큼 크게 발전했지요. 신기전은 한 번에 불화살 100개를 쏠 수 있는 엄청난 위력을 지닌 무기였어요.

임진왜란이 한창이던 1593년 2월 12일, 권율 장군은 관군과 의병, 행주산성 둘레에 사는 백성들까지 3천 명을 모아 놓고 비장한 목소리로 말했습니다.

"이번 한판 싸움으로 우리 목숨은 물론이요, 나라의 운명이 달려 있다. 비록 우리 병사의 수는 적으나 강한 무기와 정신력으로 반드시 승리할 것이다."

그때 행주산성에는 다행히 조선군이 지닌 무기들이 거의 다 모여 있었어요. 돌을 기관총처럼 쏘는 수차 석포와 신기전을 장착한 화차, 일본의 조총을 본떠 만들었지만 성능이 더 뛰어난 승자총통, 지금의 수류탄과 비슷한 비격진천뢰와 같은 무기들이 있었지요. 비

록 수동이지만 오늘날로 치면 기관총 같은 무기도 있었어요. 승자총통 10개씩을 다섯 줄로 구멍이 뚫린 나무틀에 고정시켜 놓고 뒤를 도화선으로 이어 불을 붙이면 50발이 잇따라 발사되었습니다.

권율 장군은 이러한 화약 무기 말고도 병사들한테 재가 든 주머니를 하나씩 차게 했습니다. 성벽을 기어오르는 왜군 얼굴에 뿌리게 한 것이지요. 성 안에는 활과 화살을 산더미같이 쌓아 두고, 여자들과 아이들은 가마솥을 들고 와서 물을 끓여 왜군한테 쏟아 부을 수 있게 준비했어요.

이렇게 꼼꼼한 준비 덕분에 조선군은 물밀듯 밀려오는 왜군들을 막아 낼 수 있었습니다. 하지만

세계 최초의 로켓포인 신기전

신기전 발사대인 화차

◁ 승자총통

◁ 비격진천뢰

◁ 행주대첩 벽화

전투가 막바지에 이를 무렵 조선군은 무기가 떨어져서 위급한 상황이 되었어요. 곧 왜군들이 성 안으로 들어올 기세를 보이자 병사들은 당황했어요.

"장군, 성이 곧 뚫릴 것 같습니다."

"조금도 두려워할 것 없다. 성 안의 사람들은 한 사람도 빠짐없이 모두 적에게 맞서라!"

권율 장군은 칼을 빼 들고 총공격을 명령했습니다. 스님들까지도 목탁 대신 무기를 들고 와 전투에 나섰어요. 남자들은 칼과 창으로 왜군과 몸을 부딪쳐 싸우고, 여자들과 아이들은 성안의 돌이란 돌은 모두 주워다가 아래로 던졌습니다.

돌을 한꺼번에 많이 나르려다 보니 여자들은 두르고 있던 행주치마에 돌을 담아 날랐어요. 때로는 긴 치마를 들어 올려 치마폭에 돌을 주워 담기도 했어요. 이렇듯 성 안의 사람들이 젖 먹던 힘까지 짜 내어 힘을 모은 끝에 마침내 왜군을 물리칠 수 있었어요. 열 배가 넘는 왜군에 맞서 승리를 거둔 이 전투는 이순신 장군의 한산대첩, 김시민 장군의 진주대첩과 더불어 임진왜란의 3대 전투로 오래오래 기억되고 있습니다.

치열한 전쟁터가
사람들 웃음소리 가득한 공원으로

경기도 고양시 한강변에 있는 행주산성에서는 해마다 3월 14일이 되면 '행주대첩제'가 열립니다. 권율 장군과 함께 나라를 위해 목숨을 바친 이름 없는 조상들의 넋을 위로하는 제사와 함께 여러 가지 문화 행사를 펼치지요.

행주산성 둘레에는 곧 역사 공원도 들어설 참이라고 합니다. 공원에는 행주대첩을 체험할 수 있는 전투 체험장과 전쟁에 참가한 조선, 일본, 명나라의 무기 전시장이 들어선다고 해요.

행주산성은 능선 두 줄기가 서북으로 뻗어 나지막한 골짜기를 이루고, 동남쪽으로는 가파른 절벽이 한강

행주대첩제

에 맞닿아 있는 자연 요새입니다. 산성의 남쪽으로는 한강이 흐르고 동남쪽으로는 창릉천이 에워싸고 있어서 적들이 쉽게 쳐들어올 수 없지요.

　오늘날 행주산성은 치열한 전쟁의 상처와 아픔 대신 탁 트인 한강 전망이 그림처럼 펼쳐지고, 맑은 공기와 맛있는 먹을거리를 찾아온 사람들의 웃음소리가 가득한 공원이 되었어요. 이곳에 가면 그 옛날 나라를 지키려는 마음으로 똘똘 뭉쳐 외적을 막아 낸 선조들의 호국 정신을 떠올려 보세요. 행주치마에 돌을 담아 나르던 모습을 상상하면 누구라도 가슴이 뭉클해질 거예요.

행주산성 덕양정 위쪽에서 바라본 한강과 방화대교

🔍 이야기 정거장 돋보기

권율 장군 동상

대첩기념관

행주산성 · 경기도 고양시 덕양구 행주동에 있는 흙으로 쌓은 성이에요. 권율 장군을 중심으로 왜군을 크게 무찌른 임진왜란 3대 대첩 가운데 하나인 행주대첩이 벌어진 승전지이기도 합니다.

산꼭대기를 둘러싼 자그마한 내성과 골짜기를 에워싼 외성으로, 성이 이중으로 이루어져 있어요. 처음 성을 쌓은 정확한 시기는 알 수 없지만, 이곳에서 삼국 시대의 토기 조각이 나오는 것을 보면 임진왜란 이전에도 오랫동안 중요한 군사 기지였음을 알 수 있습니다. 산허리에는 외적의 침입을 막으려고 세운 목책 자리도 남아 있어요.

대첩비각과 행주대첩비

행주산성 안에는 1602년(선조 35년)에 세운 행주대첩비와 1963년에 세운 대첩비가 당당하게 서 있어요. 1970년에 권율 장군의 영정을 모신 충장사를 다시 짓고 정자와 문을 세웠습니다. 행주산성은 1963년에 사적 56호로 지정되었어요.

권율 장군의 영정을 모신 충장사

40 한강을 사이에 두고 이별의 아픔이 머무는 곳

애기봉

"우리나라가 온 세계에서 하나밖에 없는 분단국가란 사실은 잘 알고 있지? 여기 애기봉은 지금은 갈 수 없는 북한 땅을 가장 가까이 지켜볼 수 있는 곳이야. 이곳은 병자호란 때 포로로 잡힌 평양 감사를 기다리던 '애기'라는 기생이 죽는 순간까지, 아니 죽어서도 그리워하다가 묻힌 곳이래. 지금 우리의 실향민*들처럼 말이야. 통일이 안 되면 갈 수 없는 곳이 바로 저 한강 건너 북녘 땅이니까. 하루빨리 남과 북이 하나가 되길 기원하면서 '또 하나의 우리나라'를 만나러 가 볼까?"

실향민 | 자신이 태어난 고향을 잃고 다른 곳에서 지내는 사람을 말해요. 여기서는 북녘이 고향인 남녘 사람을 말해요.

알아두기

주소 | 경기도 김포시 하성면 가금리~조강리
교통 | 경의선 행신역, 강화행 직행버스, 강화운수 1번
보는 시간 | 오전 8시~오후 6시
※ 출입통제소에서 신고서를 써야 하니 어른들은 주민등록증을 가져가야 해요.
더 볼 곳 | 김포조각공원, 문수산성

강물이 갈라놓은 슬픈 사랑 이야기

애기봉은 한강이 굽이쳐 흐르다 서해로 빠져나가기에 앞서 마지막으로 거치는 경기도 김포에 있는 봉우리 이름입니다. 한강과 임진강이 만나 서해로 흘러가는 길목에 우뚝 솟아 있지요.

애기봉에 오르면 한강 너머로 손에 잡힐 듯 가까이 북녘 땅이 바라다보여요. 그래서 지금 애기봉에는 통일 전망대가 자리하고 있지요. 고향을 북녘에 두고 온 실향민들과 분단의 현장을 지켜보려는 많은 사람들의 발길이 끊이지 않는 곳입니다. 군사 작전을 펼치기에도 매우 중요한 곳이어서 가까운 곳에 군부대가 많이 있어요.

그런데 이곳 애기봉에는 마치 오늘날 분단의 아픔을 미리 알기라도 한 듯, 애달픈 사랑 이야기가 전해 오고 있습니다.

조선의 인조 임금 시절, 평양 감사와 서로 사랑에 빠진 '애기'라는 기생이 있었습니다. 하지만 두 사람의 행복한 시간은 오래가지 않았어요. 청나라가 조선으로 쳐들어오는 바람에 갑작스럽게 피난을 가야만 했기 때문이에요.

남쪽 한양까지 수천 리를 걸어가야 하는 피난길은 몹시 고되고 위험했어요. 애기는 사랑하는 임과 다시 행복하게 지낼 날만을 생각하며 참고 견뎌냈습니다. 그런데 함께 피난을 떠난 평양 감사가 그만 청나라 군사한테 잡혀 포로가 되어 버리고 말았어요. 홀로 한강변에 다다른 애기는 한없이 망설였어요.

'이제 나 혼자 어떻게 해야 하나?'

평양 감사와 기약도 없는 이별을 하게 된 애기는 혼자 강을 건너 김포 땅 조강리라는 마을에 머물렀습니다. 조강리는 한강 건너 북녘 땅을 가장 가까이 바라볼 수 있는 곳이었기 때문이에요. 애기는 날마다 산꼭대기에 올라서 평양 감사를 기다렸어요. 그러나 하루하루 아무리 시간이 지나도 감사는 돌아오지 않았습니다. 기다림에 지친 애기는 그만 병이 들고 말았어요. 병세는 나날이 깊어져만 갔습니다.

"나는 이제 살 날이 얼마 안 남은 것 같아요. 그러니 내가 죽으면 산 위에 묻어서 임을 볼 수 있게 해 주세요."

애기는 날마다 올라가 사랑하는 사람을 기다리던 산꼭대기에 자신을 묻어 달라는 유언을 남기고 숨을 거두었습니다. 동네 사람들은 유언에 따라 애기를 쑥갓머리산 꼭대기에 묻고, 그 뒤로는 산 이름을 애기봉이라고 했습니다.

애기봉 비석

우리의 소원은 통일, 꿈에도 소원은 통일

이처럼 애기봉에 서려 있는 이별의 슬픔은 6·25전쟁으로 남과 북이 나뉘면서 오늘날까지 이어지고 있습니다. 애기가 살던 조선 시대에도, 수백 년이 지난 오늘날에도 애기봉은 애절한 그리움이 맺힌 곳으로 남아 있지요.

한강을 사이에 둔 김포 애기봉 통일 전망대에서 북녘 하조강리는 겨우 1.5킬로미터밖에 안 떨어져 있습니다. 산꼭대기 전망대에 올라서 바라보면 북녘 땅이 바로 발 밑에 펼쳐져 있는 듯해요.

전망대가 생긴 뒤 해마다 20만 명이 넘는 방문객이 다녀가는데, 명절이나 연말연시에는 더욱 많은 실향민들이 찾아와 고향을 그리는 안타까운 마음을 달랩니다. 크리스마스에는 이곳에 커다란 트리를 세우고, 석가탄신일에는 연등을 매달아 북녘 땅까지 밝은 빛을 전하기도 하지요.

> 애기봉은 휴전선 250킬로미터 가운데 북녘 땅을 한눈에 볼 수 있는 가장 가까운 전망대야.

애기봉에서 바라본 북녘 마을

△ 전망대에서 바라본 북녘 풍경

애기봉 전망대 △

애기봉은 아름다운 경치로도 이름이 높습니다. 임진강과 한강이 만나 서해로 흘러가는 삼각 지점에 우뚝 솟아 있어서 강변의 절벽은 부여의 낙화암과 비슷하고, 강은 바다처럼 넓습니다.

애기봉 아래 조강리 바닷가에는 조강포를 알리는 비석이 있습니다. 이 비문에는 '충청과 전라도에서 올라온 모든 세곡*과 물화*를 실은 배들이 한양으로 갈 때 거쳐 가던 나루'라는 설명과 함께 토정 이지함 선생이 이 뒷산에서 밀물과 썰물의 차이를 측정하기도 했다는 이야기가 새겨져 있지요.

김포 통진에서 개성을 오가던 큰 나루인 조강포의 물살은 여느 곳과 달리 매우 세차서 물때를 잘 맞추어 강을 건너야만 했어요. 조강포는 한강을 건너려고 나룻배를 타는 사

세곡 | 나라에 세금으로 바치는 곡식을 말해요.
물화 | 물건과 재물을 아울러 일컫는 말이에요.

조선 시대 나루터인 조강포 자리

람들과 세금으로 걷은 곡식을 싣고 개성이나 한양으로 가려고 만조* 시간을 기다리던 사공들이 모여 언제나 인산인해*를 이루었다고 합니다. 또한 포구에는 주막과 음식점, 숙박업소들이 가득 들어차 매우 번성했다고 해요. 그러나 1953년 6·25전쟁이 끝나고 휴전협정에 따라 조강포가 없어지면서 지금 이곳은 기름진 들판이 되었습니다.

애기가 사랑하는 사람을 그리워하며 바라보던 북녘 땅은 지금 우리도 갈 수 없는 곳이 되고 말았습니다. 실향민들의 그리움과 기다림을 아는지 모르는지, 한강은 오늘도 말없이 바다로 흘러 들어가고만 있지요. 한강과 임진강이 만나 하나가 되는 것처럼 남과 북이 다시 하나가 되는 날은 언제일까요? 애기봉 통일 전망대에는 시인 이은상이 지은 시가 비석으로 세워져 있습니다.

만조 | 바다에 밀물이 가장 높이 밀려 들어오는 때를 말해요.
인산인해 | 사람이 산을 이루고 바다를 이룬다는 뜻으로, 사람이 수없이 많이 모인 모습을 일컫는 말이에요.

조강물이 남북을 꿰뚫어 민족의 한을 껴안고 띠같이 흐르네

여기 한강을 가로질러

선 없는 금을 그어 놓았다

누구의 짓이냐

피는 강물보다 진하다

민족은 하나요 둘이 아니다

여기에 애기봉을 보라

사랑하는 이를 잃고 일편단심

북녘 하늘을 바라보아

통곡하다 죽었네……

오늘날 우리들 온 겨레의 상심과 같다

망배단

고향을 그리다 돌아가신 분들을 위해 묵념……

휴전선 북쪽이 고향인 사람들이 고향을 바라보며 제사를 지내는 곳인 망배단 전경

🔍 이야기 정거장 돋보기

애기봉 통일 전망대

해병대 김포 지구 전적비

애기봉 • 경기도 김포시 하성면 가금리에 있는 애기봉은 병자호란 때 평양감사와 애첩인 애기의 슬픈 사랑 이야기가 서려 있는 곳이에요. 높이는 155미터로, 한강과 임진강이 만나 서해로 흘러가는 곳에 솟아 있지요.
6·25전쟁 때에도 치열한 싸움이 벌어진 곳이고, 지금도 우리나라 해병대가 지키고 있는 서부전선의 군사 요충지이기도 합니다. 서울과 채 한 시간도 안 떨어져 있을 만큼 가까운 곳이지만 강 건너 북녘 땅을 생생하게 바라다 볼 수 있어요.
애기봉에는 통일 전망대가 들어서 있어요. 북에 고향을 둔 실향민들이 이곳을 찾아와 아쉬움을 달래기도 하고, 어린이들한테는 안보 교육을 하고 있지요. 2014년 말까지 지금 있는 전망대를 걷어 내고 그 자리에 54미터 높이의 전망 탑과 평화 전시관, 전쟁 체험관, 영상관, 특산물 판매장을 갖춘 '애기봉 평화공원'을 꾸민다고 해요.

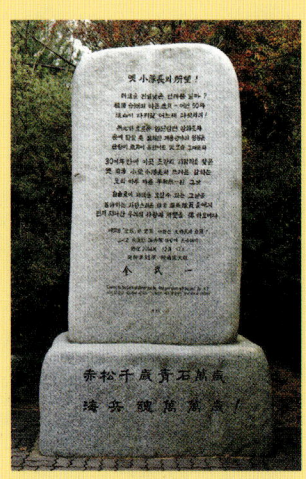
기념 비석

애기봉은 군사 작전 지역이기 때문에 출입통제소에서 신고서를 작성해야 들어갈 수 있어요. 어른들은 신분증을 꼭 가지고 가야 합니다.

Jump! 역사 속으로

'평화의 소'를 아세요?

소의 해인 지난 1997년 1월, 애기봉과 가까운 월곶면 보구곶리에 있는 유도라는 섬에서 왼쪽 발굽에 상처를 입은 채 해병 장병들한테 구출된 황소가 있었어요. 유도는 한강을 사이에 두고 북한 개풍군을 마주 보고 있는 보구곶리 바닷가에서 북쪽으로 500미터쯤 떨어진 비무장지대 안에 있는 무인도입니다.

이 황소는 북한 잠수함 침투 사건이 벌어진 1996년 여름, 경기도 북쪽에 내린 큰비에 떠내려 왔어요. 아무도 없는 무인도로 떠내려온 황소가 보구곶리 해안을 감시하던 초병의 망원경에 모습이 잡히면서 세상에 알려졌어요.

임진강의 유도에서 구출된 '평화의 소'

김포군은 황소가 발견된 지 5개월 만인 1997년 1월 17일 국방부의 협조를 얻어 해병 장병들과 함께 황소 구출 작전에 나섰어요. 그리고 2시간 만에 유도의 황소를 육지로 옮기는 데 성공했습니다. 추위와 굶주림 속에서 발굽에 상처까지 입은 황소는 구출되고 나서 '평화의 소'라는 이름이 붙었지요.

그 뒤 평화의 소는 김포군 농업기술센터에 보금자리를 마련하고, 제주도 북제주군에서 온 암소인 '통일의 소'와 짝을 맺었습니다. 평화의 소와 통일의 소는 새끼 다섯 마리를 낳으며 오순도순 잘살고 있다고 합니다.

사진과 그림 제공 및 출처

6-7p 이장원, 8-9p 이장원 암사동 선사 주거지 20-21p 안해룡, 22p 안해룡, 23p 시몽포토, 24p 안해룡, 25p 안해룡, 26p 안해룡, 27p 안해룡, 28p 안해룡, 29p 충북대학교 박물관 풍남토성 30-31p 북앤포토, 34p 안해룡, 35p 이장원, 36p 시몽포토/연합뉴스, 37p 이장원, 38p 연합뉴스/안해룡, 39p 서울대학교 규장각 한국학연구원 올림픽공원 40-41p 안해룡, 42p 이장원, 43p 안해룡, 44p 안해룡, 45p 안해룡, 46p 안해룡, 47p 안해룡/엔사이버/안해룡 몽촌토성 48-49p 연합뉴스, 50p 안해룡, 51p 안해룡, 52p 안해룡, 53p 안해룡, 55p 시몽포토/시몽포토/서울대학교 박물관/북앤포토/안해룡/안해룡 석촌호수 56-57p 안해룡, 58p 안해룡, 60p 안해룡, 61p 안해룡, 62p 시몽포토, 63p 안해룡/시몽포토/시몽포토 석촌동 백제 옛무덤 64-65p 시몽포토, 67p 안해룡, 69p 안해룡, 71p 연합뉴스/안해룡/송파구청 서울종합운동장 72-73p 타임스페이스, 74p 연합뉴스, 77p 이장원/엔사이버, 78p 엔사이버/연합뉴스, 79p 안해룡/안해룡 아차산성 80-81p 안해룡, 82p 안해룡, 84p 안해룡, 86p 안해룡, 87p 안해룡, 88p 안해룡, 89p 안해룡 광나루 90-91p 안해룡, 93p 최지현, 94p 안해룡, 95p 엔사이버/국립수목원(양형호), 96p 국립수목원(양형호), 97p 뉴스뱅크/안해룡, 98p 시몽포토, 99p 뉴스뱅크, 100p 시몽포토, 101p 시몽포토 어린이대공원 102-103p 토픽포토, 104p 뉴스뱅크, 105p 안해룡, 106p 안해룡, 107p 연합뉴스, 108p 안해룡, 109p 안해룡 독섬유원지 110-111p 안해룡, 113p 안해룡, 114p 안해룡, 115p 최지현, 116p 뉴스뱅크/안해룡 서울숲 118-119p 안해룡, 120p 안해룡, 121p 안해룡, 122p 안해룡, 123p 안해룡, 124p 안해룡, 125p 안해룡 한국종합무역센터 126-127p 안해룡, 128p 최지현, 129p 최지현, 130p 최지현, 132p 안해룡, 133p 최지현 봉은사 134-135p 안해룡, 137p 이장원, 139p 안해룡, 140p 이장원, 141p 안해룡 선정릉 142-143p 안해룡, 144p 안해룡, 147p 안해룡, 148p 안해룡/북앤포토/안해룡 잠원동 잠실 뽕나무 터 150-151p 이장원, 154p 이장원/안해룡, 155p 연합뉴스 동호 독서당 터 156-157p 이장원, 162p 안해룡, 163p 안해룡/안해룡/서울대학교 박물관 이태원 164-165p 이장원, 168p 이장원, 169p 안해룡, 171p 중앙포토/연합뉴스/연합뉴스 국립중앙박물관 172-173p 이장원, 174p 이장원, 175p 이장원, 176p 안해룡, 177p 안해룡/이장원, 179p 이장원, 180p 안해룡/이장원, 181p 안해룡 전쟁기념관 182-183p 이장원, 184p 안해룡, 185p 이장원, 186p 이장원, 187p 안해룡, 188p 안해룡, 189p 안해룡 국립서울현충원 190-191p 이장원, 192p 이장원, 193p 이장원, 194p 안해룡, 195p 안해룡, 196p 안해룡, 197p 이장원/안해룡/안해룡 용알봉저정 198-199p 안해룡, 200p 안해룡, 202p 북앤포토, 204-205p 국립고궁박물관, 206p 안해룡/안해룡/연합뉴스, 207p 뉴스뱅크/굿뉴스 사육신 묘 208-209p 이장원, 212p 안해룡, 213p 이장원, 215p 이장원/안해룡, 216p 안해룡/이장원/이장원, 217p 고령신씨 문중 새남터 순교 성지 218-219p 이장원, 220p 안해룡, 221p 안해룡, 223p 이장원, 224p 이장원, 225p 이장원 용산신학교(원효로성당) 226-227p 안해룡, 228p 안해룡, 229p 안해룡, 230p 안해룡, 233p 안해룡 63빌딩 234-235p 이장원, 236p 안해룡, 237p 이장원, 238p 안해룡, 239p 안해룡, 240p 안해룡, 241p 이장원/연합뉴스 여의도공원 242-243p 안해룡, 246p 이장원/안해룡, 247p 안해룡, 248p 안해룡 국회의사당 250-251p 안해룡, 252p 안해룡, 253p 안해룡, 254p 안해룡, 256p 시몽포토/안해룡, 257p 안해룡 밤섬 258-259p 이장원, 260p 이장원, 263p 이장원/북앤포토/엔사이버/북앤포토, 264p 북앤포토, 265p 마포구청, 266p 안해룡/이장원 선유도 268-269p 이장원, 271p 이장원, 272p 이장원, 273p 안해룡/이장원, 274p 안해룡/이장원, 275p 이장원/이장원/안해룡 공민왕 사당 276-277p 안해룡, 278p 안해룡, 279p 안해룡, 281p 안해룡, 282p 마포문화원, 283p 안해룡 절두산 성지 284-285p 이장원, 286p 시몽포토, 288p 이장원, 289p 이장원, 290p 안해룡, 291p 이장원 외인묘지 292-293p 이장원, 295p (사)헐버트 박사 기념사업회, 296p 이장원, 297p 이장원, 298p 이장원, 299p 이장원 망원정 300-301p 이장원, 303p 이장원, 304p 이장원, 305p 안해룡, 306p 이장원, 307p 이장원, 308p 베네딕토 수도원, 309p 시몽포토 월드컵공원과 난지지구 310-311p 이장원, 312p 연합뉴스, 314p 시몽포토, 315p 최지현, 316p 최지현, 317p 최지현/시몽포토/시몽포토 양화 터 318-319p 이장원, 322p 최지현, 323p 이장원/최지현 광주암 324-325p 최지현, 326p 최지현, 328p 최지현, 329p 최지현/시몽포토, 330p 최지현/최지현/이장원, 331p 최지현/이장원/이장원 약사사 334-335p 최지현, 336p 최지현, 337p 최지현, 339p 최지현, 340p 최지현, 341p 최지현 행주산성 342-343p 최지현, 345p 시몽포토, 346p 이장원/이장원/최지현, 347p 고양시청, 348p 북앤포토, 349p 최지현 애기봉 350-351p 최지현, 353p 최지현, 354p 최지현, 355p 최지현, 356p 최지현, 357p 최지현, 358p 최지현, 359p 뉴스뱅크

※ 이 책에 쓴 사진은 해당 사진을 지닌 단체와 저작권자의 허락을 받아 게재한 것입니다. 사진을 제공해 주셔서 고맙습니다.
※ 저작권자를 찾지 못하여 게재 허락을 받지 못한 사진은 저작권자를 확인하는 대로 게재 허락을 받고, 통상 기준에 따라 사용료를 지불하겠습니다.